国外马克思主义研究专题

冯颜利 郑一明 主 编
李瑞琴 谭杨芳 于海青 副主编

当代世界出版社

图书在版编目（CIP）数据

国外马克思主义研究专题/冯颜利，郑一明主编．
—北京：当代世界出版社，2010.11
ISBN 978－7－5090－0692－4

Ⅰ.①国⋯　Ⅱ.①冯⋯ ②郑⋯　Ⅲ.①马克思主义—研究—国外—文集　Ⅳ.①A81-53

中国版本图书馆 CIP 数据核字（2010）第 220883 号

书　　名：	国外马克思主义研究专题
出版发行：	当代世界出版社
地　　址：	北京市复兴路 4 号（100860）
网　　址：	http://www.worldpress.com.cn
编务电话：	（010）83908400
发行电话：	（010）83908410（传真）
	（010）83908408
	（010）83908409
	（010）83908423（邮购）
经　　销：	新华书店
印　　刷：	北京才智印刷厂
开　　本：	787×1092 毫米　1/16
印　　张：	17.75
版　　次：	2010 年 11 月第 1 版
印　　次：	2010 年 11 月第 1 次
书　　号：	ISBN 978－7－5090－0692－4
定　　价：	36.00 元

如发现印装质量问题，请与承印厂联系调换。
版权所有，翻印必究；未经许可，不得转载！

目 录

亨里克·格罗斯曼论经济危机中社会主义者的责任 ………… 里克·库恩（1）
马克思主义在英语国家的最近研究 …………………… 肖恩·塞耶斯（36）
斯大林与布哈林关于社会主义建设道路的争论 ………………… 李瑞琴（43）
当代公民社会对西欧主流政党的冲击与后果 …………………… 罗云力（76）
从指导思想上看民主社会主义与中国特色社会主义的差别 ……… 沈 阳（78）
全球化下的劳动关系与工会职能定位探析 ……………………… 宋丽丹（104）
国际金融与债务危机下发达资本主义国家社会主义运动的现状与发展前景
　………………………………………………………………… 于海青（131）

俄罗斯、白俄罗斯、乌克兰、摩尔多瓦共产党反思苏联解体 …… 陈爱茹（155）
联共（布）中央同以布哈林、李可夫为首的"右派"的争论及选择
　………………………………………………………………… 陈爱茹（167）

自由主义产生的历史条件探源 …………………………………… 谭扬芳（186）
生态马克思主义的资本主义批判思想评述 ……………………… 张 剑（206）
中西方分享经济理论代表性观点的比较 ………………………… 王 珍（234）

马克思恩格斯关于国家相对独立性的思想探究 ………………… 范春燕（264）

1

亨里克·格罗斯曼
论经济危机中社会主义者的责任

里克·库恩

内容提要：亨里克·格罗斯曼研究经济危机，旨在发展他的列宁主义政治理论。格罗斯曼继承了马克思的经济思想，认为资本主义生产的根本矛盾是：生产产品无限扩大与生产利润不断受到局限之间的矛盾。与活劳动相比，无生命的劳动（dead labour）在资本支出中的比重不断增加，这种情况直接导致了经济危机，因为只有活劳动才是新价值的唯一源泉。严重的金融危机只能在生产发展的情况下、特别是在利率不断变动的情况下才能得以理解。格罗斯曼对马克思主义经济学的发展，最初遭到了社会民主和斯大林政治的普遍攻击。格罗斯曼与当今左翼主流的观点相反，他坚持马克思主义传统，强调社会主义者的主要责任在于：建立使工人阶级夺取政权的组织。格罗斯曼的政治活动，清楚地表明，他认为资本主义走向崩溃与创建革命政党之间具有密切的关系。

关键词：亨里克·格罗斯曼，经济危机，社会主义者的责任

经济危机与社会主义者的责任

当今，讨论亨里克·格罗斯曼尤其必要，这不仅仅是因为他深刻解剖了经济危机和金融危机的本质，而且探讨了社会主义者在危机中的责任。在这里，我着重概述其思想。格罗斯曼的经济思想形成于马克思主义对资本主义社会的研究及其如何被取代的经典分析，其观点是马克思主义理论的一个方面。把握格罗斯曼的政治见解，有利于理解为什么在他著名的研究著作一出版，就受到普遍的攻击，如《积累和资本主义制度的崩溃——另一种危机理论》，等等，就是这样。格罗斯曼是一个马克思主义的革命者，这不仅表现在他的著作中，而且充分体现

国外马克思主义研究专题

在他的政治实践活动过程中。当然,他的见解并不总是完美无瑕的。但是,他关于社会主义者责任的观点超越了流行的他关于知识分子责任的观点。需要说明的是,格罗斯曼的政治实践有时是连续的有时是中断的,甚至在某些时间呈现出与其理论的不一致性,但这些并不影响其理论的重要启发意义。

经济危机

亨里克·格罗斯曼研究经济的一个目的是为了发展阶级斗争理论。他从1920年起,如果不是更早的话,就特别阅读并掌握了列宁主义的马克思主义政治思想。格罗斯曼的这些思想,在第一次世界大战之前,就已经在他的生活实践中付诸了行动,如:他在加利西亚帮助建立了一个犹太工人革命组织。

如果说列宁发展了马克思的政治观,那么可以说格罗斯曼发展了马克思政治观的内容,并且发展了马克思的经济分析思想。与卢卡奇一样,格罗斯曼也通过列宁发展了阶级利益矛盾的思想,并且发展了马克思主义哲学的主要观点。他认为,资本主义危机四伏,并且探索了资本主义危机的本质。通过探讨资本主义经济的根源、商品拜物教的影响及其与资本主义危机和革命的关系,格罗斯曼也发展了卢卡奇在《历史与阶级意识》一书中思想。因为,《历史与阶级意识》只侧重于意识形态和革命,而没有从经济根源上进行挖掘[1]。

马克思主义对资本主义压迫与异化的种种批判,强有力地说明了为什么会发生社会主义革命斗争。作为一个年轻人,格罗斯曼自己积极参加犹太工人阶级反对其压迫和剥削的斗争。但是,像罗莎·卢森堡一样,格罗斯曼反对资本主义可以改造成为社会主义的观点,并且坚持说,马克思认为资产阶级无法持续维持工人们的生活[2]。资本主义迫使一部分工人失业,并且降低在岗工人的生活水平,这必然导致资本主义经济崩溃。今天,在金融危机的冲击下,这种趋势尤为明显。

格罗斯曼对经济危机的研究,主要有两个重大贡献。第一大贡献是,他在1919年提出、1929年发展的《积累法则》,并在1941年进行了详细的阐述(半

---

[1] Lukács 1971, pp. 83–4.
[2] Marx and Engels 1970, pp. 38, 41, 44.

公开)①。格罗斯曼根据马克思的观点指出，资本主义生产明显是创造使用价值的劳动过程，也是通过剥削雇佣劳动创造新价值来扩张自身价值的过程。这种分析提供了揭露欺骗的一种方式，因为欺骗完全是在交换价值的掩盖下产生的。因此，这就为他进一步深入研究资本主义生产打下了很好的基础，并且有可能准确把握资本主义生产方式的相互关系，因为创造价值的面纱掩盖了资本主义生产的实质②。

在按比例扩张的再生产过程中，需求的满足只能是偶然的。资本主义生产远非以均衡为特征——因为，主流经济学的假设是不准确的、静态的——资本主义必然是动态的、不平衡，危机四伏。格罗斯曼指出，在简单再生产的情况下，这种情况更为明显，因为简单再生产的生产规模并不扩张③。

此外，资本主义必然走向崩溃，这是由资本主义生产过程的核心矛盾决定的。人类劳动生产率的不断提高在技术上没有限制，但是，生产利润却受到限制，这种情况必然迫使资本主义走向崩溃④。格罗斯曼为马克思的理论辩护说，资本主义限制了价值自我扩张的可能性，这是格罗斯曼对危机理论作出的第二个，也是最有名的贡献。然而，这也是他最为基础性的研究贡献。

资本积累意味着，在生产中所使用的各种特殊生产资料（原材料，建筑，机械等）的数量，与雇佣工人的数量相比，是不断增加的。这是资本的技术构成。生产资料价值与消费资料价值（工人消费他们工资的价值）的比率——资本的价值构成——随着技术的进步而不断发生变化，必要劳动时间（价值的基础）不平衡地下降。但是，从长远来看，没有任何理由相信，生产资料价值比消费资料价值下降的速度要快。因此，资本有机构成（表示资本技术构成对资本价值构成的影响）往往不断上升：因为资本家会花更多的钱购买生产资料，而不是购买劳动力。这正如格罗斯曼在《积累法则》中所指出的一样，但这些内容在英语翻译的《积累法则》中并没有。

---

① Grossman 2000, pp. 171 – 80; Grossmann 1977.
② Grossmann 1977, p. 39.
③ Grossmann 1977, pp. 41, 81 – 5.
④ Grossmann 1970, pp. 619 – 20.

国外马克思主义研究专题

资产阶级经济学家所采纳的纯价值的观点,已经深深地渗透到了所有马克思的追随者（从改革者到共产党人）的思想意识中。马克思最基本的概念都被扭曲和误解了,包括资本有机构成的概念。马克思区别了资本技术构成和资本价值构成,最后还提出了第三组概念：资本有机构成,其目的是为了把握"他在以前提出的两个概念（资本技术构成和资本价值构成）的相互关系",并反映其中的变化。以这种方式确定的资本有机构成,是资本积累中"最重要的因素"。在马克思的追随者中,所有这些观点都没有继承下来①。

在对资本有机构成的错误评论者中,格罗斯曼列举了：社会民主党人卡尔·考茨基、鲁道夫·希法亭和埃米尔·莱德勒,共产党人欧根/耶诺瓦尔加和勒尔里·奥尔巴赫,及学人拉迪斯劳斯·冯·博特基威茨等人来说明,他们只是表面上解决了"转型问题"。资本的有机构成很重要,因为只有活劳动才是新价值的惟一源泉。如果剥削率和雇佣工人的数量保持不变,那么所生产的剩余价值的数量就会保持不变,但是资本家无疑会花更多的钱来进行生产,因此利润率将不断下降。

马克思和格罗斯曼都认为利润率不断下降是价值自我扩展过程中的主要矛盾。他们还探讨了有助于反击利润率下降的机制。相反的倾向是,商品的降价导致消费更便宜,这样可以在不降低工人生活标准的情况下提高剥削率。危机也最终会使企业提高盈利能力,因为破产或失败的企业只能以打折的方式,将他们的资产出售给生产成本降低的公司。此外,当生产设备闲置和锈坏时,危机破坏价值。战争也会带来类似的后果。但是,资本家也有其他措施来维持利润率或提高利润率。在这些措施中,影响工人的生活水平尤为重要。格罗斯曼解释说,资本主义走向崩溃的路径是经常性的经济危机,这是由利润率不断下降并且不断采取反向措施所决定的。他认为,资本主义最后崩溃的路径肯定不是单向的。

资本主义危机与帝国主义之间存在着本质的联系。第一次世界大战前,马克思主义者已经从理论上阐述了帝国主义是资本主义发展的必然结果。卡尔·考茨基把关于帝国主义的阐述和资本主义经济危机联系起来,其基本出发点是消费不

---

① Grossmann 1970, pp. 326 – 7.

足,即揭示了资本家通过出售商品来实现剩余价值的种种问题。

托拉斯、卡特尔以及军国主义体制不能保证资本主义生产方式不会崩溃,资本输出和由此产生的新殖民体系也不能拯救资本主义的厄运。但是,如同托拉斯、卡特尔以及军国主义一样,新的殖民体系已成为数十年来阻碍资本主义生产方式崩溃的强大力量。

正如军国主义一样,殖民政策也成为资产阶级的必然选择①。

1914年,考茨基改变了想法。他坚持认为,跨国资本的融合,即超帝国主义的发展,减少了战争的可能性。这让我们想起了那些全球化的盲目拥护者,他们直到美国入侵阿富汗和伊拉克,甚至在那以后,仍然幻想着全球化将会保障世界和平。

1910年,鲁道夫·希法亭坚称,帝国主义采取"金融资本的经济政策""必然导致战争"。他认为"纯粹的经济崩溃的想法是没有意义的",并认为帝国主义与资本主义危机之间没有联系②。而罗莎·卢森堡则把帝国主义在非资本主义地区的扩张解释为继续实现剩余价值的手段。

积累不可能仅仅存在于资本主义环境中。因此,我们发现,资本自一开始产生就被驱使向非资本主义阶层和国家扩张,消灭了手工业阶层和农民阶级,使中间阶层沦为无产者,形成殖民政治和为资本输出服务的"开放"政治③。

奥托·鲍尔则人为,卢森堡关于资本主义的生存取决于其向非资本主义地区或生产领域扩张的论证是错误的。基于马克思有关再生产的图表的一种探讨,即跟踪记录特定条件下连续几年的积累模式,他认为资本主义可以在纯粹的资本主义世界中生存④。

在布尔什维克重要的领导人中,布哈林在研究中没有认识到从资本主义到帝国主义是其走向崩溃的原因之一⑤,但是,列宁意识到了这一点,不过列宁只是指出:

---

① Kautsky 2002, Chapter 6; Kautsky 1902, pp. 37 – 47, 76 – 81, 110 – 18.
② Hilferding 1981, p. 366.
③ Luxemburg 1972, p. 145; also see Luxemburg 1963, pp. 366 – 7.
④ Bauer 1986, pp. 88 – 110.
⑤ Bukharin 1973; also see Bukharin 1972.

| 国外马克思主义研究专题 |

资本输出根源于这样一个事实,一些资本主义国家已经过于"成熟",由于农业的落后和劳苦大众的贫穷,资本已寻求不到一个有利可图的投资环境①。

奇怪的是,鲍尔反驳卢森堡的正是格罗斯曼肯定卢森堡基本立场的出发点,那就是资本主义必然走向崩溃,这一趋势导致了帝国主义。几年后,格罗斯曼扩展了鲍尔的简化版的再生产方案,将其对资本主义积累的考察再延长数年,发现由于利润率必然下降的趋势,鲍尔的体系无法成立。格罗斯曼从资本家和政府国家共同努力避免利润率下降的角度,具体分析了资本积累、经济危机、帝国主义和战争之间的相互关系。他特别指出,贸易中的不等价交换,以牺牲不发达国家的利益为代价提高了帝国主义列强获取的利润②,而对原材料的垄断则是为了提高其它帝国主义国家竞争者的生产成本③。

金融资本和新和谐主义

如同20世纪二三十年代一样,正统的经济学家和政府都认为始于2007年的经济危机,其原因在于国家有效监管的缺失和金融体系的不透明④。的确,揭示当前危机的直接原因需要实证的研究,金融领域和国家监管不足等方面的问题无疑是一诱因。然而这里还涉及到一个方法论的问题:是否存在一些潜在的、更根本的东西,最终决定或促成了我们所看到的危机的表象?这里需要的是抽象化。在1919年的一次演讲中,亨里克·格罗斯曼就强调过超越"幼稚的实证主义"的重要性,通过从现实世界的种种非主要特征中抽象出潜在结构。在《积累的法则》一书中,他明确地介绍并运用了马克思在《资本论》中所运用的方法⑤:

---

① Hilferding 1981; Bukharin 1973; Lenin 1977, p. 679.
② Grossmann 1970, pp. 434, 437 – 8; Grossmann 1992, p. 172.
③ Grossmann 1970, pp. 450 – 4, 466 – 7; Grossmann 1992, pp. 174 – 6.
④ See, for example Paul Krugman (later, in 2008, winner of the Nobel Prize in Economics) 2008; Mandel 2008; Davidson 2008, p. 15; Associated Press 2008.
⑤ Grossmann 1929, pp. 305 – 38. A section of the article is translated into English in Lapides 1992.

先对具体现实的复杂因素进行抽象化的分析，然后再逐一重新分析这些因素。正如他在另一篇文章中补充讲到的，马克思调整了《资本论》的写作计划，就是为了能够运用上述方法解剖资本主义生产方式。

在过去几十年里，金融投机的规模越来越庞大。2004年的外汇交易值比当年的世界出口总额高60多倍。2005年，柜台外汇交易衍生品的交易额几乎比当年全球出口总额多出2.5倍①，私人股本/杠杆收购的规模，以及2006年对冲基金的管理超过1.1万亿美元的事实，也表明大量资金流入投机性投资而非生产性投资。1980年，美国的金融部门仅仅实现了10%的公司总利润，但到了2007年，这一数据增长到了40%②。金融市场的（金融）交易大多是"零和"博弈，博弈者只有在对方让利的情况下才能获利。关键的问题是，为什么会发生这种所谓的"金融化"的转变？

格罗斯曼在1929年指出，随着利润率的下降，生产部门的资本家将日益转向投机活动③。但这一观点要想解释近年来的发展还远远不够。低利润率标志着20世纪50年代到60年代长时期繁荣的结束。70年代中期、80年代初和90年代初依次经历了三次经济衰退，每一次都是自大萧条以来最严重的，这之后利润率才得以恢复，但已达不到之前繁荣时期的水平。因此资本家越来越多地投入到投机性金融活动而不是生产活动上面④。格罗斯曼认为："资本主义积累的根本规律决定了资本积累的循环方式，资本的这种循环流动又影响到流通领域（货币市场和股票交易所），在这个过程中，前者是因变量，后者是自变量。"⑤

基于此，格罗斯曼抨击了于20世纪20年代两度担任德国财政大臣的社会民主党人、"新和谐主义者"鲁道夫·希法亭的论调。希法亭认为，工人阶级有可能通过议会制手段获得国家政权，并克服资本主义周期性涨落走向社会主义。他

---

① World Trade Organization, 2005, p. 1; Bank for International Settlements 2005. For derivatives and exports see International Monetary Fund 2007, Statistical appendix tables 3 and 4; and World Trade Organization 2006, pp. 3, 195 – 8, 203 – 5.

② Th e Economist 2006; Th e Economist 2008.

③ Grossmann 1992, pp. 191 – 3.

④ Harman 2008, pp. 27 – 42. For a survey of data on profi t rates see Harman 2007, pp. 141 – 61.

⑤ Grossmann 1992, pp. 116 – 17.

国外马克思主义研究专题

强调,由越来越大的公司及卡特尔对生产的垄断地位的加强,意味着政府可以通过控制资本主义经济,尤其通过国家控制银行系统来实现强有力的改革进程①。来自德国社会民主党的盟友们的抵抗及该党自身的怯懦证明希法亭从未将他的言论付诸实践。但是基于实用主义的原因,宣传越来越偏向新自由主义的政府,基于实用主义的原因,现在都在实践希法亭的建议,在欧洲、亚洲以及北美也是如此。但我也能举出一个反例。

2007 年,陆克文当选澳大利亚总理前,他向企业保证说,他是一个"财政方面的保党者",但是,在 2008 年 10 月,工党政府大胆决定增加未来基金在公共基础设施上的支出。同样,这还是为了让澳籍企业放心:工党会尽一切努力确保增长,尤其是利润的增长。面临危机,一直在进行细致的针对怎样将基金中数十亿美元的资金用于有竞争力的项目上的评估被搁置了,这时需要资本流动,以弥补预料将迅速到来的投资、消费以及向中国出口矿产品收入的下降。几日后,澳洲储备银行董事会,其中包括财政部长和一大半企业界重量级人物,产生了和政府同样的担心。因此,在 2008 年 10 月初,官方利率自 1992 年以来头一次降低了整整一个百分点②,随之而来的是更大幅度的削减利率及刺激需求的政策。

这些措施看起来像凯恩斯主义,政府介入维持增长,弥补市场短缺,但在更大范围内,政策变化远比比凯恩斯主义为甚。世界上最繁荣的那些国家的政府,投入数千亿美元先帮助私有及公有银行,然后帮助战略性制造企业脱离困境。美国,英国,比利时,卢森堡,爱尔兰的银行纷纷国有化。

政府无偿向一些银行注资并接管了它们,还承诺会更严格地监管其他银行。美国的一些共和党和其他地方的保守派人员表示,"正在蔓延的社会主义令人担忧③"。随着经济危机的加深,必然会有更多的国家干预经济的行为和更多的这种"社会主义",也就是希法亭所认可的那种"社会主义"。然而,无论人们是否把这种国家资本主义的措施认为是"社会主义",《积累法则》在重要的最后一章(未包括在英文版中)指出,他们都不可能解决根本性问题④。

---

① Hilferding 1982, pp. 214 – 36. For Grossman's critique see Grossmann 1992, p. 200.
② Franklin 2008; Rollins 2008.
③ Skapinker 2008; White 2008.
④ Grossmann 1970, pp. 610 – 19.

亨里克·格罗斯曼论经济危机中社会主义者的责任

随着实体经济中危机的加深，资本家和政府将更多地采取务实的、可以恢复利润率的措施。他们以"国家利益"的名义号召大家为了共同的利益而"勒紧裤腰带"。他们想的是用"限制工资"和"负责的管理"的办法应付社会保障支出。换句话说，他们将自上而下地激化阶级斗争，试图通过增加剥削的力度来增加利润率。在短期内，随着失业率的上升，这些措施将减少消费需求进而加剧经济收缩。略为长远地看，如果对工人的这种打击成功，那么在大规模痛苦的代价之下，将有助于克服危机。在恢复过程中，另一个重要因素是资本的贬值、破产，大幅降价出售生产部门经营失败的业务，以及国家强制关闭缺乏效率的企业来实现产业合理化，这些都导致资本贬值。在此分析的基础之上，格罗斯曼得出以下了结论：我们可以从中看出他的政治倾向：

> 如果资本现在成功地压低工资，从而提高剩余价值率……那么靠牺牲工人阶级可以延长资本主义制度的存在，减缓资本主义体系崩溃趋势的加剧，把资本主义制度的终结推迟到遥远的未来。相反，如果工人阶级的反抗顶住或战胜来自资产阶级的压力，则工人阶级的斗争可以赢得工资的增长，并且因此导致剩余价值率的下降，资本主义制度加速崩溃…。由此可见，资本主义客观上必然崩溃的想法和阶级斗争绝不矛盾。相反地，资本主义的崩溃尽管具有客观必然性，却在很大程度上受阶级斗争力量的影响，这为积极的阶级力量的介入提供了空间①。

影响

在马克思主义经济学领域，格罗斯曼的书很快成为一种参考书。但是，除了个别例外，评论者们对此书的态度极不友好。主要原因很简单：在《积累法则》一书中，格罗斯曼毫无顾忌地攻击了一系列突出的社会主义经济学家，而被批评者则用同样的方式回击。更重要的是格罗斯曼的分析不仅与资产阶级和社会民主党不合，而且也与斯大林主义和议会共产主义的政治观点格格不入②。

---

① Grossmann 1970, pp. 601 - 2.

② For the immediate reception of *The Law of Accumulation*, see Kuhn 2007, pp. 141 - 8, 265 - 6; on Grossman's responses see Kuhn 2004, pp. 181 - 221.

国外马克思主义研究专题

格罗斯曼一再指出资本主义内在特征导致它走向崩溃,但是这一论断不会在现存秩序的拥护者当中引起共鸣。主张通过改革资本主义来实现社会主义的人们,其中甚至包括哪些公开的马克思主义者们,也不会同意他的观点。格罗斯曼的书出版时正值苏联斯大林主义的革命运动时期,国家警察的建立,通过无限剥削工农迅速累积资本来同西方帝国主义进行军事竞赛,对思想界也产生了影响。斯大林的政权将不容置疑的正统强加于共产主义运动过程中关于生活的方方面面的讨论,包括从文学和音乐到历史的社会分析和政策,从军事理论到生物学,等等。1930年,斯大林把耶诺·瓦尔加奉为共产主义经济学信条的保护者①。关于瓦尔加其人,格罗斯曼曾经明确地把他列为马克思的拙劣模仿者②。瓦尔加认为经济危机的根源在于消费不足,这本是卢森堡的观点,但是瓦尔加却从来没有承认过。格罗斯曼的分析强调资本主义基本矛盾,这种矛盾源自生产组织而不是价值流通。格罗斯曼的观点是马克思的观点,也正因为如此,这才在当时成为异端。深入资本主义逻辑的核心,以生产关系为中心的理论,如果用于分析苏联组织生产的方式,在当时很可能是令人尴尬的。

正因为这个原因,当时工人运动的两大主要思潮,一致认为格罗斯曼的分析是一种资本主义自动消亡的理论是错误的、机械的,大多数议会共产主义者们都这样认为。他们并不区分列宁对劳动人民自我解放理论与实践的发展和斯大林主义,而格罗斯曼的经济分析正是对前者的拥护。

在某个时间或某个地点,当格罗斯曼的分析受到左派重视的时候,通常是工人运动即将到来的时候。其中,议会共产主义者保罗·麦蒂克,从1931年直到20世纪80年代,都是格罗斯曼的马克思主义经济学方法的一贯支持者。直到格罗斯曼移居到美国,二人一直保持通信。在美国,他们至少到40年代初还有联系。麦蒂克不同意他自己阵营中最著名的两个人:安顿·潘涅科耶克和卡尔·科什对格罗斯曼的批评。他赞同二者对列宁主义政治的排斥,但他只是把这一点从格罗斯曼的最关键的分析中剥离出去,而仅仅针对格罗斯曼的主要经济观点进行辩护。看过两个评论后,葛兰西在狱中表达了他对格罗斯曼研究经济危机方法的

---

① Day 1981.
② Grossmann 1970, p. 517.

兴趣①。

后来，20世纪40年代曾加入美国社会主义工人党的伯尼丝·绍尔，在1947年和1967年间，她在著作中借鉴了格罗斯曼的观点②，她的朋友范·海耶诺特（Jean van Heijenoort），曾经任托洛茨基的一个秘书，与马克思主义分裂前不久也在巴黎出版的一篇文章里借鉴了格罗斯曼的观点③。老牌托派历史学家罗曼·罗斯多斯基在1957年表示，他对格罗斯曼的分析持保留意见，但是另一方面，在面对马丁·特罗特曼（Martin Trottmann）不断炒冷饭的对任何资本主义崩溃的理论都要予以否定的思想，罗斯多斯基则坚持马克思和格罗斯曼的观点，特别是格罗斯曼的再生产理论。

直到20世纪60年代末，随着德国激进学生运动的发展，格罗斯曼的著作和马克思的资本主义崩溃理论才有了新的、更加广泛的、更善于接受新思想的读者。两个左翼出版社，其中之一是由激进的社会主义德国学生联盟成员所创立的，在1967和1971年间出版了格罗斯曼的主要经济著作④。保罗·麦蒂克（Paul Mattick）继续在英语和德语国家内外，特别是针对那些反列宁主义的马克思主义者们，推广格罗斯曼的经济理论。格罗斯曼的著作还被翻译成了其他语言，《资本和阶级》1977年刊登了他的论文《马克思、古典政治经济学和动力学问题》。睚鲁·巴纳吉（Jairus Banaji）对《积累法则》的简译本在1992年出版。然而，格罗斯曼的几篇重要论文仍未见英文版本。

从20世纪70年代早期开始，在德语和和英语国家掀起了一阵对格罗斯曼经济危机分析的兴趣⑤，并持续到20世纪80年代初，而后，随着阶级斗争减弱和马克思主义左翼人数的下降，特别是在大学里面的减少，这一兴趣大大降低了。

绝大多数对格罗斯曼的引用集中在经济理论方面。但是近来，越来越多的人，如克里斯·哈曼和帕特里克·邦德，开始按照格罗斯曼的分析将马克思的方

---

① Antonio Gramsci 1995, p. 430; and, not in the English translation, Gramsci 2008, p. 184.
② Shoul 1947; 1957, 1965 and 1967.
③ Alex Barbon (Jean Van Heijenoort) 1946.
④ Korner 1996; Verlag Neue Kritik n. d.
⑤ See, for example Schmiede 1973; Deutschmann 1973; David Yaffe 1973.

法用于实践①。但是，当时的主流观点始终是认为，格罗斯曼的理论是错误的，持有这种观点的，包括东德的斯大林主义教科书，各式各样的反斯大林主义的马克思主义经济学家，到激进经济学家所著的最有影响力的马克思主义经济学史都是如此。甚至尤尔根·舍勒为格罗斯曼所著的精彩的学者式传记，也重复了这一评价。20世纪70年代以来，许多批评格罗斯曼或马克思提出的利润率下降的人，无论是非马克思的激进者还是自称是马克思主义者，都借用了置盐定理（Okishio Theorem），这一理论依赖的是与马克思主义毫不相干的一种平衡方法论。20世纪六七十年代，在大规模群众斗争中重新兴起的马克思主义渐渐衰落时，资产阶级经济学又一次在经历了短暂扩张的"马克思的模仿者"中蔓延开来②。对于这些用新古典主义经济理论的工具和理论前提来解释马克思经济学的理论，艾伦弗里曼给了他们一个非常恰如其分的称呼："瓦尔拉斯马克思主义"③。

20世纪60年代以来，绝大多数对格罗斯曼经济理论的评价都忽视了他的政治倾向。对于坚持改良主义路线的人们，其崩溃理论的逻辑仍是不言而喻的诅咒，更别说稳定和人道的资本主义的支持者了。

社会主义者的责任

格罗斯曼表示，他对于资本主义必然崩溃的分析，意在补充革命政治的分析，含蓄但是又几乎不加掩饰地指向列宁④。

他的分析旨在帮助革命者识别可能产生激烈的阶级斗争和革命的客观环境。当谈及革命政治时，格罗斯曼明确地以列宁为专家⑤。无论在他的理论著作还是和政治活动中，除了那些和社会民主主义、斯大林主义或是二者的学术遗产有关的部分，格罗斯曼在革命政治（打碎资本主义国家机器的必要性）和革命组织（革命政党的作用）方面的列宁主义倾向都很明显。

在资本主义必然灭亡这一总体趋势之下审视亨里克·格罗斯曼，我们会发现

---

① Harman 2007 and 2008; Bond 1998; also see ten Brink and Walter 2001.
② Howard and King 1992 pp. 138, 144 – 5, 316 – 17; Heinrich 2006, pp. 337 – 40.
③ See Freeman 1996; Kliman 2007, pp. 46 – 53; Freeman 2008, pp. 122 – 31.
④ Grossmann 1992, p. 33.
⑤ Grossmann 1928, pp. 161 – 2.

他在政治上的实际行动要比他的著作更雄辩地表达了他对于社会主义者的责任的看法。在追求工人阶级的自我解放的过程中，格罗斯曼在行动上和各个时期的主导思潮相对抗，包括波兰和犹太人的民族主义，社会民主思想，以及一个时期内占统治地位的斯大林主义。他的理论的核心部分，是建立革命的政党。

批判现存秩序者们应当加入那些致力于推翻现存秩序的组织，这样的观点如今是不大受欢迎的。人们普遍认为知识分子、科学家、学术界应当是冷静的、客观的和非政治的，这种认识和实证主义的科学观同样盛行。甚至那些公开表明立场的人们，在言论上激进而政治行动上不作为也是毫不稀奇的，这实在是相当可耻的。另外，大多数为反抗压迫和剥削而斗争的人们，也不会加入那些目标"不是建立自由社会，而是发动工人去建立自由社会"① 的各种组织，这些组织的目标是将争取改良的斗争和革命的变革计划结合起来。凡有实际行动的时候，就会有务实的"时机尚未成熟"的断言，除此之外，还有很多人坚持认为，我们，特别是知识分子，应当避免与革命组织有任何瓜葛。在探讨格罗斯曼的政治行动的启示之前，有必要探讨一下这其中最有影响的观点。

自由主义、改良主义和激进派关于责任的看法

倘若生在同一时代，朱利安·本达一定会把格罗斯曼也看作是"知识分子的叛徒"。1927 年，本达提出了一种形而上学的理性主义的知识分子观，他将那些对大规模的政治运动充满热情的知识分子的行为视为"背叛。"他们本应拥抱的真理是，每一个"追求精神上的超越或在普世真理中得到真诚的肯定的生命，都将自己置于'现实之外'，并因此宣称：'我国不在此列'"。然而本达同时还是德雷福斯（Dreyfus）的辩护者和反法西斯者，他坚信，即使不见容于当权者，知识分子也应当宣扬真理②。

在《知识分子的代表性》一书中，萨义德借用了本达观点的核心部分：知识分子是特殊个体中的精英，他们的职业是向公众，也为公众表明立场，他们应当致力于宣扬真理，并因此始终"处在孤独与从众"之间。

---

① MacIntyre 2008b，p. 132.
② Benda 1959，pp. 25，30.

| 国外马克思主义研究专题 |

知识分子的特殊职责是面向他所处社会中的各种被建构并获得认可的权力挑战（这个社会应对它的公民负责），特别是当这些权力被用于明显的恃强凌弱、道义无存的战争，或是有意识的歧视、压迫和集体的暴行的时候。

萨义德较本达更为一致，他强调："激情的参与、承担风险、暴露自己、坚持原则、辩论中表现出的弱点、参与现实的斗争，这些对知识分子而言，都非常重要"，而且，"知识分子与弱者和无力代表自己的人们站在一起"①。萨义德本人的学术著作和政治活动中令人印象最为深刻的就是，他揭示了高雅文化中普遍存在的帝国主义思维模式，以及当巴解组织领导人的行为在削弱巴勒斯坦人民的斗争之时，他自己对巴勒斯坦同胞们的支持等，这些都符合他自己对知识分子的一贯看法。

尽管萨义德可以接受甚至欣赏政治上的激情，然而本达对于知识分子中立的强调在他的著作中仍有痕迹。萨义德提醒人们警惕"总会令人失望的政治上的神，"以及政治上"变成奴仆甚至（用人们不太喜欢的词来形容）共谋、而不再仅仅是同盟的参与方式"。他把斯大林主义、麦卡锡主义和托洛茨基主义混为一谈，他认为，投身于任何坚持某种"制度或方法"论的组织，都会使得我们失去必要的"怀疑、警惕和讽刺"的能力。关于政治上的"神"的观点包含了对立场的否定，而当在政治上的立场和文化上的立场被混为一谈时，这种对立场的否定则更进一步，它和前面提到的对"弱者和无力代表自己者"的认同相矛盾。尽管他排斥制度和方法，但是当他特别提出伦理、参与这些模糊的概念时，他还是会不可避免的让制度与方法的道德诉求悄悄地溜了进来：

无论知识分子如何想象他们的言论代表着更高级的东西和最终的价值，但是，道德始于他们在这个世俗世界中的行为：在何处、代表何人利益、如何与普世的伦理相符、如何区分权力和正义、以及揭示了何种选择和倾向？②

---

① Said 1994, pp. 10 – 13, 22, 98, 109.
② Said 1994, pp. 110 – 13, 119 – 21.

亨里克·格罗斯曼论经济危机中社会主义者的责任

萨义德的此书始于1993年BBC的里斯（Reith）系列讲座。邀请萨义德是一个非常聪明的选择：他在文学研究和巴勒斯坦问题中引起的争论可以吸引大量听众，而他的观点又不会超出自由主义者们反抗压迫的界限。在一个群众斗争的规模受到限制，而反对资本主义的左派，特别是有组织地反对资本主义的左派日渐式微的时代，萨义德的观点恰到好处地引起共鸣。那些同情被压迫者的苦难的知识分子，不会去挑战资产阶级常识中的个人主义，他们对自己的特殊的社会作用充满自信，萨义德的观点，对他们很有吸引力。他的观点，用一个醒目的口号来概括，就是"向权力说出真相"①。总的看来，这要比发动群众改造世界更加受欢迎，无论后者的表达如何的简单明了。

上面的口号最早见于美国教友会的小册子②，并可以追溯到教友会为涉及社会良知的事件做见证的传统。更早的观点，可以一直回溯至《圣经-新约》中的神学，即耶稣的神圣地位和"真理使人自由"③ 的相关叙述。它包含了一种通过和当权者对话而实现变革的方法，不会对现存秩序构成威胁。特丽莎·凯利在2004年民主党大会上发言支持她的丈夫竞选总统，用的就是这一口号④。很显然，援引萨义德"向权力说出真相"的号召，要比承认这一口号背后的教友会传统显得更酷，也更激进。当然，也更没有结果。正如卢卡奇所言，资产阶级在社会中的地位使得它无法认识到最根本的真相。而另一方面，工人阶级的阶级意识，即关于资本主义剥削及工人阶级推翻资本主义的真相，则源自于他们在社会中的地位及相应的物质利益⑤。

萨义德自然是站在被压迫者一边，但是，他没有意识到的是，压迫的根源在于资本主义，而无论反抗压迫还是反抗资本主义，直接的群众运动都是最有效的方式。

这一点，乔姆斯基与萨义德截然不同。乔姆斯基简单明了地指出了权力的性

---

① Said 1994, pp. xvi, 6, 8, 88, 97, 102.
② American Friends Service Committee 1955.
③ Bible, John 8.18 and 8.32.
④ *New York Times* 2004.
⑤ Lukács 1971, pp. 46 – 81.

15

质和大多数知识分子与权力的关系:"借用葛兰西的话,他们就是使事情'合法化'的专家"。他们必须确保人们恰如其分地接纳各种观念,这些观念,服务于那些掌握了物质权力的人们,而决定这些权利的,是国家资本主义社会中对资本的控制①。乔姆斯基打碎了那种道德化的和自由化的政治观点,以及知识分子必须遵守自己特殊的行为准则的看法:

……我的教友会的朋友和同事们在反对不合理的权威时使用的口号是:"向权力说出真相。"我强烈反对。它所针对的,完全是错误的对象,这种行为,不过是自娱自乐的一种方式。对亨利·基辛格、或者通用公司的执行总裁、或是其它压迫机构中的掌权者们说出真相,不过是无意义地浪费时间,这些真相的大部分,他们早已熟知。

对权力说出真相并不是特别值得尊敬的行为②。

如果你想改变世界,那么"作家,或是任何体面的人,他们在思想方面的责任,就是说出真相"。更具体地说,"作为道德代表的作家,他们的责任就在于对人类有意义的事情说出真相,而他们的对象,是那些能够就这些事情有所行动的人们"③。在乔姆斯基的"知识分子的责任"④一文中,说出真相和政治行动之间的联系是其中心论点。

但是近来,乔姆斯基越来越慎言真相,他曾经说:"我们不了解真相,至少我不了解。"⑤ 这一说法并不真诚,至少是自相矛盾的。乔姆斯基在他的著作、文章和采访中就各种问题发表过卓越的见解,毫无疑问,乔姆斯基自认要比主流媒体和政客们知道更多,事实的确如此。哪怕他所了解的不是最终的、绝对的"真理",他通常也的确知道得更多,而他能够从直接地反对资本主义的角度阐明自己的观点,也值得称道。下面的引文更明确地表达了他对真相的看法,他准确

---

① Chomsky 1978.
② Chomsky 1996a, pp. 60 – 1.
③ Chomsky 1996a, pp. 55 – 60.
④ Chomsky 1967, pp. 257, 285.
⑤ Chomsky 2003, pp. 107 – 8.

地传达了科学的群体性和批判思维的重要性：

我常常对于"说出真相"这个提法感到不安，似乎我们不知如何就知道了真相，而唯一需要做的就是让那些还没达到我们的水准的人们受到启蒙。对真相的寻觅是一项集体的持续不断的努力过程，我们能够、也应该尽自己所能地去寻找真相并鼓励他们也加入我们，同时将自己从压迫我们的机构、教条、疯狂、过度的服从、主动性和想象力的缺失、以及无数其他的障碍中解放出来①。

然而，正如萨义德关于开放思维的观点一样，乔姆斯基的这一观点同时也模糊了很多问题，二者都与混淆斯大林主义和马克思主义有关。

乔姆斯基一直不愿意区分不同形式的政治行为的有效性，也不愿评价针对不同具体条件的恰当策略，"历史地看，除了'放手去做'这一条以外，没有别的答案"②。这一态度忽略了战略问题，与之相对的，是马克思主义者们，后者战略性地强调工人阶级独特的潜在的力量，必将用社会主义取代资本主义。另外，还有一些行为是乔姆斯基明确拒绝的，最显著的就是，他对那些继承马克思主义和布尔什维克传统的革命团体的排斥，无论他们多么民主、多么致力于自下而上的推行社会主义、或是多么反对斯大林主义③。在这一方面，他与自己的谨慎的、不去指导别人该怎么做的原则相矛盾。他的确告诉过我们，资本主义的现实和帝国主义的压迫以及与其斗争的必要性，他告诉我们向权力说出真相是没有意义的，这是两点很好的建议。但是他又告诉我们要远离任何形式的列宁主义，这就重复了本达和萨义德一类自由派对马克思主义组织的敌意。

萨义德和比之更令人信服的乔姆斯基都援引了葛兰西关于资产阶级的传统知识分子和知识分子组织如何为统治阶级服务的论述，但是他们二人都没有去探讨葛兰西关于工人阶级的知识分子组织的论述。

虽然乔姆斯基提到了知识分子属于特权阶层，总体上来说拥有特殊的技能，

---

① Chomsky 2007.
② Chomsky 1996b, pp. 114 – 15.
③ Chomsky 1981, pp. 222, 239; Chomsky 1972, p. 61; Chomsky 1988, pp. 285 – 6; Chomsky 1986.

国外马克思主义研究专题

但是与本达和萨义德不同的是,乔姆斯基并不认为知识分子与普通人之间存在着明显的不可逾越的界限①。在比较专家的解读和当今事件的实际情况后,乔姆斯基认为了解社会问题的基础是:

有着一定的重要性,但并不是非常困难,而需要我们理解的那些问题也并不构成多大的思想上的挑战。任何人,如果想要跳出大家通常都相信的意识形态和宣传,只要花一点精力做一点功课,都可以轻易看穿那些由知识分子阶层的相当一部分所发明的歪曲事实的方式,每个人都能做到②。

就估计人们的认识能力而言,这一观点无可厚非,但是,它忽略了人们运用这一能力的环境。这里,人们的批评思维的产生是自发的,并取决于个体是否有批判性地审视占统治地位的观点的意愿。然而,乔姆斯基也曾经令人信服地阐明了"宣传机构"的运作,它是如何维持一种保守的共识,在自由资本主义社会中将反抗的思想边缘化③。乔姆斯基试图提供一种"思想上的自我保护"④,这是很有价值的,但相比于这个制度和其背后的压迫力量,他个人的贡献所能达到的程度必然是很小的。原因在于,我们日常的关于市场和工作的经历,即商品拜物教,比宣传制度更深刻地加强了统治思想的控制。

阶级斗争对意识形态的消解是资本主义社会的必然产物,有一种方式可以扩大这种消解的有效性,并使之发展成为更为持久的、更大规模的对现存秩序的批判,以此为基础进行政治斗争。这就引出了这样一种洞见:即知识是集体的创造,并认为葛兰西对知识分子的讨论也是如此。然而,葛兰西对秩序的否定意味着乔姆斯基反对这种观点。在探讨马克思主义者们推动阶级斗争建立革命组织的努力时,乔姆斯基引用的是巴枯宁和那些对布尔什维克的缺乏根据的诋毁,而非马克思的著述或是对具体行动的分析。然而,正是巴枯宁,在政治行为上坚持阴谋方式和精英主义的原则,并极力为其寻求其理论上的合理性,也正是巴枯宁,

---

① For example, Chomsky 1983.
② Chomsky 1979 pp. 4 - 5; also see Chomsky 1967, p. 257.
③ See especially Herman and Chomsky 1988.
④ Chomsky 2001.

为明显的反犹太言论正名。

马克思主义与革命的责任

马克思恩格斯认为，工人阶级这股社会力量能够用民主社会取代资本主义社会，这个民主社会的逻辑是为了满足人的需求而不是为了利润而进行生产活动。在这一认识的基础上，他们亲身参与了建立革命组织的活动，努力促使工人阶级发展壮大并运用自身的力量实现社会变革。

在共产主义者同盟中，在科隆的工人运动中，在1848－49年的德国革命期间，在1864－1872年的国际工人联盟中，和在他们与不断涌现的各个社会主义工人党的关系中，马克思恩格斯认识到工人阶级的利益和工人阶级介入社会斗争以推动其发展的能力，他们极力促进有组织的工人力量的增长，这正是共产主义者同盟的教育活动的主旨所在。从组织工人的角度出发，马克思恩格斯撰写了一系列的文章，包括《共产党宣言》和《新莱茵报》，并为后来深入细致的分析打下了基础，如《法国的阶级斗争》、《路易波拿巴的雾月十八》、《法兰西内战》，甚至《资本论》这样的理论著作。所有这些著作的初衷都是为有组织的工人服务，使他们的斗争更加有效。

在这一原则的指引下，德国社会民主党1891年的《爱尔福特纲领》明确指出："德国社会民主党的任务，就是引导工人阶级进行有意识的团结统一的斗争，并指明政党各项任务的内在必然性。此处，恩格斯曾经建议加入一条关于'工人阶级充分意识到自己的阶级地位'的内容①。"

另一方面，马克思恩格斯也面向知识分子阶层，这个阶层的社会功能，如哈尔·德莱珀所言，是为了资本的利益而培养适当程度的幻想。这个阶层过去几乎没有加入工人政党，到了19世纪末则有越来越多的人加入了，这时候，恩格斯认为他们应当：

对他们的"学术教育"从根本上进行批判性的反思，他们应当认识到他们的教育并没有使他们自动获得干部资格和党内相应的职务，在我们党内每个人都必

---

① Social-Democratic Party of Germany 1891; Engels 1891.

| 国外马克思主义研究专题 |

须以一个普通成员的身份去工作,每一个负有一定责任的岗位都不是仅凭着文学上的才华和理论上的知识就可以获得的,虽然这两点毫无疑问是我们需要的,但除此之外,还必须完全熟悉党的斗争的条件及其变化的形式,必须可靠、经得起考验、有健全的性格,最后,还要愿意加入各级的战斗。简而言之,这些"受过学术教育的人们"要向工人们学习很多东西,而不是工人们必须向他们学习。

换句话说,党的领导者们需要擅长写作,理论成熟,经验丰富,是经得起考验的工人阶级的政治代表,虽然某些领导出身于知识分子阶层,但是恩格斯希望他们全都在党的发展和党所参与的阶级斗争中成熟起来。

卡尔·考茨基在1903年的文章《弗兰茨·梅林》中曾经发表过相似的观点:

无产阶级需要的是有着科学依据的自我意识。无产阶级所需要的科学,不可能是官方所组织教授的知识。无产阶级的理论家们必须实现自我发展,也正因如此,无论是来自大学毕业生还是无产阶级,他们全都是自学成才。学习的内容就是无产阶级自己的行为,以及他们在生产过程和阶级斗争中的作用。只有从这些行为当中,无产阶级的自我意识才能产生。

拯救这个世界的,是科学与劳动的结合。但是我们不能把这种结合理解为大学的毕业生将他们在资产阶级的讲堂中接受的知识传给人民,而是我们这些并肩战斗的人们,无论他是来自大学生还是无产阶级,有能力、有机会参加到无产阶级的行动中来,和他们一起战斗,或者至少去研究他们的行动来获得科学的知识,并用这些知识反过来影响无产阶级的行动,使之更加有效[1]。

列宁对此表示赞同,事实上,他在《进一步,退两步》一文中引用了考茨基这段话。他也赞同考茨基强调马克思主义政党在号召资本主义下所有被压迫者方面的作用。而考茨基最为关注的小资产阶级和农民的问题,列宁则早已在《怎么办?》中做出了总结:

---

[1] Kautsky 1903a, pp. 100 – 1. Part of this article is elegantly but not entirely accurately translated 1903b.

理想的社会民主党人不应当是工联会的书记而应当是人民的代言人，他们要善于对所有一切专横与压迫的现象有所反应，不管这种现象发生在什么地方，涉及哪一个阶层或哪一个阶级；他们要善于把所有这些现象综合成为一幅警察横暴和资本主义剥削的图画；他们要善于利用一切琐碎的小事来向大家说明自己的社会主义信念和自己的民主主义要求，向大家解释无产阶级解放斗争的世界历史意义。①

由此，我们可以看到一个模范党员的形象，他用马克思主义理论武装自己，并能够将这些理论应用到具体的实践当中。不仅仅是身居要职者如此，所有的党员都是政治上的领导。

1903年大会上，俄国社会民主工人党出现分裂，在导致这一分裂的冲突中，列宁的担忧之一，就是知识分子在党内的作用，这是与考茨基和马克思恩格斯一脉相承的。布尔什维克们认为，作为党员，知识分子们恐怕需要克服他们的职业所带来的个人主义，让自己服从党的纪律②。在此之前，列宁曾经肯定地指出："当前的任务是推动建立无产阶级组织⋯，因此，'知识分子'的作用就是让我们不再需要从知识分子中产生特殊领袖。"③

葛兰西关于知识分子的作用的论述，正如他关于建立工人阶级专政的论述一样，不仅仅只是引用那些成熟的马克思主义的观点而已，更重要的是，他还把它们应用到革命的马克思主义政治的原则当中。这一点，那些挪用葛兰西理论的改良主义者们，以及萨义德和乔姆斯基等人，始终不愿承认。④

葛兰西对于工人阶级的知识分子组织和资产阶级的知识分子组织均有论述，资产阶级的知识分子组织是在资本主义的生产过程中产生的。在下面引文中，葛兰西所谈论的，则无疑是无产阶级的知识分子组织：

---

① Lenin 1902, Chapter 3.
② Lenin 1904, Chapter 1.
③ Lenin 1894.
④ See Harman 1983 and Anderson 1976.

国外马克思主义研究专题

对某些社会群体而言，他们的政党就是他们用自己的方式，在政治和哲学领域，而不是仅仅限于生产技术方面，发展属于自己的知识分子组织。他们自己的知识分子只能以这样的方式产生，这是由这些群体的总的特征、形成的条件、以及生活和发展方式所决定的。①

或多或少的，工人政党的所有成员都是知识分子，因为这一政党的基本功能之一，就是使它的成员"成为合格的政治上的知识分子、领导者和组织者"。不仅如此，这样的政党还可以同化加入它的知识分子组织行列的那些传统知识分子②。列宁的说法是：在党内，"必须消除…所有工人和知识分子之间的区别"③。

对于一个革命的工人政党而言（甚至对于那些宣传社会主义但尚未形成政党的团体或学派而言），关键的任务之一就是培养批判思想和有能力领导斗争的成员，也就是知识分子组织。这样的组织是培养此类领导的极为有效的途径，因为它集中了政治上的教育、组织和参与斗争的行动，并使得三者相互支持。在组织上，我们可以视其为蓄电池一样的工具，它吸收新的成员，在运动间歇期保留现有的活跃分子，将行动综合、转化为理论来进行新的分析。正如乔姆斯基指出的那样，知识是集体的创造。在民主的、有条理的组织下，知识生产的过程将更富于效率。萨义德和乔姆斯基对于葛兰西的解读忽略了他关于工人阶级知识分子组织的论述，葛兰西（准确地）断言，只有革命的政党才能不受数量限制地产生并保持此类知识分子。

亨利克·格罗斯曼做了什么

从19世纪90年代末，从他上高中时起，直到1950年去世，亨利克·格罗斯曼在政治上一直保持活跃。

他认为，只要有可能，社会主义者就有责任创建并维持一个马克思主义的革命组织。他曾参与组建了一个基层社会主义小组。1900年，加利西亚犹太工人

---

① Gramsci 1999, pp. 135, 149-50.
② Gramsci 1999, 150-1.
③ Lenin 1902, Chapter 4C.

社会民主团体已经解散。加利西亚是波兰的一个省,当时被奥地利占领。19世纪90年代中期,很多城市成立了由加利西亚社会民主党（GPSD）领导的犹太工人协会。但在20世纪末,工人协会纷纷解散,只有少数在省会伦贝尔侥幸存留。经济衰退、当局的政治压迫以及社会民主党领导对基层组织的漠不关心是导致工人团体分崩离析的主要原因。

格罗斯曼出生于一个资产阶级家庭。20世纪初,还是学生的格罗斯曼在克拉科夫（波兰的文化中心,也是加利西亚西部重镇）开始着手建立犹太工人马克思主义协会。据他的朋友——澳大利亚小说家克里斯蒂娜·斯特德的记载,格罗斯曼起初总在工人们聚集的几个咖啡馆逗留。他发现许多工人满怀犹太复国主义的热忱。当时,犹太复国主义劳动党正迅速壮大,是与社会民主党竞争犹太工人的主要对手。

1902年12月20日,犹太工人总会成立,由12名成员组成,称为"进步会",格罗斯曼担任书记。协会最初赢得了犹太面包师们的支持。"进步会"领导工人斗争,团结新成立的工人组织,建立了奥地利社会民主总工会分会,还开办扫盲班,组织了多场关于工会主义、政治、文学和科学方面的讲座。"进步会"与伦贝尔和其他城镇的工人组织常有联系。随着1904年波兰经济的蓬勃发展和1905年俄国革命的影响,这些富有政治和文化色彩的工会组织迅速壮大。到1905年格罗斯曼在克拉科夫已招募至少一半的犹太籍无产者,包括数百名工人和少数学生。

犹太工人协会和工会组织最初都由社会民主党领导。自1899年社会民主党放弃组织乌克兰工人并更名为波兰加利西亚社会民主党后,其民族主义思想日渐浓厚,并对旗下的犹太工人协会心存芥蒂。为了防止民族主义思想的蔓延,加强马克思主义思想对犹太工人的影响,加利西亚的犹太社会民主组织纷纷脱离社会民主党,并于1905年五一劳动节成立了加利西亚犹太社会民主党。格罗斯曼担任首届书记。格罗斯曼从理论上总结了自己的政治活动经验以及加利西亚犹太社会民主党的建党经验,写成了《加利西亚的工会主义》。他指出:

"政党意识从多个层面反映了无产者的阶级利益,并对社会发展的客观趋势做了影响最为深远的阐释。但是并非所有的工人阶级政党都能顺应社会发展的要

国外马克思主义研究专题

求并成为该阶级利益的代表（波兰加利西亚社会民主党即为一例）。工人阶级政党应该是其阶级利益的代表并因此不断调整自身，这是集体主义政党思想的本质内容。

……正如工人运动产生于资本主义社会，犹太无产阶级政党的调整也受其历史形态及自身条件的影响，只能通过党组织和工人运动二者的相互促进、共同发展得以实现。"①

与列宁的政党理论相似，格罗斯曼的论断借鉴了第二国际马克思主义的经典思想。对此思想考茨基曾有系统的论述。

格罗斯曼在加利西亚组织过许多政治活动，有一则轶事，艾萨克·多伊彻在讲座中肯定提到过。（艾萨克·多伊彻出生在赫扎努夫，1907 年其家族经营着一个印刷厂。多伊彻的父亲是犹太教徒。）

赫扎努夫镇距离克拉科夫约 45 公里，大约 6000 人口，一半是犹太人，其中许多人是狂热的犹太教成员。犹太老板占统治地位。印刷是赫扎努夫的主要产业之一。许多工人一天工作 15 小时，每周 6 天。他们的老板通过市议会、宗教生活和地方宗教管理控制了当地的政治生活。镇上的贤士不喜欢外来者，因为，他们对社会民主思想的宣传扰乱了既定的社会秩序。1906 年 6 月初，两个加利西亚犹太社会民主党成员被驱逐出镇。不久，亨利克·格罗斯曼来到赫扎努夫协助当地同志。他穿着得体，是出身于中产阶级的一位年轻绅士，在衣着守旧的当地居民中显得与众不同。一群暴徒受了犹太教狂热分子的煽动向他冲了上去，并破坏了加利西亚犹太社会民主党在赫扎努夫刚设立的分部。

赫扎努夫的贤士们制造舆论，说犹太社会主义者要在镇上组织大屠杀，像当年俄国人残杀犹太人一样。加利西亚犹太社会民主党制作了一份传单，对此谬论进行了反驳。正如传单中所言："在俄国谁站在犹太人一边，谁替他们辩护，除了社会主义者还有谁？"事实上，并非社会主义者要屠杀犹太人，而是当地的贵族老板煽动了对社会主义者的大屠杀。随后，格罗斯曼将这次暴力袭击事件诉诸法律。他胜诉了。这表明教区的专制者并不是万能的。最后，整个事件成为加利

---

① Grossman 1907, pp. 42 – 3.

西亚犹太社会民主党的一个公开宣传。克里斯蒂娜·斯特德的短篇小说《阿兹诺的裁缝们》就是以这一事件为原型写成的，值得一读。①

虽然格罗斯曼于 1908 年底搬到了维也纳，他与加利西亚犹太社会民主党仍保持着密切的联系，至少一直到 1910 年。尽管一战爆发前和战争期间没有证据显示格罗斯曼参与了任何政治活动，但此间他发表的著作表明他仍然坚守着马克思主义的立场（而当时加利西亚犹太社会民主党正面临艰难的抉择）。加入德奥社会民主党并非上策，因为德奥社会民主党一开始就反对成立加利西亚犹太社会民主党。

1919 年或 1920 年，格罗斯曼加入了波兰共产主义工人党并开始推崇列宁主义的政治理论。他一如既往地坚信社会主义者应当建立起自己的革命组织。自 1922 年到 1925 年，格罗斯曼先后担任地处华沙的人民大学书记和主席。由于波兰共产主义工人党是一个半公开、半隐蔽的组织，人民大学成为当时工人党最重要的阵地之一。人民大学每月举办约 40 场讲座，每场参加人数在 50 至 300 人之间。学校也为工会组织讲座，支持出版项目，并拥有多幢大楼，包括电影院在内。通过大学举办的各种活动，共产党人得以深入工会和学生团体，运动积极分子也可以公开聚集。

几次被捕入狱后，1925 年被波兰当局流亡。他在美因河畔法兰克福的马克思主义社会研究所任职，远离保守势力的压力。他在社会研究所的高薪职位意味着他不再在经济上依赖保守的资产阶级机构（家庭）或是与自己站在同一战线的政治组织。虽然身居德国，格罗斯曼依然忠诚于共产国际并坚持列宁的政治理念。他积极参与政治活动，与德国共产党往来密切，对苏联心驰神往。1932 年，格罗斯曼从苏联考察学习归来，满怀憧憬。然而，为了避免引起德国和波兰当局的注意，他没有加入德国共产党。当时，德国共产党推行的是新的斯大林主义路线。格罗斯曼对此并不推崇。正如我们所看到的，格罗斯曼一直捍卫马克思对资本主义制度的剖析，反对斯大林路线对马克思主义经济学的扭曲。

格罗斯曼一生都坚信马克思主义的观点，那就是社会主义者应该为工人阶级的自我解放而奋斗。从 1919 年到逝世，他的经济理论也一直体现着这一由布尔

---

① Stead 1986, pp. 115–25.

国外马克思主义研究专题

什维克革命的成功所证明的观点。然而,共产党俄罗斯新官僚向利益的屈服,背离了马克思主义政治思想的基本原则,也动摇了格罗斯曼对共产国际和苏联模式的信念,导致他最知名的著作遭到斯大林主义代言人的歪曲和指责。经过一段时间的调整,格罗斯曼重新意识到自己的政治见解和经典马克思主义理论的一致,并确立经典马克思主义为其理论的基础。

1933年,纳粹在德国大选中获胜。德国共产党、共产国际和苏联领导层未能有效阻止纳粹在权力舞台上的崛起。格罗斯曼准确评估了这一政治灾难,并开始着力探索导致错误决策的原因。对此,党内有不同见解。格罗斯曼将托洛茨基的《德国灾难》推荐给保尔·马蒂克,并非因为当时正处在所谓的"托派时代"。显然,格罗斯曼与德国社会主义工人党走得更近。从1934年到1935年,格罗斯曼几次在自己巴黎的寓所召开会议讨论革命政治,与会者包括德国社会主义工人党的领导人保罗弗罗利赫和杰克·博瓦尔歇。

格罗斯曼对于政治的态度与马克斯·霍克海默的截然不同,后者在20世纪30年代初即担任研究所所长。格罗斯曼很欣赏霍克海默在哲学领域的建树。但霍克海默仅用德语将作品发表在研究所刊印的杂志上,一般人很难读到。后来,杂志被禁,被迫在日内瓦刊印,其后转战到纽约,就更少有人能读到了。格罗斯曼建议在1937年把霍克海默的文章编辑成书出版,让更多的人能有幸拜读其作品。格罗斯曼认为,社会科学应该像自然科学一样:

"的确,从激进的观点看,面向更多的青年读者,人们应该永远记住,笛卡儿主义的胜利不仅仅依靠纯粹的思想力量,没有荷兰大学生团体的支持,没有他们用拳头抵制住经院哲学的暴力镇压,就没有笛卡儿主义的胜利!"①

西班牙内战期间,苏联对西班牙共和党给予了很大支持。受此影响,格罗斯曼于1937年再访苏联,并不幸成为斯大林外交政策的支持者。格罗斯曼继续投身于政治活动。他错误地以为这些活动表达了自己的政治见解。1938年,他移居纽约,在战争期间及战后仍与德国共产党保持着联系。

---

① Horkheimer 1995b, p. 204; Horkheimer 1995a, pp. 311 – 12.

在抵达东德担任政治经济学教授数月后，格罗斯曼于1949年"五一"报名参加了德苏友好协会。6月9日他成为社会主义统一党成员。当时，社会主义统一党受斯大林政权的监督，统治着东德。尽管与斯大林主义相左，格罗斯曼仍然坚持马克思主义的观点，即社会主义者应该积极投身政治活动，并坚持自己对马克思主义理论的发展。

1949年社会主义统一党最终将所有机构，特别是工会和大学，置于斯大林政权的监管之下。当时斯大林政权的目标正是在纳粹专政时期曾流亡西方的统一党成员。但格罗斯曼并未屈从。染病数月后，格罗斯曼于1950年11月24日逝世。

从一些同时代的马克思主义者的观点中，我们可以看到格罗斯曼在政治取向上出现过的偏差和矛盾。他曾对斯大林主义深信不疑，但事实上斯大林主义不是促进而是破坏了工人的利益。尽管如此，格罗斯曼的马克思主义观和他的政治生涯仍有许多值得认同之处。

1946年，亨里克·格罗斯曼曾向克里斯蒂娜·斯特德描述他的革命热忱：

我觉得自己仿佛看到了一台劣质的、危险的机器正沿街而下。当它到达街角时就会爆炸，杀死所有的人。我必须阻止它。一旦你有这样的感觉，它就会给予你伟大的力量。你根本不知道这力量竟是无穷无尽的①。

总而言之，我们可以借鉴格罗斯曼对于资本主义生产之根本矛盾的系统阐述及其政治和组织方面的重要主张，以努力实现工人阶级的自我解放。

（冯颜利翻译；唐庆、刘子旭校对。篇幅所限，《马克思主义研究》发表时删去了一万多字，这里是全文）

参考文献

American Friends Service Committee 1955, *Speak Truth to Power*: *A Quaker Search for an Alter-*

---

① Lukács 1971, p. 70. Also see Benjamin 1989.

native to Violence, Philadelphia Anderson, Perry 1976, 'The Antinomies of Antonio Gramsci', *New Left Review*, I, 100: 5 – 78.

Armstrong, Mick 2007, *From Little Things Big Things Grow: Strategies for Building Revolutionary Socialist Organisations*, Melbourne: Socialist Alternative. Arnove, Anthony 1997, 'In Perspective: Noam Chomsky', *International Socialism*, 74: 117 – 40.

Associated Press 2008, 'Brown Wants New Global Financial Order', *International Herald Tribune*, 26 September, accessed 7 December 2008.

Bakunin, Mikhail 1973a, 'The Program of the International Brotherhood', in *Bakunin on Anarchy*, London: George Allen & Unwin.

—— 1973b, 'Letter to Albert Richard, August 1870', in *Bakunin on Anarchy*, London: George Allen & Unwin.

Bank for International Settlements 2005, *Triennial Central Bank Survey of Foreign Exchange and Derivatives Market Activity*, available at: < www. bis. org/publ/rpfx05t. pdf >.

Barbon, Alex [Jean Van Heijenoort] 1946, 'La dialectique du capital', *Revue Internationale*, 2, 8: 124 – 36.

Bauer, Otto 1986 [1913], 'The Accumulation of Capital', *History of Political Economy* 18, 1: 88 – 110.

Behrens, Fritz 1952, *Die Marxsche politische Ökonomie*, Berlin: Akademie Verlag.

—— 1976, *Zur Methode der politischen Ökonomie*, Berlin: Akademie Verlag.

Benda, Julien 1959 [1927], *The Betrayal of the Intellectuals*, Boston: Beacon.

Benjamin, Walter 1989 [1940], 'Theses on the Philosophy of History', in *Critical Theory and Society*, edited by Stephen Bronner and Douglas Kellner, New York: Routledge.

Bible, King James version, available at: < http: //etext. lib. virginia. edu/etcbin/toccer-new2?id = KjvJohn. sgm&images = images/modeng&data = /texts/english/modeng/parsed&tag = public&part = 8&division = div1 >.

Blackledge, Paul 2006, 'Karl Kautsky and Marxist Historiography', *Science & Society*, 70, 3: 337 – 59.

—— 2007, 'Marx and Intellectuals', in *Marxism, Intellectuals and Politics*, edited by David Bates, Houndmills: Palgrave Macmillan.

Bond, Patrick 1998, *Uneven Zimbabwe*, Trenton: Africa World Press.

Bukharin, Nikolai 1972 [1925], *Imperialism and the Accumulation of Capital* in Rosa Luxemburg and Nikolai Bukharin, *Imperialism and the Accumulation of Capital*, London: Allen Lane.

—— 1973 [1917], *Imperialism and World Economy*, New York: Monthly Review Press.

Calavita, Kitty 2002, 'Engaged Research, "Goose Bumps", and the Role of the Public Intellectual: Law and Society Association presidential address', *Law and Society Review*, 36, 1: 5 – 20.

Chomsky, Noam 1967, 'Th e Responsibility of Intellectuals', available at: < www. chomsky. info/articles/19670223. htm >, accessed 4 May 2008.

—— 1969, 'Objectivity and Liberal Scholarship', in *American Power and the New Mandarins*, Chatto & Windus: London.

—— 1972, *Problems of Knowledge and Freedom: Th e Russell Lectures*, London: Barrie & Jenkins.

—— 1978, 'Intellectuals and the State', available at: < www. ditext. com/chomsky/is. html >, accessed 3 May 2008.

—— 1979, *Language and Responsibility*, Hassocks: Harvester Press.

—— 1981 [1969], 'Some Tasks for the Left', in *Radical Priorities*, Black Rose: Montreal.

—— 1983, 'The Reasons for My Concern: Response to Celia Jakubowicz, Letter 13 June', available at: < www. chomsky. info/letters/19830613. htm >, accessed 3 May 2008.

—— 1986, 'Th e Soviet Union Versus Socialism', available at: < www. chomsky. info/articles/1986. htm >, accessed 3 May 2008.

—— 1988 [1980], 'An American View of the Ideological Confrontation of Our Time: Interview', in *Language and Politics*, Montréal: Black Rose.

—— 1996a, 'Writers and Intellectual Responsibility', in *Power and Prospects: Refl ections on Human Nature and the Social Order*, Boston: South End.

—— 1996b, *Class Warfare: Interviews with David Barsamian*, Monroe: Common Courage Press.

—— 2001, 'Intellectuals and the Responsibilities of Public Life: Interview', available at: < www. chomsky. info/interviews/20010527. htm >, accessed 16 May 2008.

—— 2003, *Power and Terror: Post-9/11 Talks and Interviews*, New York: Seven Stories Press.

—— 2007, 'On Responsibility, War Guilt and Intellectuals', interviewed by Gabriel Matthew Schivone, available at: < www. chomsky. info/interviews/20070803. htm >, accessed 16 May 2008.

Cliff, Tony 1975 – 9, *Lenin*, four volumes, London: Bookmarks.

Dabrowski, Hartmut 2006, personal communication, 26 January.

Davidson, Sinclair 2008, ' "Sub-Prime" Should Not Be the Basis for Increasing Financial Regulation', *IPA Review*, March: 15.

Day, Richard 1981, *The 'Crisis' and the 'Crash': Soviet Studies of the West* (1917 – 1939), London: NLB.

Deutschmann, Christoph 1973, *Der linke Keynesianismus*, Frankfurt am Main: Athenaum.

Draper, Hal 1978, *Karl Marx' s Th eory of Revolution. Volume 2: Th e Politics of Social Classes*, New York: Monthly Review Press.

—— 1990, *Karl Marx' s Th eory of Revolution. Volume 4: Critique of Other Socialisms*, New York: Monthly Review Press.

*Th e Economist*2006, 'Capitals of Capital-Hedge Funds', 2 September.

—— 2008, 'Th e Financial Crisis: What Next?', 18 September.

Engels, Friedrich 1891, 'Zur Kritik des sozialdemokratischen Programmentwurfs 1891', available at: < www. mlwerke. de/me/me22/me22_ 225. htm >, accessed 1 July 2008.

Finthammer, Volker, Georg Fülberth, Sabine Reiner and Jürgen Scheele 1989, 'Widerkehr des "legalen Marxismus"?', *Perspektiven*, 5, June: 5 – 16.

Franklin, Matthew 2008, 'PM Kevin Rudd unlocks $20bn future fund', *Australian*, 3 October, available at: < http: //www. theaustralian. news. com. au/story/0, 25197, 24439161 – 643, 00. html >, accessed 8 October 2008.

Freeman, Alan 1996, 'Th e Psychopathology of Walrasian Marxism', in (eds) *Marx and Non-Equilibrium Economics*, edited by Alan Freeman and Guglielmo Carchedi, Cheltenham: Elgar.

—— 2008, 'Th e Discontents of Marxism', *Debatte*, 16, 1: 122 – 31.

Gramsci, Antonio 1995, *Further Selections from the Prison Notebooks*, London: Lawrence & Wishart.

—— 1999, *Selections from the Prison Notebooks*, ElecBook, London [based on Lawrence and Wishart edition, London 1971].

HIMA—— 2008, *Il materialismo storico e la fi losofi a di Benedetto Croce*, available at: < www. liberliber.

it/biblioteca/g/gramsci/il_ materialismo_ storico_ e_ la_ filosofia_ etc/pdf/il_ mat_ p. pdf >, accessed 27 September 2008.

Grossman, Henryk 1907, *Bundizm in Galitsien*, Kraków: Publishing House of the *Social Democrat* [cover has 1908, title page 1907, serialised in *Sotsial-demokrat* between 13 September and 29 November 1907].

—— 1928, 'Eine neue Theorie über Imperialismus und die soziale Revolution', *Archiv für die Geschichte des Sozialismus und der Arbeiterbewegung*, 13: 161 –2. Also available at: < www. marxists. org/deutsch/archiv/grossmann/1928/xx/anti-sternberg. htm >.

—— 1929, 'Die Anderung des ursprunglichen Aufbauplans des Marxschen "Kapital" und ihre Ursachen', *Archiv für die Geschichte des Sozialismus und der Arbeiterbewegung*, 14: 305 –38 [A section of the article is translated into English in Lapides 1992.]

—— 1970 [1929], *Das Akkumulations-und Zusammenbruchsgetz des kapitalistischen Systems (zugleich eine Krisentheorie)*, Frankfurt am Main: Verlag Neue Kritik.

—— 1977 [1941], 'Marx, Classical Political Economy and the Problem of Dynamics', *Capital and Class*, 2 and 3: 32 –55 and 67 –99.

—— 1992 [1929], *Th e Law of Accumulation*, London, Pluto Press. Also available at: < www. marxists. org/archive/grossman/1929/breakdown/index. htm >.

—— 2000 [1922], 'Th e Th eory of Economic Crises', in *Value, Capitalist Dynamics and Money: Research in Political Economy*, 18, edited by Paul Zarembka and Susanne Soederberg, New York, Elsevier Science.

Harman, Chris 1968 –9, *Party and Class*, available at: < www. marxists. de/party/harman/partyclass. htm >, accessed 23 September 2007.

—— 1983, *Gramsci versus Reformism*, London: Socialist Workers' Party.

—— 2007, 'Th e Rate of Profi t and the World Today', *International Socialism Journal*, 115: 141 –61.

—— 2008, 'From the Credit Crunch to the Spectre of Global Crisis', *International Socialism Journal*, 118: 27 –42.

Heinrich, Michael 2006, *Die Wissenschaft von Wert*, Münster: Westfaisches Dampfboot.

Herman, Edward S. and Noam Chomsky 1988, *Manufacturing Consent: Th e Political Economy of the Mass Media*, New York: Pantheon.

Hilferding, Rudolf 1981 [1910], *Finance Capital: A Study of the Latest Phase of Capitalist Development*, London: Routledge & Kegan Paul.

—— 1982 [1927], 'Die Aufgaben der Sozialdemokratie in der Republik', in *Zwischen den Stühlen oder über die Unvereinbarkeit von Th eorie und Praxis: Schriften Rudolf Hilferdings 1904 bis 1940*, Bonn: J. H. W. Dietz.

| 国外马克思主义研究专题 |

Horkheimer, Max1995a, *Gesammelte Schiften. Band* 15: *Briefwechsel* 1913 – 1936, Frankfurt am Main: Fischer.

—— 1995b, *Gesammelte Schiften. Band* 16: *Briefwechsel* 1937 – 1940, Frankfurt am Main: Fischer.

Howard, Michael Charles and John Edward King 1989, *A History of Marxian Economics*, Volume 1: 1883 – 1929, Princeton: Princeton University Press.

—— 1992, *A History of Marxian Economics*, Volume 2: 1929 – 1990, London: Macmillan.

International Monetary Fund 2007, *Global Financial Stability Report* 2007, 2007, Statistical appendix tables 3 and 4, available at: < www. imf. org/external/pubs/ft/gfsr/2007/01 >.

Kautsky, Karl 1892, *Th e Class Struggle (Erfurt Program)*, Chapter 5, available at: < http: //www.

marxists. org/archive/kautsky/1892/erfurt/index. htm >, accessed 2 July 2008.

—— 1902, 'Krisentheorien', *Neue Zeit*, 20, 2: 37 – 47, 76 – 81, 110 – 18.

—— 1903a, 'Franz Mehring' *Neue Zeit*, 22, 4: 97 – 108.

—— 1903b, 'Th e Intellectuals and the Workers', available at: < www. marxists. anu. edu. au/archive/kautsky/1903/xx/int-work. htm >, accessed 1 July 2008.

—— 1907, *Socialism and Colonial Policy*, available at: < www. marxists. org/archive/kautsky/1907/colonial/index. htm >.

Kelly, Aileen 1982, *Michael Bakunin: A Study in the Psychology and Politics of Utopianism*, Oxford: Clarendon.

Kliman, Andrew 2007, *Reclaiming Marx's 'Capital': A Refutation of the Myth of Inconsistency*, Lanham: Lexington.

Korner, Klaus 1996, 'Die Europaischen Verlagsanstalt 1945 – 1979', in *Mit Lizenz: Geschichte der Europaischen Verlagsanstalt 1946 – 1996*, edited by Sabine Groenewold, Hamburg: EVA.

Krause, Werner and Günther Rudolph 1980, *Grundlinien des okonomischen Denkens in Deutschland 1848 bis 1945*, Berlin: Akademie-Verlag.

Krugman, Paul 2008, 'Partying Like It's 1929', *New York Times*, 21 March, available at: < www.

nytimes. com/2008/03/21/opinion/21krugman. html >, accessed 7 December 2008.

Kuhn, Rick 2004, 'Economic Crisis and Socialist Revolution: Henryk Grossman's Law of Accumulation, Its First Critics and His Responses', in *Neoliberalism in Crisis*, *Accumulation*, and *Rosa Luxemburg's Legacy: Research in Political Economy*, 21, edited by Paul Zarembka, Amsterdam: Elseveir. [Preprint: http://dspace.anu.edu.au/handle/1885/40145.]

—— 2007, *Henryk Grossman and the Recovery of Marxism*, Chicago: University of Illinois Press.

Lapides, Kenneth 1992, 'Henryk Grossmann and the Debate on the Theoretical Status of Marx's *Capital*', *Science & Society*, 56, 2: 144-50.

Lenin, Vladimir Ilyich 1894, *What the 'Friends of the People' Are and How They Fight the Social-Democrats*, available at: <marxists.org/archive/lenin/works/1894/friends/08.htm>, accessed 16 September 2008.

—— Ilyich 1902, *What Is To Be Done?*, available at: <www.marxists.org/archive/lenin/works/1901/witbd/iii.htm>, accessed 2 July.

—— 1904, *One Step Forward, Two Steps Back*, available at: <http://www.marxists.org/archive/lenin/works/1904/onestep/i.htm>, accessed 2 July 2008.

—— 1918, *The Proletarian Revolution and the Renegade Kautsky*, available at: <www.marxists.org/archive/lenin/works/1918/prrk/soviet_republic.htm>, accessed 6 October 2008.

—— 1977 [1916], *Imperialism: The Highest Stage of Capitalism*, in *Selected Works*, Volume 1, Moscow: Progress Publishers.

Lih, Lars T. 2006, *Lenin Rediscovered: 'What Is to Be Done?' in Context*, HM Book Series, Leiden: Brill.

Lukács, Georg 1971 [1923], *History and Class Consciousness*, London: Merlin.

—— 1977, *Lenin: A Study in the Unity of his Thought*, London: New Left Books.

Luxemburg, Rosa 1963 [1913], *The Accumulation of Capital*, London: Routledge.

—— 1972 [1915], *The Accumulation of Capital-An Anti-Critique: The Accumulation of Capital, or What the Epigones Have Made of Marx's Theory*, in *Rosa Luxemburg and Nikolai Bukharin, Imperialism and the Accumulation of Capital*, London: Allen Lane.

MacIntyre, Alasdair 2008a [1959], 'What Is Marxist Theory For', in *Alasdair MacIntyre's Engagement with Marxism: Selected Writings 1953-1974*, edited by Paul Blackledge and Neil Davidson, HM Book Series, Leiden: Brill.

—— 2008b [1960], 'Freedom and Revolution', in *Alasdair MacIntyre's Engagement with Marxism: Selected Writings 1953-1974*, edited by Paul Blackledge and Neil Davidson, HM Book Series, Leiden: Brill.

Mandel, Michael 2008, 'Why the Paulson Plan is DOA', *Business Week*, 30 March, available at: < www. businessweek. com/the_ thread/economicsunbound/archives/2008/03/why_ the_ paulson. html >, accessed 11 October 2008.

Marx, Karl and Frederick Engels 1970 [1848], *Manifesto of the Communist Party*, Moscow: Progress Publishers.

HIMAMolyneux, John 2003 [1978], *Marxism and the Party*, Chicago: Haymarket.

New York Times 2004, 'Excerpts from Speeches on Broad Variety of Issues at the Convention in Boston', 28 July: 8.

Rollins, Adrian 2008, 'RBA Slashes Rates on Recession Fears', *Australian Financial Review*, 8 October: 1.

Said, Edward 1994, *Representations of the Intellectual: Th e 1993 Reith Lectures*, New York: Pantheon.

Scheele, Jürgen 1999, *Zwischen Zusammenbruchsprognose und Positivismusverdikt: Studien zur politischen und intellektuellen Biographie Henryk Grossmanns (1881 – 1950)*, Frankfurt am Main: Peter Lang.

Schmiede, Rudi 1973, *Grundprobleme der Marx' schen Akkumulations-und Krisentheorie*, Frankfurt amMain: Athenaum.

Shandro, Alan 1997/1998, 'Karl Kautsky: On the Relation of Theory and Practice', *Science & Society*, 61, 4: 474 – 501.

Shoul, Bernice 1947, 'Th e Marxian Theory of Capitalist Breakdown', PhD thesis, Radcliff e College, available at: < www. marxists. org/archive/shoul/1947/breakdown/index. html >, accessed 8 December 2008.

—— 1957, 'Karl Marx and Say' s Law', *Quarterly Journal of Economics*, 71, 4: 611 – 29.

—— 1965, 'Similarities in the Work of John Stuart Mill and Karl Marx', *Science & Society*, 29, 3: 270 – 95.

—— 1967, 'Karl Marx' s Solutions to Some Theoretical Problems of Classical Economics', *Science & Society*, 31, 4: 449 – 60.

Skapinker, Michael 2008, 'Why Fallen Titans Are More Hated in America', *Financial Times* (Asian edition), 7 October: 11.

Social-Democratic Party of Germany 1891, *The Erfurt Program*, available at: < www. marxists.

org/history/international/social-democracy/1891/erfurt-program. htm >.

Stead, Christina 1986 [1971], 'The Azhdanov Tailors', in *The Ocean of Story*, edited by Christina Stead, Ringwood: Penguin.

—— 2005, 'Letter to Blake, September 12, 1946', in Christina Stead and William J. Blake, *Dearest Munx: Th e Letters of Christina Stead and William J. Blake*, Carlton: Miegunyah Press.

ten Brink, Tobias and Th omas Walter 2001, 'Wie stabil ist der heutige Kapitalismus?', *Sozialismus von Unten*, 6, available at: < www. sozialismus-von-unten. de/archiv/svu6/krise-kapital. html >, accessed 10 October 2008.

Verlag Neue Kritik n. d., 'Verlagsgeschichte', available at: < http: //cf. webdata. de/web22/Neue Kritik/inc/Verlagsgeschichte. cfm >, accessed 6 October 2008.

White, Jeff rey 2008, 'On Crisis, Europe to US: "I Told You So"', *Christian Science Monitor*, 10 October: 7.

World Trade Organization 2005, *International Trade Statistics* 2005, available at: < www. imf. org/external/pubs/ft/gfsr/2007/01/chi/0407c. pdf >.

—— 2006 *International Trade Statistics* 2006, available at: < www. wto. org/english/res_ e/statis_ e/its2006_ e/its2006_ e. pdf >, accessed 8 December 2008.

Yaff e, David 1973, 'Th e Marxian Th eory of Crisis, Capital and the State', *Economy and Society*, 2: 186 – 232.

HIMA

（英国《历史唯物主义》杂志）

（2009 年第 2 期，总 17 期，第 3 – 34 页）

马克思主义
在英语国家的最近研究

肖恩·塞耶斯

(英国肯特大学，教授)

在英国，人们在 20 世纪 60 年代就对马克思主义产生了很大的兴趣。60、70 年代，左翼的民权运动、学生运动、反帝国主义运动，掀起了研读马克思主义的高潮。进入 80 年代，里根（Reagan）、撒切尔（Thatcher）的执政和资本主义的复苏，马克思主义采取了防守态度。1989 年苏联解体后，社会主义在西方急剧下滑，资本主义和自由民主占了上风。福山（Fukuyam）把苏东剧变说成是"历史的终结"。然而，马克思主义者都认为，这不可能是"历史的终结"。近期马克思主义、社会主义的不断复苏开始证明了人们当初的看法。

60 年代开始，特别是苏联入侵阿富汗、赫鲁晓夫放弃斯大林政策后，苏联马克思主义的崩溃导致了"新左翼"的出现。此时，对马克思主义研究的兴趣主要集中在伦理、人性、异化等方面的早期作品中（在 20 世纪 50 年代后期译成英文的著作，如萨特（Sartre）、弗洛姆（Fromm）等的著作）。

左翼与马克思主义的人道主义相反，在 60 年代的影响和重要性不断上升，主张对马克思采取更严格、"科学"与革命的解释。这样就出现了两种不同的流派（大致对应于西方哲学中的分析哲学和大陆哲学）。

1. 分析哲学：分析的马克思主义（以柯亨（Cohen）、艾尔斯特（Elster）、罗默（Roemer）为代表）以技术分析的哲学思想去重新解释马克思，他们并不清楚这些技术究竟是什么，但是强烈反对辩证法。它们根植于英语语言哲学传统：如经验主义者、决定论者等；在政治哲学方面主张价值上的公正和平等，信仰自由民主（其中最有影响的是柯亨）。

2. 大陆哲学："结构主义"（阿尔都塞（Althusser））强烈反对马克思的早期

著作，反对理论上的"断裂"思想。把辩证法、历史主义、人道主义视为"伪科学"。认为马克思主义不是伦理思想而是社会经济结构主义理论。

一、分析的马克思主义

分析的马克思主义试图用科技哲学重新解释（正如他们所说，重构）马克思主义。然而，这些技术究竟是什么，它始终都没有给出一个清楚明确的解释。可是，支持他们的哲学家都是根植于在英语语系哲学中一直具有支配作用的经验主义和原子说。他们反对辩证的思维模式。分析的马克思主义的大部分著作都一直集中在伦理道德和政治哲学方面。

分析的马克思主义试图"驯服"马克思的彻底激进思想。他们在80年代取得了一些成就，于是马克思主义进入到英国学术界中。

分析的马克思主义学者中阿尔都塞影响最大，特别是在大陆传统哲学家中影响很大。但是现在他却主要研究分析哲学，集中研究社会政治哲学。尤其是研究马克思主义道德价值作用的争论。非马克思主义的左翼自由哲学主要有以下几种流派：

第一，有人认为政治和社会批评的主要观念是公正和权利，他们试图用这些术语解释马克思主义（不容易）。主要有两种形式：

一是"理性选择"理论。激进个人主义。社会由独立的个体组成，每个人都在理性地追求个人的利益，遵循着基本自由原则（诺齐克（Nozick）认为个人私有财产是一种自然的权利）。撒切尔说"世界上没有社会这种事情，只有追求个人利益的个体"，社会是按照如何遵守这个规则来评定的。有的试图用这些话语来解释马克思（艾尔斯特、罗默等），但马克思却不是这种观点。

二是罗尔斯（Rawls）的自由平等思想产生了深远的影响（尤其在英国）。资本主义因不公正——剥削和阶级不平等而受到批判（柯亨）。用这些术语来解释马克思还是很困难，马克思明确反对（道德权利）。

自由主义哲学的其他主要流派：如功利主义，古典功利主义。他们更适用于马克思。有的认为马克思反对作为意识形态的公正和权利的概念（绝对的、永恒的）。公正和权利是个历史的、相对的概念。功利主义的传统是认为自然权利是"胡说八道"（边沁（Bentham）），认为应该根据结果来判断行为。有效的道德评

判标准只能是幸福和社会福利。(见伍德(Wood),伦理的善(ethic of good))

两者都有广泛的自由主义框架,以原子个体的概念作为前提,或包含普遍价值的观念(权利或善)。

第二,个人在"无知之幕"之后的"原初状态"的选择,在罗尔斯对正义的讨论中得到了详细说明和论证。个人在"无知之幕"之后的"原初状态"的选择即抽象的个体在不受其社会地位或其社会知识体系的影响下可能会作出的选择。

第三,功利主义:以普遍的人性、幸福和自由作为基础,以纯粹个人主义的方法定义个人的特征。

二、社群主义对自由主义的批评

新自由主义观念与80、90年代(里根,撒切尔时期)的自由市场的复苏是联系在一起的。成本开支和社会问题很快就显现出来了。这一切不仅仅是因为经济的贫困问题,社会的不平等问题,也还有诸如异化、对社会的破坏等一系列的严重社会问题。社群主义的批评:质疑个人主义哲学关于自由道路的假设(公正与效用),强调现实和社会的重要性。

首先,完全独立的个人的自由主义理论只是一种虚构。个人并非先于社会关系而存在。罗尔斯的"原初状态"是不可能的。我们理性分析和选择的能力都是社会的产物,正义和其他社会价值也都是社会和历史的产物。

其次,功利主义关于人性的观点同样是错误的。个人的需求和欲望都是在社会和历史中形成的。尽管撒切尔那样说,还是有一种叫做社会的东西,它由个人构成,却高于个人。因此完全独立的个人的自由主义理论只是一种虚构。

社群主义,(如:泰勒(Taylor),麦金太尔(MacIntyre),桑德尔(Sandel)),并不是一个统一的流派。但他们的观点和黑格尔的社会哲学有很多相同之处。它的社会本体论与马克思的关系更紧密,但它是沿自由主义而不是社会主义方向发展的。有两种截然不同的趋势:展现对现代资本主义两种相反的阐述。

第一,有的人认为,现代社会已经粹片化,共同体已经被摧毁,且无法挽回(麦金太尔,罗蒂(Rorty)的后现代主义)。实际上,人们现在变成了单独的原子个体,每个人都在追求自己的各自的利益。如霍布斯(Hobbes)所说的"所有人反对所有人的战争"。他们认为,社会自由主义理论是正确的:这种正确性不是表现在对社会与个人的普遍本性的阐述上,而是表现在对现代社会特殊情景的描述上。

两种绝然相反的态度:对过去的留恋还是绝望(麦金太尔),或是接受甚至纪念过去(罗蒂的后现代主义)。

第二,其他人认为:如果我们本质上是社会的人,社会整体变成原子个体的观念,实质上不可能是正确的,它只在表面上是正确的。只是共同体的主体意识被毁坏了,必须重建社会意识。因此,必须恢复共同体意识,达到"共识"(泰勒,沃尔泽)。

三、历史叙事主义

有人争论说:那是错误的,因为改变的不仅仅是主体,而是更根本的东西。需要更多历史的方法,资本主义还没有彻底地摧毁所有共同体,摧毁的只是一种特殊形式的共同体:传统的共同体。现代自由社会不只是原子个体的集合,更是一种允许个体在兴趣和价值上存在较大差异的特殊社会形式。(罗尔斯的《政治自由主义》、罗蒂的《后现代资产阶级的自由主义》都有类似的观点)。

问题:能够创造出一种承认个人独立性的新共同体形式吗?这种可能性离资本主义和自由市场有多远?

需要注意的是:对马克思与黑格尔关系的兴趣被重新击活了(《马克思与哲学社会》2003年),对早期马克思的人性主题的兴趣也重新恢复了(异化,需要)。

四、实际问题

让我们从一直在讨论的抽象理论问题,转向近年来被广泛讨论并一直明显对马克思主义形成挑战的实际问题。

首先,环境,"绿色"问题:马克思常说,对社会进步和经济发展要坚持不加批判的信念。"勇于创造的"的作为所有征服人类力量的技术思想,不可能解答环境问题。其他人则认为马克思主义更关心问题而不只是建议。

国外马克思主义研究专题

语言中"权利"一词很难应用于环境问题,尽管有人已经尝试过。大多数的环境哲学家都是采用功利主义的方法,因为自然界不存在真正独立的价值,我们认为自然界有价值是因为它们对我们很重要,也可以认为它们是我们生活"世界"的一部分,在更广阔的意义上讲,我们都处于一个"共同体"中。

其次,身份政治学问题:性别、种族、伦理和文化差异都属于身份政治学的范畴。另外,近期社会思潮的主要部分,已经表明是质疑马克思主义,批判马克思的社会理论只集中在阶级方面而无视性别、种族、伦理等的重要意义。这些确实不是马克思主义的核心部分,马克思主义关心的主要是现实的运动。

五、近期非分析的马克思主义著作

这些都是目前分析主义传统中讨论的主要问题。在大陆哲学传统中有一些发展趋势要简单提到。

阿尔都塞之后:主要有福柯(Foucault),德里达(Derrida),哈贝马斯(Habermas)。在法国哲学中背离马克思的人不断增加。背离马克思在德国尤为突出:比如法兰克福学派,影响很大的是哈贝马斯,他也背离了马克思。

同时在近些年:哈特(Hardt)和内格里(Negri)(和他们的同行们)的著作一直特别有影响,激烈讨论的是后工业社会的本质问题。

欧洲和北美发达经济国家即将结束工业时代,而走向后工业时代。需要分析的是:

第一,工作性质的改变与非物质劳动的概念。生产物质产品的工业劳动正在被非物质劳动所代替。首先,符号劳动就是计算机工作,应用信息技术创造观念与图像。其次,各种各样的服务性工作越来越重要,包括传媒、设计师、接待员、中介机构等。涉及更多的是转换"主体性"和社会关系而不是创造性主体。这种现象导致了其他社会变化:工作变得灵活多样,人们有多种工作,常常在家里工作,专业化让位于"可转换的技术",于是工作和休闲、工作和家庭的划分正逐渐消失。

对这种分析的批评与怀疑:尽管在各方面产生了巨大的变化,并且这种变化还在继续,但是,认为他们正在全面创造全新的后工业生产方式却是错误的。认为马克思主义只是工业时代的理论、不适用于解读后工业社会也是绝对错误的。

工业生产还在继续，市场全球化已经波及到第三世界（尤其是中国）。事实上，无论在工厂和办公室，工作性质有了极大的改变，自动化程度很高。但是自从工业时代开始以来，工作一直在不断自动化。这并没有产生新的生产方式，现代社会（后工业社会）仍然是资本主义社会。

第二，工业工人阶级正在被各类贫穷的、受剥削的"群众"所取代。

工厂不再是工作的集中地，网络工作取代了大批工人的工作。各类贫穷的、受剥削的"群众"代替了传统的工业无产阶级。因此，他们认为马克思主义不再适用。事实刚好相反。

尽管技术和工作性质发生了变化，但是阶级的划分仍然存在。因此，工人阶级的定义不能以生产的产品来定义，应该由生产关系来确定。工人阶级仍然被资本所剥削、控制和支配。剥削甚至更为残酷，并影响到全球。

结论

在近几年，资本主义没有垮台反而占据了上风，社会主义与资本主义的斗争几乎跌入了低谷。我们需要重新开始，马克思主义需要重新思考。现在，人们反抗资本主义的斗争正在许多不同的地区围绕各种各样的问题展现出来。统一的、有组织的运动又正在逐渐地兴起。马克思主义将继续提供理论资源与内在动力。

主要参考文献

L. Althusser 1969, *For Marx*, London: Allen Lane.

L. Althusser 2006, *Philosophy of the Encounter: Later Writings*, 1978-1987, London: Verso.

L. Althusser and E. Balibar 1970, *Reading Capital*, trans. Ben Brewster, London: NLB.

P. Anderson 1976, *Considerations on Western Marxism*, London: New Left Books.

G. Balakrishnan (ed.) 2003, *Debating Empire*, London: Verso.

A. Callinicos 2006, *The Resources of Critique*, Cambridge: Polity Press.

G. A. Cohen 1978, *Karl Marx's Theory of History: A Defence*, Oxford: Clarendon Press.

J. Derrida 1994, *Specters of Marx: The State of the Debt, the Work of Mourning, and the New International*, trans. Peggy Kamuf, London: Routledge.

J. Elster 1985, *Making Sense of Marx*, Cambridge: Cambridge University Press.

F. Fukuyama 1992, *The End of History and the Last Man*, London: Hamish Hamilton.

M. Godelier 1972, *Rationality and Irrationality in Economics*, London: New Left Books.

M. Hardt and A. Negri 2000, *Empire*, Cambridge, Mass., London: Harvard University Press.

M. Hardt and A. Negri 2005, *Multitude: War and Democracy in the Age of Empire*, London: Hamish Hamilton.

T. Hayward 1995, *Ecological Thought: An Introduction*, Cambridge: Polity.

G. W. F. Hegel 1942, *The Philosophy of Right*, trans. T. M. Knox, Oxford: Clarendon.

A. M. Jaggar 1983, *Feminist Politics and Human Nature*, Totowa, N. J.: Rowman & Allanheld.

N. Poulantzas 1973, *Political Power and Social Classes*, London: New Left Books.

J. E. Roemer (ed.) 1986, *Analytical Marxism*, Cambridge: Cambridge University Press.

S. Sayers 1984, 'Marxism and the Dialectical Method: A Critique of G. A. Cohen', *Radical Philosophy*, 36: 4–13.

S. Sayers 1998, *Marxism and Human Nature*, London: Routledge.

P. Virno and M. Hardt 1996, *Radical Thought in Italy: A Potential Politics*, Minneapolis: University of Minnesota Press.

R. Ware and K. Nielsen (ed.) 1989, *Analyzing Marxism: New Essays on Analytical Marxism*, Calgary: University Press of Calgary.

（中国社科院马研院　冯颜利根据作者在中国社科院马研院的学术报告翻译）

斯大林与布哈林
关于社会主义建设道路的争论

李瑞琴

内容提要：20 世纪二三十年代，在苏共党内关于能否一国建成社会主义、怎样在一国建设社会主义的重大问题上，共发生了四次大的争论。尤其是斯大林和布哈林之间围绕如何建设社会主义这个主题的激烈斗争，直接导致新经济政策的中止，并在客观上形成了苏联高度集中的政治经济体制。随后，苏联阶级斗争的形式严峻起来，斯大林对国际国内阶级斗争形势的判断严重扩大化，以至于后来在 1938 年，经过公开审判布哈林被处于极刑，造成了党内的重大冤案。如何看待这段历史还需要我们站在人民的立场上，用唯物史观研究、理解这段历史，坚持马克思主义阶级分析观点来评价关于斯大林与布哈林的争论。

关键词：斯大林　布哈林　党内斗争　社会主义道路　如何评价

20 世纪二三十年代，在苏共党内关于能否一国建成社会主义、怎样在一国建设社会主义的重大问题上，共发生了四次大的争论。这几次大争论是苏共历史上的重大事件，也是国际共运史上的重大事件，对于苏联国家发展道路的选择、对于后来走上社会主义道路的国家都产生了重大而深远的影响。其中还关系到斯大林执政地位的合法性问题。对这一问题的研究与探讨，有助于澄清历史上一些对斯大林执政问题的误解，对于切实记取苏联剧变的根源具有重要作用，对于世界社会主义的发展也具有重要意义。

一、苏共党内二三十年代斗争的背景

十月社会主义革命胜利后，随着国内战争的结束，苏俄向何处去，一国能否建成社会主义,如何建设社会主义,怎样处理过渡时期的阶级关系等问题,逐一摆在苏共的面前。围绕上述问题,苏共党内发生了激烈的争论和斗争。1924年列宁去世后,集中围绕一国能否建成社会主义的问题,在几年时间内,连续发生了以斯大林和布哈林为首的多数派同托洛茨基反对派、季诺维也夫和加米涅夫新反对派、托洛茨基和季诺维也夫联盟的三次大的斗争。由于社会主义的初创性质,苏共党内关于相关问题的争论没有因为托洛茨基等人的失败而停止下来。1927年,随着国内外情况的变化,在关于怎样建设社会主义这个理论与实践的重大问题上,又出现了斯大林与布哈林等人的分歧和争论。1929年,以斯大林为首的党内多数派获得了斗争的胜利,苏俄走上了以工业化为主导的高速度、高积累的社会主义建设道路,逐步形成了具有鲜明特征的高度集中的计划经济体制,也被称为斯大林模式。相比较前三次争论,国内外学术界对这一次争论的认识和理解分歧最多。随着1988年苏共为布哈林评反,国内外更是掀起了研究布哈林的热潮。大多数学者都能够本着历史的态度、实事求是的态度认真研究这一特殊时期的特殊历史,但也有一些研究结论具有片面性。这就需要我们根据时代的发展,根据新的历史材料的问世,进行深入研究,以期得出客观结论。本文着重论述斯大林和布哈林等人之间的争论。

1. 争论产生的国内、国际背景

20世纪20年代初,国民经济恢复基本完成后,苏联仍然是一个只能输出农产品、输入机器装备的落后农业国。为了用现代技术改造落后的工农业,为了增强国防力量以维护民族独立,为了给社会主义建设建立强大的物质技术基础,1925年12月,联共(布)14大在党内斗争的激烈进行中通过了社会主义工业化的方针,决定把苏联从农业国变为工业国。这次大会,标志着有计划大规模实现社会主义工业化时期的开始。当时,苏联推行社会主义工业化的国内外环境非常恶劣,困难重重。国际上处在帝国主义的包围和威胁下,在国内原有的经济基础和技术基础十分落后、资金短缺、没有任何经验可供借鉴,每前进一步都需要付出巨大的艰辛和牺牲,需要在艰苦的实践中探索,开拓前进。

1927年末,苏联的工业生产达到并超过一战前最高水平。然而,以落后的个体小农经济为基础的农业,不能适应工业的迅速发展。农村社会主义革命的深入发展,引起了城乡资本主义势力的疯狂反抗。在农村中,大批大批的富农拒绝把他们囤积的粮食卖给国家，他们暗害集体农民和农村中党和苏维埃的工作人员，放火焚烧集体农庄和国家谷仓。在工业部门，1928年在顿涅茨矿区沙赫特区发现了资产阶级专家破坏矿山的事件，他们秉承外国军事侦探机关的旨意，在矿山中采用错误的方法采煤，减少煤炭产量，损坏机器，设法使矿井塌陷，甚至爆炸和放火焚烧矿井、工厂和电站。在机关中，暗藏的阶级敌人和蜕化变质分子，对苏维埃政权的各种措施实行怠工和破坏。① 国内阶级斗争激烈。

世界形势也发生了重大变化。1929年起，资本主义世界爆发了严重的经济危机。在此前，经济危机在一些国家已露端倪。为了转移经济危机，一些国家相继建立了法西斯政权。意大利于1925年11月实现了墨索里尼提出的"一切权力归法西斯"计划；日本于1925年建立了以东条英机为首的法西斯政权，1931年发动了侵略中国的9.18事变；1930年9月，希特勒的纳粹党在德国议会所占席位从第9位上升为第2位，1932年成为德国议会第一大党，1933年希特勒当上德国总理。法西斯主义的恶势力在欧洲、在世界横行，战争的风云在聚集。法西斯国家伺机发动新的世界大战以争夺世界霸权，而矛头直指苏联。为对抗德、意的军事侵略扩张政策，英、法、美等国对希特勒搞"绥靖政策"纵容其侵略行为，企图把法西斯德国的侵略矛头引向苏联，以实现帝国主义长久以来灭亡社会主义苏联的梦想。处在早期工业化阶段的苏联，不仅承受着已实现工业化的资本主义世界的强大压力，而且新生的苏维埃社会主义联盟的国家安全，也处在十分危急的境地。

2. 苏共党内的基本状况

无产阶级能够在单独一个国家夺取政权，这已被十月革命的胜利所证明。然而无产阶级能不能在单独一个国家，特别是像俄国这样一个"比欧洲最落后的国家还落后"的国家建成社会主义，还是一个有待于进一步思考的重大问题。国内战争结束以后，列宁看到国际上革命力量同反革命力量之间形成了一种均势，俄国苏维埃政权能够在资本主义国家的包围中存在下去时，形成了如下思路：一方面，他明确指出："我们向来笃信并一再重申马克思主义的一个起码的真理，即

---

① http://www.hongjunzx.com/read.php?tid=3464

国外马克思主义研究专题

要取得社会主义的胜利,必须有几个先进国家的工人的共同努力",① 另一方面,他又认识到俄国不必坐等世界社会主义革命的发展,可以也应该利用国际局势的相对稳定,在苏维埃政权的领导下,巩固国有经济,发展合作经济,同时进行文化革命,改造党和国家机关,建成社会主义的基础,直至同迟早要发生革命的西方和东方各国一道,赢得社会主义的最终胜利。

托洛茨基在列宁去世后主动挑起了党内大论战,他认为,没有欧洲革命的支持,苏联一国是不可能建成社会主义的。苏联社会主义胜利只有在欧洲革命胜利的时候。为了使苏联能够支撑到欧洲革命胜利的那一天,苏维埃政权最主要的任务就是实行"社会主义原始积累",最大限度的剥夺农民,实行"超级社会主义工业化",将农民当成无产阶级革命的"殖民地",无产阶级只有采用这种方法才能维持到欧洲革命的到来。斯大林和布哈林无情地批驳了托洛茨基等人的观点,全面阐述了苏联一国可以而且能够建成社会主义的理论和思想。在托洛茨基被击败后,加米涅夫和季诺维也夫与斯大林之间的矛盾尖锐起来,他们之间的矛盾和斗争更多地表现为最高权力之间的争斗。加米涅夫和季诺维也夫目光短浅,私利很重,没有特殊的观点,基本上沿用托洛茨基的观点与斯大林和布哈林对抗。这就决定了他们在党内斗争中一直处于被动状态。他们被击败后,无原则地倒向了曾经被他们批驳的体无完肤的托洛茨基阵营,从而失去了党内多数党员的支持和理解。联合反对派没有取得政治上的胜利,永远失去了政治前途。②

在一国建成社会主义问题的辩论中,布哈林同斯大林一起与托洛茨基、季诺维也夫等人进行了坚决的斗争,捍卫了列宁关于一国建成社会主义的学说,捍卫了列宁的新经济政策方针。斯大林深切地体会到了列宁思想的辩证实质,他认为,在世界革命陷入低潮时,如果没有国家建设的明确前途,没有建成社会主义的信心,工人群众就不能自觉地参加这种建设,他们就不能自觉地领导农民。没有建成社会主义的信心就不能有建设社会主义的意志。针锋相对地提出苏维埃俄国"一国能够建成社会主义",并且对这一理论从多方面进行了论证。布哈林提出了许多具有真知灼见的思想和理论,丰富了社会主义的建设理论,写下了《对

---

① 《列宁选集》第 4 卷,人民出版社 1995 年版,第 640 页。
② 参见邢广程:《苏联高层决策七十年》第 2 册,世界知识出版社 1998 年版,第 2 页。

反对派经济纲领的批判》、《新经济政策和我们的任务》、《苏维埃经济的新发现或怎样工农联盟》、《到社会主义之路和工农联盟》等一系列著作,根据俄国的具体情况和列宁的有关论述提出了以下主张:(1)解决工业发展缓慢问题,必须从发展农村生产力着手。关键是把农村经济搞活,把新经济政策推广到农村去、只有农村富裕了,有了市场,工业才能得到发展。(2)在农业社会主义改造方面逐步实行农业合作化,先组织消费合作社,等条件具备后再转到生产合作社。通过这种从低级到高级逐渐地发展过程,吸引农民走上社会主义的康庄大道。(3)在发展速度上要保证长期的高速度,反对一开始就不顾现有的客观条件与可能,盲目地追求指标,要保持国民经济各部门的平衡发展。(4)在农业、轻工业和重工业的关系上,注意发展轻工业,使重工业和轻工业的发展达到完美的结合。(5)在对待新资产阶级和富农上,主张少一点行政压制,多一点经济斗争,更多地发展经济周转,使他们的经济通过银行等手段"长入"社会主义经济体系。反对只限于使用镇压的斗争手段。

20世纪20年代末,在同托洛茨基等反对派争论后,斯大林敏锐地注意到了世界形势的重大变化和爆发战争的危险性。从而在关于如何建设社会主义的问题上,斯大林与布哈林之间开始出现严重的分歧和争论。斯大林认为,如果经济长期处于落后状态,孤立的苏维埃社会主义随时都有可能在法西斯和资本主义世界的经济优势、军事进攻面前归于毁灭。在这样的严峻形势面前,斯大林认为必须根据形势的变化和国内建设任务越发严峻和紧迫的现实,强力推进社会主义建设,争取在最短的时间内完成国家工业化的任务,奠定雄厚的物质基础。苏联必须在10年时间实现工业化,消除与发达国家50年至100年的差距,以对付新的帝国主义战争的威胁。这是斯大林推行以重工业为中心的高速工业化路线和设想的重要客观依据。

从苏联社会主义国家的建设实际出发,斯大林认为实现国家工业化不能回避两个前提:一是没有从容的时间,国内外的严酷形势不允许苏联有足够的时间进行工业化,因而不能采取先发展轻工业再发展重工业这种依靠较长时间来实现工业化的方法;二是没有像西方资本主义国家实现工业化时的条件,采取掠夺殖民地的原始积累的方式。资金的积累只有靠本国节约,只有社会主义积累的惟一道路。主要来源:一是工人阶级为国家创造的价值;一是农民向国家缴纳的直接税、间接税和工农业产品价格的剪刀差。这样，苏联工业化只有从重工业开始，采取高速度发展大工业的方针以赢得时间和争取速度；只有改变新经济政策的思路，牺牲农民、农业的正常发展，带有强制性的在农村开展农业集体化运动，以保证工业化顺利进行的资金来源。有学者称斯大林是"巧妙地将托洛茨基'超级工业化'理论和'社会主义原始积累'的观点融合到自己的理论之中，而布哈林则坚持只有通过新经济政策才能使苏联走上社会主义之路"。① 从内容上看，的确有相似之处。关键在于，国家实行什么样的发展政策由国内外形势、由国家急需解决的主要矛盾而决定。在列宁逝世后的几年间，斯大林从开始捍卫新经济政策，到在关于新经济政策的理解上同布哈林发生了分歧，主要是因为斯大林认为，在20世纪20年代末，国家出现了迫切需要快速工业化以保卫国家的严峻形势。由此，斯大林认为，布哈林对于新经济政策的理解具有片面性。如在关于新经济政策与市场的关系上，布哈林只看见新经济政策容许私人贸易有一定自由的方面，没有看见这是在保证国家对市场起调节作用的条件下，容许私人贸易在一定限度、在一定范围内的自由。而随着国内主要矛盾的变化，第二个方面比第一个方面更为重要。由此，斯大林和布哈林从"一国能够建成社会主义"达成共识，到"如何建设社会主义"时出现分歧，具体表现为在变化的条件下如何理解和坚持新经济政策、如何实现国家工业化的问题上产生了严重分歧，开始了苏共党内最激烈、影响最大的一场争论。

二、斯大林与布哈林争论的原因、主要内容和结果

1927年11月23日的中央联席会议和12月党的15大上，托洛茨基、加米涅夫和季诺维也夫等反对派骨干分子被开除出党，联合反对派被彻底清算。但围绕如何建设社会主义这个主题，斯大林和布哈林之间的分歧接踵而至，展开了激烈的斗争。

1. 对粮食危机和"沙赫特事件"出现的原因与性质的不同判断是斗争的起因

20世纪20年代末，苏联发生了严重粮荒。从1927年10月开始下降，到年

---

① 邢广程：《苏联高层决策七十年》第2册，世界知识出版社1998年版，第2页。

底全国只收购到3亿普特粮食,这个数字比1926年年底收购的4.28亿普特少1.28亿普特。"这个缺额也就是粮食收购危机在数字上的大略表现"。1928年3月又发生了一件震动全党的大事:苏联政府保安部门宣布,在顿巴斯工业联合企业的沙赫特矿区破获了一个反革命集团。

斯大林认为谷物收购危机的原因是富农的捣乱和进攻。1928年1月,斯大林巡视西伯利亚主要产量区,督促粮食收购。他看到当地的检察机关和审判机关的一些干部几乎住在富农家里,在富农家里做食客,同富农"和睦相处",因而激烈地批评当地干部"没有真正关心如何帮助我们国家摆脱粮食危机"。由此,他认识到,"只要富农存在,对于粮食收购的怠工就一定会存在",必须展开集体农庄和国营农场的建设。"目前苏维埃制度是建立在两种不同的基础上:联合的社会主义化的工业和以生产资料私有制为基础的个体小农经济。"而苏维埃制度是不能长期建立在两种不同基础上的,必须走大规模农业经济的社会主义道路,把小农经济联合为大规模的集体经济。① 关于沙赫特事件,斯大林提出:"决不能认为所谓沙赫特事件是偶然的。现在我们的一切工业部门中都有'沙赫特分子'。其中很多人已经落网,但是还远没有捕尽。资产阶级知识分子的暗害活动是抵抗社会主义发展的最危险的形式之一。这种暗害活动所以危险,尤其是因为它和国际资本有联系。"② 斯大林认为这两件事都是苏联阶级斗争的新的表现形式,对此必须采取严厉措施。

布哈林等其他领导人则认为,谷物收购危机的原因主要不在于富农,而在于收购价格不合理和工业消费品供应不足。1928年2月10日,负责领导谷物征购工作的贸易人民委员米高扬在《真理报》发表文章中指出:"真正大量的剩余谷物是中农占有的,他们常常不急于出售,如果需要购买的消费品数量无法达到或如果没有受到压力去偿还国家和合作社的债务的话。"③ 这段话间接否定了斯大林关于粮食收购危机主要是由于富农囤积粮食的观点。1928年7月,在中央全会

---

① 参见邢广程:《苏联高层决策七十年》第2册,世界知识出版社1998年版,第168页。
② 《斯大林全集》第12卷,人民出版社1955年版,第15页。
③ 转引沈志华:《新经济政策与苏联农业社会化道路》,中国社会科学出版社1996年版,第295页。

上，奥辛斯基指出，谷物收购困难的"主要原因是价格，富农只是补充因素"。布哈林认为出现粮食收购危机，"在很大程度上是我们'机关'的过错，不是狭义的机关（某一个苏维埃机关犯了这样的错误）而是广义的机关，就是说，是计划经济的机关的过错。我们的计划编制得不太好。我们被争论缠住，造成了许多错误，误了事，这也使得我们的敌人（他们在其他条件下干不出任何反对我们的大事）有可能获得若干（暂时的）胜利"。沙赫特事件表明，"整个传送带系统——群众、阶级、工会、苏维埃、党——遭到了破坏。党组织脱离了工人群众，工会组织脱离了非党工人群众，经济工作人员脱离了这些工人群众"。认为要从沙赫特事件中汲取教训，发扬社会主义民主。[①] 显然，布哈林认为这两件事都是党的工作出现失误和不民主造成的，同阶级斗争没有直接联系，解决问题的措施就是改进党的工作，发扬社会主义民主。

尽管经过激烈的争论，斯大林提出采取非常措施收购粮食的主张得到了全体政治局委员的一致同意，但是党内的思想并没有统一。布哈林认为，党中央采取的非常措施是对农民进行"军事封建剥削"。此后，布哈林在写给党中央的信中和在政治局会议上，多次说明了自己的主张。这样，布哈林与斯大林之间在政治上和理论上的分歧，达到了不可调和的地步，随着时间的推移，争论的内容越来越广，矛盾也越来越深。争论逐渐演化为一场中止还是继续新经济政策的严重的路线分歧。布哈林及其支持者批评斯大林的理论和做法是在"转向托洛茨基主义立场"，而斯大林则指责布哈林及其支持者"右倾"。1929年，莫斯科的面包供应也出现了问题，联共（布）认为到了不得不采取必要的措施彻底改变农村面貌的时候了，即实行集体化，进行农业的社会主义改造，以广大农民集体的力量对付富农阶级。

至1934年基洛夫事件后，斯大林对苏联阶级斗争形势的估计和判断有扩大化趋势。随着对旷日持久、一波未平一波又起的党内斗争的厌倦，随着国内外形势的逐渐严峻而带来的巨大压力，随着国内建设任务的繁重和紧迫性，也随着斯大林个人地位在党内的提高、巩固，对于如何处理党内斗争问题上，斯大林简单粗暴的方法逐渐占了上风，采用了肉体上消灭的残酷方法。1938年，通过公开

---

① 《布哈林文选》中册，东方出版社1988年版，第234、238页。

审判，处死了布哈林等人，造成了党内重大冤案。

2. 争论的主要内容

布哈林与斯大林的争执，是从 20 年代末的苏联究竟选择何种经济模式开始的。具体表现在以下几个方面。

（1）关于是否存在阶级斗争尖锐化及如何对待富农的问题

关于对是否存在阶级斗争尖锐化问题的理解，直接导致如何对待富农问题。

新经济政策时期的富农，尽管是在政策引导下先富起来的富裕农民群体，但当时苏联党内外对这一群体（阶层）一概称为"富农"，视其为"农村资本主义分子"，布哈林也不例外，将其视为"异物"。这一普遍看法在党内没有引发争论。而在如何对待富农问题上，党内引发了激烈的争论。

斯大林认为，苏联阶级斗争越来越尖锐化，富农是最残忍、最粗暴、最野蛮地剥削者，允许其存在是不得已的措施。之所以从限制富农剥削倾向的政策过渡到消灭富农阶级的政策，是因为"现在我们已经有了用集体农庄和国营农场的生产代替富农生产的物质基础"，富农将随着集体农庄的发展而被消灭。斯大林提出"压制富农，剥夺富农的机器和拖拉机"是发展社会主义集体农庄的前提条件之一。"社会主义正在胜利地进攻资本主义分子，社会主义比资本主义分子增长得快，资本主义分子的比重因此正在下降，正因为资本主义分子的比重正在下降，资本主义分子才感觉到有死亡的危险，于是就加紧进行反抗"。"在目前的发展阶段，在目前这种力量对比的条件下，阶级斗争的尖锐化和城乡资本主义分子反抗的加紧就是在这个基础上发生的"。[①] 在社会主义条件下，贫农是工人阶级的支柱，中农是同盟者，富农是阶级敌人。"富农是苏维埃政权的敌人。我们和他们之间没有而且不可能有和平。我们对富农的政策是把他们作为一个阶级来消灭的政策。这当然不是说我们一下子就能把他们消灭掉。这是说我们将设法包围他们并把他们消灭"。[②] 斯大林提出，为了建设社会主义，必须压制和消灭富农。

斯大林阶级斗争尖锐化的理论也被党中央接受。1929 年 4 月中央全会决议明确指出："社会主义经济形式的发展，资本主义成分的被排挤以及随之而来的敌

[①]《斯大林全集》第 12 卷，人民出版社 1955 年版，第 32、33 页。
[②]《斯大林全集》第 12 卷，人民出版社 1955 年版，第 197 页。

对阶级的反抗和加强，都不可避免地会使社会主义建设的这个转变阶段的阶级斗争尖锐起来。目前阶段的无产阶级专政意味着阶级斗争的继续和加剧而不是熄灭。"①

布哈林坚决反对斯大林阶级斗争尖锐化的观点。他认为，粮食危机和沙赫特事件都只是说明了苏维埃工作中存在着严重的缺点。富农或者靠剥削别人发财并钻进苏维埃政权机关的人刺杀农村通讯员等事件，是阶级斗争最尖锐化的表现形式，但这类事件通常发生在地方苏维埃机关还软弱无力的地区。十分明显，随着这种机关的改善，随着苏维埃政权一切下层组织的巩固，随着农村地方党组织和青年团组织的改善和加强，这类现象会愈来愈少，以至最后绝迹。布哈林还认为，苏联的富农不是富农，中农不是中农，农村是一片贫穷。因此，工农联盟就是工人阶级同包括富农在内的全体农民的联盟。布哈林提出了"富农和平长入社会主义"的观点，反对剥削，主张利用和平的经济手段，运用经济手段的目的，通过价格、税收、信贷政策和合作社组织对富农进行限制和排挤，达到以单一社会主义经济成分替代富农经济的目的。布哈林认为，富农就是农村资产阶级，苏维埃政权可以利用富农帮助贫农和中农。通过国家银行将其纳入无产阶级经济体系，通过合作社步入社会主义。

（2）关于选择何种社会主义建设道路更符合苏联国情的问题

斯大林认为，苏联社会主义国家由于得不到西欧先进国家无产阶级革命的支援，至少在可预见的时期内将处于资本主义世界的包围之中。面对这种情况，党不能容忍苏联作为社会主义国家在经济上长期处于落后状态之下。因为这种落后的危险性在于，孤立的苏维埃社会主义，随时都有可能在资本主义世界的经济优势和军事进攻面前归于毁灭。特殊的历史条件决定了经济技术落后的俄国，在无产阶级夺取政权以后，不可能越过工业化，也不可能按照资本主义国家通常所走过的道路去实现工业化。

斯大林把从重工业开始实现国家工业化看作是苏联工业化的道路。他指出："不是发展任何一种工业都是工业化。工业化的中心，工业化的基础，就是发展重工业（燃料、金属等等），归根到底，就是发展生产资料的生产，发展本国的

---

① 《苏联共产党代表大会、代表会议和中央全会决议汇编》第 3 分册，第 493 页。

机器制造业。"① 在资本主义国家里，工业化通常是从轻工业开始的，这是因为轻工业比重工业需要的投资少，资本周转快，获得利润比较容易。只有经过一个很长的时期，轻工业积累了相当多的利润，并把这些利润集中到银行，这才造成重工业发展的条件。这样一种工业化的方法，往往需要几十年甚至上百年的时间才能实现。斯大林认为，根据苏联当时的国际国内情况，显然不能用这样长的时间和这样的方法来实现工业化。

布哈林认为，俄国"正在建设的社会主义不可避免地是一种社会主义建设的落后的形式"。这种"落后型社会主义"的显著特点是发展速度缓慢，过渡时期较长。在苏联这样一个落后的国家里实现向社会主义过渡，将会面临许多复杂、前所未有、特殊困难的建设任务，企图沿袭过去战争的经验、阶级斗争的经验，企图"仅仅通过法令、通过纯粹的暴力措施不可能完成自己的任务"。"这是一个长时期的有机的过程，严格地说，是真正长入社会主义的过程"，"向社会主义的进一步发展是通过进化的道路而不可能通过其他的道路"。基于这种认识，布哈林提出了他的"乌龟速度"理论："我们不会由于国内的阶级差距和我们的技术落后而灭亡，甚至在低下的技术基础上我们也能够建设社会主义，社会主义的这种发展将非常缓慢，我们将以乌龟速度爬行，但我们终究在建设社会主义，并且我们定将建成它。"② "私人资本不能用一道命令予以没收，也不能用革命的宝剑机械地一挥来砍倒。只有在我们的国家机构和合作社成长壮大的基础上，在经济斗争的过程中才能战胜它"。③

（3）如何理解新经济政策中的市场关系问题

斯大林认为，布哈林只看见新经济政策的一个方面，而没有看见新经济政策是由两个方面组成的：一是"它的锋芒指向战时共产主义，指向排斥任何私人贸易自由的制度和秩序的"。"新经济政策就是容许私人贸易有一定的自由"。"问题在于新经济政策决不是容许私人贸易完全自由，决不是容许在市场上自由玩弄价格。新经济政策是在保证国家对市场起调节作用的条件下容许私人贸易在一定

---

① 《斯大林选集》上卷，人民出版社1979年版，第461页。
② 《布哈林文选》上册，东方出版社1988年版，第474—476、63页。
③ 《布哈林文选》下册，东方出版社1988年版，第392页；上册，第357、296页。

限度、在一定范围内的自由。这就是新经济政策的第二个方面"。斯大林强调，新经济政策的第二个方面比第一个方面"对我们更为重要"。①

布哈林认为，在苏俄这样一个落后的农民占人口绝大多数的国家里，把广大的农民群众吸引到社会主义建设中来，是一个带根本性的问题。而要吸引农民，首要的任务是把新经济政策推广到农村去，鼓励农民富裕起来。正是在这一背景下，布哈林提出了"发财吧"的著名口号。与那种从农民的富裕中看到的只是农村资本主义发展的观点不同，布哈林认为更为重要的是"农业积累就意味着对我国工业品的需求日益增长。这种需求能引起我国工业的巨大发展，而这种发展反过来又能使我国工业对农业起到良好的促进作用。"他强调，列宁"遗嘱中的重要之点是，可以不再对农民使用暴力而达到社会主义"。②布哈林鼓励农民富裕起来的道路就是利用新经济政策的市场因素，发展个体自由贸易。

（4）关于如何收取工农业"剪刀差"的问题

斯大林认为："在这方面，我国农民的情况是这样：农民不仅向国家缴纳一般的税，即直接税和间接税，而且他们在购买工业品时还要因为价格较高而多付一些钱，这是第一；而在出卖农产品时多少要少得一些钱，这是第二。""这是为了发展为全国（包括农民在内）服务的工业而向农民征收的一种额外税。这是一种类似'贡税'的东西，是一种类似超额税的东西；为了保持并加快工业发展的现有速度，保证工业满足全国的需要，继续提高农村物质生活水平，然后完全取消这种额外税，消除城乡间的'剪刀差'，我们不得不暂时征收这种税。""如果我们不想破坏我国工业，不想减低为整个国家从事生产并把我国国民经济推向社会主义的我国工业的一定发展速度，那末我们是不能立刻取消这种额外税的。"③斯大林认为，他的这一观点和布哈林有一致之处："在问题的实质上我们并没有意见分歧，这样一来，使资金从农业'流入'工业，所谓'剪刀差'，额外税，'一种类似于贡税的东西'，是目前国家工业化所必需的然而是暂时的一种手段。"④

---

① 《斯大林全集》第12卷，人民出版社1955年版，第39、40页。
② 《布哈林文选》上册，东方出版社1988年版，第368—369、349—350页。
③ 《斯大林全集》第11卷，人民出版社1955年版，第139、140、164页。
④ 《斯大林全集》第12卷，人民出版社1955年版，第47页。

布哈林认为,社会主义工业化的资金相当大的部分要取自农业,这是毫无疑问的,但问题是如何取。他认为,无产阶级夺取政权之后,不能把农村视为殖民地,用牺牲农业的办法发展工业,而应当把它看成是工业赖以发展的市场。"无产阶级工业只有依靠农民市场,才能起经济上的领导作用。如果没有农民经济中的积累,社会主义工业中的积累是无法长期进行的"。① 社会主义工业化资金积累问题应当通过不断扩大农村市场容量的办法来解决。这种办法在开始的时候固然走得慢一点,但是,随着农民市场容量的不断扩大和资本周转的不断加快,最终会获得一个比较高甚至是最高的积累速度。这才是社会主义工业化资金积累的健康之路。布哈林说:"工业要发展,需要农业取得成就;反之,农业要取得成就,也需要工业得到发展。这种互相依赖的关系是最根本的东西,它本身应当决定领导党的正确政策;领导党的责任首先就在于,使局部的和暂时的,眼前的、短期的、次要的和从属的利益服从长远的、最共同的、最根本和基本的利益。"② 布哈林认为,不仅工农业之间存在着平衡问题,而且工业内部各部门之间、农业内部各部门之间、积累和消费(包括生产性消费和个人消费)之间都有一个平衡问题,处理不好这些平衡,最终会影响到社会主义工业化的质量。③

(5) 关于工业化和农业集体化速度的问题

斯大林说:"不加速发展我国工业,就不能以机器和拖拉机借给农村。因此,迅速发展我国工业是在集体化制基础上改造农业的钥匙。"新的城乡结合形式和作用就是这样。斯大林认为,布哈林所持的出发点不是"迅速发展"工业这一改造农业生产的杠杆,而是"发展"个体农民经济。④ 布哈林的方案是使市场"常态化";降低集体农庄和国营农场的发展速度,以便全力发展个体农民经济;以自流方式收购粮食,在任何情况下都不可以使用非常措施;缺粮时,可以从国外输入粮食;如果外汇不够,就先输入农产品,降低工业产品的进口。⑤ 这种方案

---

① 《布哈林文选》上册,东方出版社 1988 年版,第 422、299—300 页。
② 《布哈林文选》中册,东方出版社 1988 年版,第 279—280 页;上册,第 423 页。
③ 参见蒲国良:《如何建设社会主义:托洛茨基与布哈林方案评析》,《中国社会科学院研究生院学报》2002 年第 5 期。
④ 《斯大林全集》第 12 卷,人民出版社 1955 年版,第 54 页。
⑤ 邢广程:《苏联高层决策七十年》第 2 册,世界知识出版社 1998 年版,第 203 页。

不适合苏联的实际情况。

布哈林反对斯大林匆忙进行集体化。他说,马克思主义者向来认为,切实可行的集体化需要有熟练的人、农业上的一定积累和机械化,而这个先决条件当时苏联都不具备。认为,在贫穷和衰退的基础上无法实行集体化。"不能人为地把共产主义移植到农村中去"。对富农可以采取非暴力的、"新经济政策的方法"来限制富农进行积累和扩大影响,以免其他农民阶层的利益。[①]

从上述斯大林与布哈林争论的内容,比较二者的社会主义建设方案,前者有着随时代条件变化而不断调整方案的特点,后者则呈现出静态和稳定的特征。而这些特点的呈现关键在于,二者对苏联当时国内外形势与国家实施什么样的建设社会主义方案之间的关系,有不同的理解。布哈林的方案更加理想化一些。如果苏联在20世纪20年代能够有一个较为安定的国内外建设环境,那么,按照布哈林的方案建设社会主义会更顺利一些,经济体制的设立也更为平衡一些,对于国家经济的后续发展也将会更有利一些。但是,当时的苏共可以根据党内的争论提出并选择实施不同的社会主义建设方案,而国际帝国主义发动战争却不是苏共通过党内斗争能够左右的。如果不考虑这个因素,按照布哈林的"乌龟速度"理论,苏联在卫国战争中的压力和后果将不堪设想。因此,苏联的任务还是首先保卫国家,巩固政权,在严酷的形势和压力下解决主要矛盾。斯大林的方案考虑的更多是如何快速实行工业化,迅速建立强大的物质基础,战胜国际帝国主义的问题。这也应该是广大党员干部最终选择支持斯大林方案的根本原因。斯大林的方案使国家最快地赶在世界大战爆发前实现了工业化,国家也付出很大代价,尤其是农业的发展受到了摧残式影响。

三、争论对国家社会经济发展的影响

1929年4月16日的中央联席会议,斯大林对布哈林等反对派路线做出结论,"这条路线用发表反党宣言的方法,用辞职的方法,用诬蔑党的方法,用暗中破坏党的方法,用和昨天的托洛茨基分子为组织反党联盟进行幕后谈判的方法破坏

---

① 转引自邢广程:《苏联高层决策七十年》第2册,世界知识出版社1998年版,第176页。

斯大林与布哈林关于社会主义建设道路的争论

党的路线"。"这是机会主义的路线"。① 联席会议通过了《关于党内事件》的决议,指出布哈林、李可夫和托姆斯基是"右倾分子",他们的活动是"右倾机会主义的派别活动"。② 1929 年 11 月 26 日,托姆斯基、布哈林和李可夫在《真理报》上公开发表声明,承认自己的路线失败。至此,自列宁去世后持续数年的党内斗争结束。学术界对于斯大林同布哈林争论的评价分歧非常大,分歧还延伸到对国家的后续发展有着如何影响的方面上。主要有这样几种观点。

1. 争论直接导致新经济政策的中止但原因各异

(1) 认为争论双方尤其是斯大林对新经济政策性质的理解上有误区

有学者认为:在党内争论中,争论双方将新经济政策与搞社会主义对立起来,他们认为新经济政策不是通向社会主义的道路而是可能会招致资本主义复辟。在 1926 年后,斯大林等人一方面说社会主义经济力量已强大到可以向资本主义发起进攻的程度,另一方面又说资本主义的发展对社会主义事业造成了严重障碍,所以急于消灭"资本主义"。没有真正认识到正是新经济政策使苏联经济得到了恢复和发展,而是把经济政策中的一些并不是资本主义的做法当作资本主义,或者把有利于生产力发展的有限的资本主义因素夸大化。他们用传统标准,以阶级斗争的眼光,姓"社"还是姓"资"的抽象概念,去认识新经济政策中的问题,寻找出路。明明是一些有利于发展生产力的政策,例如农民个体生产经营、发展商品经济、出租土地和生产资料等,他们却认为是资本主义,是阶级斗争的表现,担心资本主义复辟。在新经济政策发展中出现一些问题后,不是坚定前进方向,完善政策,而认为是资本主义在搞破坏,以向资本主义进攻为借口结束了新经济政策。③

(2) 认为苏联国际环境的骤然紧张和斯大林思想的教条主义为主因

有学者认为:20 年代中后期苏联国际环境的骤然紧张,是新经济政策很快被中止的直接原因。联共(布)全党特别是斯大林的思想没有跟上列宁的脚步完成这一重大转变,仍教条式地对待马克思列宁主义,则是新经济政策很快被中止

---

① 《斯大林全集》第 12 卷,人民出版社 1955 年版,第 11 页。
② 《苏联共产党代表大会、代表会议和中央全会决议汇编》第 3 分册,第 490 页。
③ 高继文:《二十年代苏联新经济政策终结的原因》,《燕山大学学报(哲社版)》2000 年第 4 期。

的决定性原因。新经济政策是一个在实行过程中还需要不断调整和完善的政策，它的系统化和成熟还需要时间。十月革命胜利后，社会主义的俄国处于资本主义国家包围之中，已成为孤岛。在此情况下，斯大林及联共（布）中央必须面对的首要问题是随时准备应付外来侵略，巩固苏联的社会主义制度。1927年英苏断交和苏联驻波兰大使被刺，以及20年代末30年代初资本主义经济危机爆发后引起了局部战争的爆发，更使联共（布）认识到"新的帝国主义战争日益逼近了"，"我们应当采取一切措施保障我们的国家以防止突然的事变"①。国际环境发生了重大变化，其理论或政策便失去存在的外部条件。此外，许多布尔什维克党员和工农基本群众不很理解新经济政策，担心这会走上资本主义道路。在共产国际中也有些革命家对此产生疑虑，对"租让制"想不通。作为党内多数派关键人物的斯大林，在1928年以前基本上是坚定的新经济政策的支持者，但斯大林对这一政策的理解也只是停留在"退却"的层面上，当1927年国内发生粮食收购危机、国际环境开始紧张以后，斯大林便认为"停止退却"、开始"进攻"的时机到了。因此，斯大林断然否定了布哈林的意见，而采取"近似于余粮收集制"的非常措施。特别是整个中止新经济政策的过程中夹杂着他确立个人最高权威、翦除异己的私心，更使得人们对斯大林的指责批评与日俱增。但是，假如没有当时苏联复杂的国际国内环境，没有联共（布）党内以及社会上幼稚肤浅教条式的马克思主义理论水平，新经济政策实行的时间又如此之短，仅凭斯大林个人的力量是难以扭转乾坤的。②

（3）政治上的需要导致"新经济政策"被中止

有学者提出一种极端性的看法：在20世纪20年代的苏联，新经济政策既是因政治需要而出台的，也是因政治问题而被中止的，是政治因素决定了它的兴衰命运。新经济政策虽然是意在发展经济的政策，但它的出台却不是布尔什维克党认识到了社会经济发展规律的结果，而是出于保住政权的考虑。新经济政策在20年代末而不是更晚的时候被终结，则与布尔什维克党自身体制存在的弊端及

---

① 《斯大林全集》第13卷，人民出版社1955年版，第168页。
② 杨玲玲：《列宁的新经济政策为什么很快被中止》，《中国党政干部论坛》2000年第11期。

由此造成的不可避免的党内权力斗争的进程有关。由于在布尔什维克党意识形态中新经济政策意味着发展资本主义，因此谁如果想在党内权力斗争中取胜，谁就要祭起反新经济政策这面大旗。随着季诺维也夫及其后组成的联合反对派在权力斗争中的迅速失败，从理论上说，新经济政策有了长期坚持下去的理由，因为获得了胜利的斯大林和布哈林都是该政策的坚定捍卫者。但个人集权仍未最终建立，权力斗争的逻辑仍在继续发挥作用。布哈林开始时虽不是最高权力的有力竞争者，但在反对派被打倒后，他已上升到与斯大林成为党的共同领袖的位置。他不可能居于斯大林之上，但却是斯大林取得个人绝对领导地位的障碍。为了建立个人集权，斯大林开始改变自己的策略，由捍卫新经济政策转向压制乃至取消新经济政策。他不惜照抄此前的死敌托洛茨基的纲领，强调加速工业化和消灭富农的必要性，把继续捍卫新经济政策的布哈林说成是富农的代言人和复辟资本主义的罪魁祸首。①这一结论显然具有片面性，把一切归结为争夺最高权力的结果不符合客观实际。

2. 全面形成了斯大林体制

有学者明确说，1929年全面中止新经济政策和斯大林思想占主导地位，标志着斯大林经济体制模式得以初步确立。随着斯大林工业化方针的全面贯彻，到二战前的1941年，不只是斯大林工业管理体制、经济体制模式全面建立和已扎了根，而且，斯大林社会主义模式已全面建立并扎了根。第一，在工业化运动期间，斯大林不只在苏联创造了"世界上所有一切工业中最大最集中的工业"，并且使之成为"按照计划领导"的"统一的工业经济"②；第二，在工业化运动过程中，对整个经济的计划性管理大大加强了，行政指令的作用大大提高了；第三，1929年全盘农业集体化的快速推行，农业也受到斯大林经济体制的统制；第四，工业化运动时期，斯大林逐个击败了他的对手，接着是20世纪30年代的大清洗，最后形成了高度集权的政治体制模式，并把这一模式一步一步地推向极端，斯大林成了独揽大权的最高统治者，他凭借手中掌握的权力与专政机器，使

---

① 李述森：《论政治因素与"新经济政策"》，《东岳论丛》2004年第2期。
② 《斯大林全集》第10卷，人民出版社1954年版，第280、258页。

全党、全国人民服从于他一个人。从而使社会主义遭到了极大的扭曲。①

从上述观点迥然的表述看，对于苏共党内斗争结束后，新经济政策被中止这一点，基本没有异议，分歧在于新经济政策中止的原因和结果。存在争议是理论界学术界的正常现象，苏共二十大后，毛泽东就说过，这种现象是十分正常的："斯大林问题，是一个世界范围内的大问题，曾经引起了世界各国一切阶级的反响，至今还在议论纷纷。各个不同的阶级，代表各个不同阶级的政党或政治派别，意见不同。估计在本世纪内，这个问题还不可能作出定论。"② 新经济政策中止的客观结果是形成了高度集中的政治经济体制，但是站在正确的立场上对斯大林体制产生的合理性评价更为重要，否则就不能够客观评价苏联70年的社会主义实践。布哈林的思想有许多真知灼见，但是其局限性也很明显。再出色的理论还必须和实际相符合才能发挥作用。布哈林考虑的社会主义建设道路和思想，如果是在一个和平的环境下，的确能够最大限度地发展经济，但是在苏联面临战争压力下，不管以何种方式方法，能否快速实现工业化，就成为苏联当时能够选择的最佳方案了。

四、对苏共二三十年代党内斗争评价的不同观点

布哈林与斯大林之间的分歧和争论的实质，是社会主义建设两种不同道路、方法之间的分歧和争论。从理论上说，这种争论对于探索中建设社会主义是必要的也是有益的，但是这种斗争牵涉到党的最高权力时，尤其是苏联自20世纪50年代末赫鲁晓夫时期全盘否定斯大林、80年代末戈尔巴乔夫时期定性斯大林建立的是"极权主义体制"，实行的是"暴政"并极力摧毁之，经历了这样一个历史虚无主义和国家剧变的严重时期后，再总结这一时期苏联党内斗争的性质、方法、目的和后果时，就变得极为复杂起来，学术界形成了长久的争论。值得关注的是，随着深刻总结苏联剧变教训，国内外学者开始理性地认识二三十年代那场斗争的情况，对于斯大林与布哈林之争有了新认识，形成了新的研究成果。为了客观地反映学术界研究成果，各种观点综述如下。

---

① 陆南泉：《斯大林工业化道路再认识》，《科学社会主义》2005年第3期。
② 《建国以来毛泽东文稿》第10册，中央文献出版社1996年版，第369页。

斯大林与布哈林关于社会主义建设道路的争论

1. 斯大林拥有权力，运用策略达到了目的

有学者认为：与经济上的村社传统相应，政治专制主义在俄国同样有几百年的历史，这是斯大林获胜、高度集中的社会主义政治体制形成的重要社会历史原因。社会主义革命虽然推翻了封建专制政权，但社会的经济基础和人民的思想文化不可能迅速改变，在革命后对沙皇的崇拜转变为对无产阶级政党的革命领袖的崇拜。这种领袖崇拜心理在列宁逝世后则变为对"活着的列宁"崇拜，谁能以"活着的列宁"的出现，谁就能成为人民的领袖。在20年代党内斗争中，斯大林表现出了高超的组织才能和钢铁般的意志，时时以列宁的学生、继承人的身份出现在全党面前，而把托洛茨基、季诺维也夫、布哈林等指责为反对列宁主义、社会主义，置他们于敌人的位置。这样，他就成了人们心目中理想的领导人，赢得了全党和人民的拥戴。而在布哈林身上表现出的更多的是理论家的素养，性情温和，平易近人，他本人既不争权夺利，别人也不把他当作是依靠得住的领袖。虽然他是真正坚持和发展列宁主义的人，但人们却不认为他是列宁的继承人。这是布哈林的新经济政策主张得不到拥护的重要原因。[①]

有观点这样认为：斯大林模式的形成是由1928—1929年大规模党内斗争决定的。以斯大林和布哈林为代表的两种模式，在主观上都想搞社会主义，根本利益是共同的，分歧仅仅在建设社会主义中应采取什么具体方法、途径的观点不同，对形势的判断不同，对行动的时机和方法选择不同。这些分歧充其量不过是正确与错误的矛盾，而不涉及到阶级斗争问题。斯大林和布哈林主张各有优点和缺点。但斯大林在处理同布哈林的意见分歧时，混淆两类矛盾，把布哈林作为资产阶级、富农阶级在党内的代理人，右倾机会主义集团的头子，利用自己掌握的权力，发动全面政治运动进行批判，把布哈林为代表的主张作为资本主义复辟的理论一概否定。同时在反右的过程中把自己原来"左"的东西引向极端。可以说，斯大林模式一开始就是通过不正常的党内斗争强制性地加以推行的。[②]

还有学者认为：斯大林的工业化，不论其理论还是具体政策，都存在严重错

[①] 高继文：《二十年代苏联新经济政策终结的原因》，《燕山大学学报》（哲社版）2000年第4期。

[②] ［世界近代史］《斯大林模式的形成及僵化》，http：//cn.happycampus.com/docs/983326096801@hc05/67713/。

误,斯大林的方针一直能得以贯彻主要原因有:首先,斯大林利用手中已掌握的大权,通过在各个领域的大清洗与镇压,形成了集中统一的思想文化,舆论一律的局面;其次,最为重要的一点是用强制的手段推进其政策,把任何一个具体的工业化政策与阶级斗争,路线斗争联系起来,动辄扣政治帽子。第三,斯大林总是打着列宁的旗号推行他的政策,这对广大群众的宣传作用也是不能低估的。列宁在十月革命前后也讲过要开足马力前进,但在总结军事共产主义政策的教训后,在1922年就明确指出:"同农民群众,同普通劳动农民汇合起来,开始一道前进,虽然比我们所期望的慢得多,慢得不知多少,但全体群众却真正会同我们一道前进。到了一定的时候,前进的步子就会加快到我们现在梦想不到的速度。"① 这里清楚地说明列宁不赞成片面追求速度,而是讲究以辩证的方法对待工业发展速度问题,主张国民经济平衡发展,把发展农业放在首位。②

2. 斯大林获胜有其合理性,但其体制初期即弊端可现

有学者认为:简单的组织处理或粗暴残酷的党内斗争方式必须抛弃。作为争论双方的权利都是平等的,都应该得到尊重和保护,特别是少数派的权利应该得到最起码的尊重和保护。而如果用简单的组织处理或粗暴残酷的党内斗争的方式解决这些分歧,不仅无助于问题的解决,而且必将酿成悲剧。布哈林就是这种悲剧中的牺牲品。可悲的是,对于这种对待少数派的方式和作法的形成,布哈林本人也是难辞其咎的,甚至也曾有过某种程度的参与。在反对托洛茨基等党内反对派的斗争中,布哈林也说过过头的话,也做过过头的事。对托洛茨基被驱逐、诽谤、流放的作法,布哈林曾收到以前同志的来信,谴责他是关押最优秀的共产党员的监狱看守,竟然同意秘密警察审判十月革命的英雄。③

有学者提出:斯大林的社会主义建设方案是在同托洛茨基等左倾反对派和布哈林派的论战和斗争中形成的,有其历史合理性。如同历史上任何一次大革命一样,布尔什维克革命胜利之初,革命中所爆发出的英雄主义和浪漫主义一时间尚难完全消退,激情和幻想在很大程度上依然支配着人们的思维和行动。布哈林方

---

① 《列宁全集》第43卷,人民出版社1987年版,第77页。
② 陆南泉:《斯大林工业化道路再认识》,《科学社会主义》2005年第3期。
③ 王国宏、沈丹:《布哈林悲剧与党内民主》,《学习时报》2006年7月28日。

案之所以被抛弃，其原因之一，就在于他试图在一个尚处于革命狂热的社会氛围里高扬起理智和科学的旗帜，而理智和科学的力量在这里却显得极其渺小和微不足道。斯大林的优势在于，他抓住了苏联社会必须由革命转向建设这个纲，但他没有像布哈林那样走得那样远，以致于忽视了社会的革命狂热氛围。斯大林成功地利用了他出色的组织才能，较好地驾驭了布尔什维克革命的惯性力，把人民群众的革命热情、牺牲精神、急于摆脱贫困和落后的心理引导到了工业化建设的轨道。苏联的工业化运动创造了辉煌的成就，这些成就主要来自于苏联人民的创造力，但这些成就也是在斯大林的领导下取得的。承认斯大林工业化的巨大成就，并不是说斯大林的方案就是绝对合理的。一个社会的整体生产力水平的提高是不可能依靠短促突击的方法完成的，而各生产部类的增长长期失调和国民经济的发展长期失衡的状态终于无法持久地维持下去。因此，时间越久，斯大林方案的弊病便越明显，这种弊病持续的时间越长，其危害性也就越大。①

3. 斯大林的社会主义方案尽管非尽善尽美，但更符合当时苏联国情和历史条件

美国学者斯蒂芬·F·科恩说：力量对比的变化并不是惟一导致斯大林同政治局右派之间发生对抗的事态发展。1927年在国内外出现的许多麻烦，使人们对布哈林派的政策（即使他们已作了修改，使之变得比较现实主义）是否继续可行产生了严重的怀疑。眼前出现的困难，大概动摇了斯大林对他那些"百分之一百五十地拥护新经济政策"的伙伴在经济问题上的远见所抱的信心，使他进一步倾向于听取别的意见和确定自己的方针。到1927年，以古比雪夫为首的未来的斯大林主义的工业化专家，已经占据了关键性的经济领导职务，最明显的是最高经济委员会中的职务，并且已经开始制订他们自己的工业化政策。此外，布哈林和李可夫由于对政策作出修改，转向制订计划、增加基本投资和实行农业集体化，引起人们对这些计划中的改变作出各种不同的解释。例如，在国家计划机关里，已经出现了对五年计划的一些极为不同的理解。甚至在左派被开除出党以前，一位拥护斯大林的计划工作者S.G.斯特鲁米林已经喊出了指导斯大林式的

---

① 蒲国良：《如何建设社会主义：托洛茨基与布哈林方案评析》，《中国社会科学院研究生院学报》，2002年第5期。

| 国外马克思主义研究专题 |

工业革命的哲学口号:"我们不受任何法则的束缚。没有任何堡垒是布尔什维克党人所不能攻克的。"[①]

有学者认为,列宁的新经济政策和斯大林农业集体化思想是在不同的历史背景下产生的苏联农业社会主义改造思想,都是时代的产物。斯大林的农业集体化思想,是斯大林在新的历史条件下对苏联农业社会主义改造和社会主义建设事业的总结和创造,是苏联历史的选择;农业集体化运动和工业化运动是苏联社会主义现代化建设的两个组成部分,二者相辅相成,紧密联系,没有农业集体化运动就不会有苏联社会主义工业化的实现,因此,应把苏联的农业集体化运动放在苏联社会主义现代化进程中来考量。社会道路的选择是社会合力作用的结果,绝不是由某一种或几种力量决定的,斯大林的农业集体化思想能够成为苏联社会历史的选择,其合理性在于:(1)符合苏联工业化和国家独立生存的大目标;(2)建立集体农庄,改变农村生产资料所有制,与无产阶级革命的目标一致,容易被布尔什维克领导人接受。(3)符合农业生产力发展方向的要求;(4)建立农业集体农庄可以解苏维埃政权的燃眉之急;(5)"使全体集体农庄庄员成为生活富裕的人"的口号对普通农民、尤其是对带有封建意识、崇尚平均主义的小农具有极强的诱惑力;(6)成立集体农庄有利于国家对农村经济的控制;(7)党内政治斗争的需要,实现农业集体化是斯大林关于一国能够建成社会主义观点的重要论据;(8)在斯大林和一些领导人的头脑中,"革命"的惯性也起了很大作用。斯大林农业集体化思想在实践上也存在着可能性:(1)十月革命胜利后,苏维埃政权颁布了《土地法令》,宣布废除土地私有制,土地归国家所有,因此,苏联的农民"也就没有西方农民的那种对一小块土地的奴隶般的依恋。这种情况不能不使小农经济易于转上集体农庄的轨道"。(2)短时间内赶上和超过发达资本主义国家的"紧迫感",是苏联农民能够忍受工业化和农业集体化带来的痛苦的一个重要原因。(3)拖拉机推动、巩固了农业集体化运动。(4)20世纪二三十年代,苏联党内经过激烈的政治斗争,斯大林掌握了党和国家的绝对权力,客观上

[①] [美]斯蒂芬·F. 科恩:《布哈林政治传记:布哈林与布尔什维克革命》,东方出版社 2005 版,第 437 页。

有利于按着他的意志进行农业集体化运动。①

还有观点认为，从客观上看，斯大林更尊重事实，虽然他没有从理论上深入阐述，但他的做法却使他一定程度上克服了马克思主义理论的局限，从而在苏联的社会主义建设中取得了伟大成就。但正是由于他的这种行动没有深层次的理论支持，就使得他显得让人不可理解，也犯了不少错误。对于布哈林来讲，结合他早先与列宁的论战和他所犯的错误，他长期学究式的经院式的抽象理论研究，加上政治上的幼稚，思想上教条化倾向比较重以及长期脱离实际的不成熟的种种情况，也是造成他与斯大林激烈斗争而以自己失败的其中一个主要原因。至于他的言行，他的思想主张在客观上是十分有害的，他不仅四处宣传自己的思想反对斯大林，反对中央政策，而且还有一些秘密活动，这一切使得他最后被枪决还是可以理解的。当然，斯大林是否方式上粗暴、简单，这就是另外的问题。②

4. 俄罗斯学者的新认识

有学者注意到：今天俄罗斯学者对当年以工业化、集体化为核心的现代化进程评价更显客观，认为不能脱离当时的历史环境来认识这些问题。俄科学院阿列克谢耶夫院士说道：苏联现代化的特点乃是建筑在高度集中的管理体制下的动员型经济，经济任务必须服从于政治目的，并且为了达到这个目的采取了非常的措施，崇高的思想与粗鲁的手段结合在一起。为了完成这些任务特别强调思想上的服从，这在苏联实现现代化过程中起到了独特的作用。因为在一个社会经济条件落后的国家要加速实现从农业国家向工业化国家的过渡需要动员一切资源，不仅仅是经济的，也包括社会的精神力量。2007年，俄罗斯科学院世界历史研究所研究室主任舒宾教授写道："俄罗斯工业化现代化进程开始于俄罗斯帝国时期，20世纪60年代完成。但其中决定性的阶段是在30年代斯大林执政时期。斯大林体制确实具有严酷性，其严酷的程度甚至比资本原始积累阶段也毫不逊色。但只有这样才能集中掌握对于建设工业基础必须的资源，并奠定了苏联工业体制进一步发展的基础。"他还说道："苏联实现现代化那种紧迫的、刻不容缓的特点带来

---

① 曹英伟：《斯大林农业集体化思想合理性分析》，《马克思主义研究》2007年第6期。
② 许可：《关于斯大林和布哈林论战研究的提纲》http://blog.sina.com.cn/s/reader_4c456915010007ps.html

国外马克思主义研究专题

了巨大的牺牲,而这常常被一些人指责为无谓的牺牲。但无可怀疑的是,苏联工业化现代化的道路也是沿着人类共同的道路走的。当然具有自己的三个特点:俄罗斯民族文化传统、社会主义的纲领、列宁斯大林所制定的发展方向。"[①]

俄历史学家尤·瓦·叶梅利亚诺夫认为,单凭总书记这个职位并不能决定斯大林的成功,并"不能说明那时的各种事件。希望起领导者的作用的人需要提出吸引人的纲领并能使得党的最高层感到信服"。"中央委员中总共只有百分之四十五的人是党的机关工作人员,而斯大林提出的工业化纲领对中央委员会里人数愈来愈多的经济领导人(1927年他们占中央委员总数的百分之二十)具有吸引力"。[②] 在当时,五年计划不仅得到了党代会代表的一致支持(包括昔日斯大林的反对派),也"得到了努力要找到摆脱国家经济落后捷径的千百万共产党员和非党人士的拥护"。农业实现集体化是国家顺利完成五年计划,实现工业化的必然要求和根本保证。尽管强制集体化的行为引起了抗议,但各共和国、州和区中心的各级党组织领导都深信自己的行动是正确的。"不仅仅是领导和大部分党员,而且还有城市居民、工人、职员和知识分子都不准备出来保护挨饿的农民"。1929年底当局的高层深信,加速集体化进行的很顺利并且带来十足的好处。"为把国家迅速变成高度发展的伟大强国,就要把社会团结成一个整体,就要竭力粉碎富裕农民这一对立群体的反抗",革命改造时期采取的这一类措施具有历史必然性。因此,实际上斯大林是苏维埃社会的"比较强有力的部分"默默地选出来的。

俄罗斯作家协会成员茹赫拉伊·弗拉基米尔·米哈伊洛维奇教授说:在二三十年代的苏联,如果出现长期的粮食收购危机,城市和大工业中心在近期就会面临持续不断的饥饿。这会中断国家的工业化,中断我国的社会主义建设方针。党内出现了明显的右倾。右倾分子干部是从各种非无产阶级分子中招募的。这些人,一方面是受小资产阶级因素的影响产生的,他们的口号是"自己的衬衫最贴身","捞到更多公家财务的人是有本事的人";另一方面是受耐普曼的影响被腐

[①] 吴恩远:《十月革命与俄国现代化进程》,《历史研究》2007年第5期。
[②] [俄]尤·瓦·叶梅利亚诺夫:《斯大林:未经修改的档案——通向权力之路》,译林出版社2006年版,第518、535页。

斯大林与布哈林关于社会主义建设道路的争论

化的党员,农村党组织中同富农阶级紧密地联在一起的那些富裕党员。布哈林证明,随着向社会主义的推进,富农将会慢慢地长入社会主义,最终变成诚实的社会主义劳动者。但同时布哈林"忘记了"富农就像城市中的资本家一样,像布哈林亲自承认的那样,是社会主义经济的异类,像农业资本家一样,不能和平长入社会主义。这种不妥协是无法和解的。布哈林在此表现的是,完全不懂无产阶级专政条件下的阶级斗争机制。连富农都匆忙地对露出自己真正的阶级嘴脸、宣布对苏维埃政权开战、策动大规模富农恐怖的布哈林同志"进行更正"。短短的时间里,地方农村就发生了300多起恐怖事件,地方党的工作者和集体农庄运动的积极分子成了牺牲品。这就是给你和平长入社会主义。[1]

俄罗斯学者阿列克谢耶夫撰文指出:20年代末30年代初斯大林取得了对反对派的决定性胜利,开始了苏联的全面工业化,其结果是,以农业国的身份步入20世纪的俄国以工业强国的面貌走出了20世纪。这里比较适合引用丘吉尔的话,斯大林"接过俄国时,俄国只是手扶木梨的国家,而当他撒手人寰时,俄国已经拥有了核武器"。没有十月革命和工业化是不可能做到这一点的。1937年前夕俄国工业生产水平是1913年的8.2倍。如果说革命前俄国工业的总产值占世界第5位,在世界工业生产中的比重是2.6%,那么到30年代中期苏联工业总产值占欧洲第一位,世界第二位,它在全世界工业中所占的比重达到了13.7%。工业化从根本上改变了城市和农村人口的对比关系。如果说1926年18%的苏联人口居住在城市,那么到1938年初,市民已经达到了30%。这些数字令人信服地证明了国家的经济和社会结构方面的根本变化,证明了在俄国现代化道路上的一些重大步骤,证明了从传统农业社会向工业社会的转变。苏联变成了具有现代生产技术潜力和科教潜力的国家。工业化在巩固国家的国防能力方面起到了决定性作用,这在第二次世界大战前夕和二战期间有非常重要的意义。当时,德国的弹药生产二战期间比一战期间的指标高2.6倍,1941—1945年苏联的军事生产的规模比一战时期的帝俄提高了24.5倍。正是工业化挽救了俄国,使其免遭法西斯奴役,

---

[1] 茹赫拉伊·弗拉基米尔·米哈伊洛维奇:《布哈林的失败》,陈爱茹译。http://www.geocities.com/CapitolHill/Parliament/7231/juhray/juhray08.htm

这在俄国命运中起到了决定性作用。①

俄罗斯科学院历史学博士谢尼亚夫斯基说：尽管当时苏联动员型的发展模式绝不是最理想的，但是在那个时期，正是由于这个模式所固有的优点和缺点，成为俄罗斯国家生存的历史因素，并且使苏联在与西方的对抗中，拥有了足够的竞争实力。②

俄罗斯2008年版历史教材对斯大林放弃新经济政策做出新的解释，肯定了新经济政策在较短时间恢复国民经济方面的贡献，高度评价"新经济政策乃是人类第一次以国家调节市场的尝试"。但同时指出，新经济政策的主要任务在于解决苏联经济尽快的工业化市场任务，建立工业化社会的基础。但它没有能完成这一任务，它并没有保证持续不断地供给国家工业、军队、城市所需的粮食和原料，经济杠杆的作用没有得以发挥，工业化要求每年基本建设的投资增长远比新经济政策能给与的多得多。这就决定了新经济政策的命运。所以新经济政策不是被"取缔"的，而是由于它不能够承担如此沉重的任务被"压垮"了。工业化中取得的成就，证明斯大林实行的这个"转折"总体上是正确的，尽管在工业化、集体化中确实存在值得总结的经验教训。③

五、关于如何评价苏共二三十年代党内斗争的思考

苏共二三十年代党内斗争在1929年结束后，经过1934年的基洛夫被杀事件，苏联阶级斗争的形式严峻起来。随后斯大林对国际国内阶级斗争形势的判断严重扩大化，以至于后来在1938年，经过公开审判布哈林被处于极刑，造成了党内的重大冤案。其中的教训非常惨痛、深刻。也因为斯大林用极端的方式处理了党内反对派，使后人对于斯大林所采取的社会主义建设道路的合理性评价产生了严重负面影响。尤里·叶梅利亚诺夫说，斯大林是20世纪最杰出和最有争议

---

① 阿列克谢耶夫：《工业文明背景下的俄国革命》，2007年9月南京"十月革命与东方社会主义"国际学术研讨会论文。

② А. С. Сенявский. XX съезд КПСС в контексте российской истории " Круглый стол" Института российской истории РАН // Отечественная история // No1. 2007.

③ 吴恩远：《历史虚无主义的破产——俄罗斯对苏联历史从全盘否定到公正评价》，《红旗文稿》2009年第7期。

斯大林与布哈林关于社会主义建设道路的争论

的国务活动家,围绕斯大林的有一次次造神与造魔运动。显然,对于斯大林的神化和妖魔化都不可取。追问历史是为了关照现实,更是为了在思考中廓清发展的方向。关于斯大林与布哈林的争论,学术界的评价莫衷一是、分歧极大,目前看达成共识还尚遥远,但是我们可以在可能取得正确认识、一致认识的基础上形成阶段性共识,以利于推进总体研究进程。

1. 站在人民的立场上评价历史

列宁认为,马克思主义以前的历史观的主要缺陷,一是这种历史观仅仅停留在人们的动机上说明历史,而没有揭示动机背后的物质原因;二是恰恰没有说明人民群众的历史作用。这说明,群众史观是马克思主义的唯物史观两个最主要的基本观点之一,树立人民群众利益至上的观点、以人民群众为价值标准的观点和人民群众是社会主人的观点,是对马克思主义者的必然要求。"历史活动是群众的事业,随着历史活动的深入,必将是群众队伍扩大"。[①] "具有优秀精神品质的是少数人,而决定历史结局的却是广大群众,如果这些少数人不中群众的意,群众有时就会对他们不太客气"。[②] "一个人只要站在人民的立场上,就决不应该把人民内部的矛盾同敌我之间矛盾等量齐观,或者相混淆,更不应该把人民内部的矛盾放在敌我矛盾之上"。[③] 因此,我们首先可以在评价立场上达成共识,这就是站在苏联人民的立场,站在苏联国家利益的立场、苏联国家社会经济发展大局的立场上评价这场争论。

值得关注的是俄罗斯政府和学界的看法。2007年俄罗斯新版历史教科书称"斯大林是苏联时期最成功的领导人"。在怎样看待斯大林对内镇压的问题上,负责编写《俄罗斯历史 1945~2007》的作者们坚持这样表述:"斯大林的镇压是为了保证国家机器的效率和正常运转","大清洗仅仅是为了形成新的领导集团"。俄罗斯科学院的帕特洛夫指出,教科书对最近20年的基本描述和观点,是以国

[①]《马克思恩格斯全集》第2卷,人民出版社1957年版,第104页。
[②]《列宁选集》第4卷,人民出版社1995年版,第679页。
[③] 人民日报编辑部:《再论无产阶级专政的历史经验》,《人民日报》1956年12月29日。

| 国外马克思主义研究专题 |

家利益为出发点来看待这些事件。① 从这样一个立场出发，我们可以更为客观地探讨斯大林选择的社会主义建设道路、斯大林采取的工业化、集体化和大清洗，对于苏联人民带来了什么，其中有那些是可以避免的，可以记取的教训，那些又是无法避免的，是历史时代所决定的。

随着渐去的历史，随着苏联剧变的尘埃落定，在俄罗斯，斯大林及其苏联时代开始逐渐浮现出来，成为俄罗斯人民无法忘却的记忆。2008年3月5日，斯大林逝世55周年时，俄新网莫斯科发布消息，俄罗斯不久前进行的民调资料显示，民众对斯大林的看法产生了质的变化：42%的俄罗斯人认为，国家需要的正是斯大林这样的领袖。三分之二的年纪在60岁以上的老人对斯大林怀有好感，越来越多的年轻人也开始正面评价斯大林的地位。他们认为，"只有强硬的统治者方能在尖锐的阶级斗争和外部威胁的条件下维持国家秩序。斯大林是一个睿智的领导人，他带领苏联走向强大和繁荣"。俄罗斯和格鲁吉亚人民统一基金会主席弗拉基米尔·霍灭利基表示，"斯大林是一个英雄。他尽了一切努力，使苏联成为一个伟大强国。他战胜了饥饿、衰落和贫困"。他认为，"从几百万人牺牲这一点可以看出，那是一个什么样的时代。这不是斯大林带来的牺牲，而是时代的牺牲，这是阶级斗争的代价。这些牺牲同斯大林这个伟人建立的功勋相比是微不足道的"②。2008年3月18日，《独立报》撰文指出：斯大林时代是一个充满革命热情的时代。布尔什维克能够给予人民最宝贵的、其余非马克思主义政党所不可能给予的财富，让最普通的劳动人民成为社会的主人。实行这样的社会制度，俄罗斯可以说与当时资本主义世界背道而驰，甚至，如果能够这样表达，就是强烈的背道而驰。黝黑、卑贱的人民代表，就是红军战士的父亲和祖父，就是国家的主人。这种社会观念的大变化，同斯大林时期紧紧联系在一起，在人民的心目中，这些远远重于赫鲁晓夫、戈尔巴乔夫指控的所谓的"暴政"。③

---

① 苏清：《俄新版历史教科书称赞普京》，《青年参考》http：//www.sina.com.cn 2007年12月29日。
② 《民调显示斯大林个人崇拜重回俄罗斯》，俄新网 RUSNEWS.CN 莫斯科2008年3月5日电。
③ *Сергей Андреевич Дзюба.* Тирания именем справедливости Авторитет Сталина связан в сознании людей с гуманитарными достижениями его эпохи // Независимая 2008.3.18

站在苏联人民的立场上，我们可以得出一个基本的判断，尽管斯大林在苏共党内斗争中也犯有错误，但是这一争论的性质属于党内斗争，属于人民内部矛盾。即使是与托洛茨基、加米涅夫和季诺维也夫等反对派斗争时，尽管围绕着"一国能否建成社会主义"的斗争，其中更多的折射出围绕争夺最高权力的斗争，但是其斗争也属于人民内部矛盾。由此，我们就可以在此基础上进一步总结教训，探讨得失，以利于今后避免错误，使国家少走弯路，使人民共享经济发展成果。

2. 用唯物史观研究历史、理解历史

恩格斯说："历史是这样创造的：最终的结果总是从许多单个的意志的相互冲突中产生出来的，而其中的每一个意志，又是由于许多特殊的生活条件，才成为它所成为的那样。这样就有无数互相交错的力量，有无数个力的平行四边形，由此就产生出一个合力，即历史结果，而这个结果又可以看作一个作为整体的、不自觉地和不自主地起着作用的力量的产物。"①因此，历史发展的最终结果，是社会形态内部多方面、多层次、多环节、多因素矛盾运动的结果，是历史合力造就的结果。历史结果通过"交互作用"而成就，不依任何个人意志为转移；历史结果又受任何个人意志的左右，任何意志的参与都会对历史结果的最终形成产生影响。

运用历史合力论来理解斯大林方案之所以能够付诸实践的主客观原因，能够使那个年代复杂的历史变得清晰起来。我们还是借用尤里·叶梅利亚诺夫的分析来说明这种合力的结果。尤里·叶梅利亚诺夫认为，斯大林取得了同党内反对派斗争的胜利有着综合的原因。首先，反对派没有得到广大党员的信任。在广大党员看来，"斯大林的这些反对者们违背经过协商作出的决议，把自己的'纲领'与党的'总路线'对立起来，与过去的政敌结盟"，纯粹是权力斗争的需要。"这些做法只能使人更加觉得他们是不考虑大多数人的意志、竭力想篡权的分裂分子和无原则的政客"。"使人觉得他们是在暗中破坏旨在解决国家重大问题的协

---

① 《马克思恩格斯选集》第4卷，人民出版社1995年版，第697页。

调一致的工作,把党拖进非建设性的争论。"① 党的绝大多数领导人认为,"斯大林与他的政敌相反,体现了党的统一"。虽然斯大林在进行争论和提出指责时很尖锐,但是在与"新"旧反对派进行争论的两年里,他不止一次地作出妥协的决定,并强调他们在承认了自己的错误后,可以继续担任领导职务。后来由于斗争旷日持久且反对派坚持自己的错误立场,斯大林才改变了斗争方法。②其次,斯大林的工作热情与求实精神有机地结合在一起,使人民信赖。"显而易见,斯大林之所以被选中,是由于我国的所有爱国者,不管他们的阶级出身、社会地位和政治观点如何,都认为他是一个能与世界各主要国家的最好战的和最残酷无情的政治领导人相对抗、打破他们进攻我国的计划的领导人"。再次,斯大林坚定地捍卫国家利益、提出快速建成社会主义符合人民群众的愿望。"全国相当大的一部分居民,把'战时共产主义'政策、新经济政策以及后来从新经济政策到一国建成社会主义的过渡,理解为在具体历史条件下巩固苏维埃政权的地位和解决社会的重要问题的必要方法"。③ "支持斯大林的,不仅有党和无产阶级,而且有具有爱国主义情绪的农民代表以及从事科研和创作的知识分子代表、军事专家和文职人员,他们认为斯大林是国家的民族利益的始终不渝的和坚决的捍卫者"④。

显然,在苏联当时的复杂环境中,托洛茨基方案、布哈林方案和斯大林方案都有一定的合理性,对于苏联未来发展的道路都有利弊。但是各方面的综合因素相互制约与影响,形成了这样一种历史选择结果,形成了斯大林社会主义发展模式。

3. 坚持马克思主义阶级分析观点

马克思主义认为,人的本质属性是其社会性,历史是人的有目的的活动。处在阶级社会中的人们所从事的一切活动,所持有的立场、观点都必然代表着一定

---

① [俄]尤·瓦·叶梅利亚诺夫:《斯大林:未经修改的档案——通向权力之路》,译林出版社2006年版,第526页。

② [俄]尤·瓦·叶梅利亚诺夫:《斯大林:未经修改的档案——通向权力之路》,译林出版社2006年版,第529页。

③ [俄]尤·瓦·叶梅利亚诺夫:《斯大林:未经修改的档案——通向权力之路》,译林出版社2006年版,第520、537、534页。

④ [俄]尤·瓦·叶梅利亚诺夫:《斯大林:未经修改的档案——通向权力之路》,译林出版社2006年版,第535页。

阶级的利益。"这里涉及到的人只是经济范畴的人格化，是一定阶级关系和利益的承担者"。① 因此，将阶级的观点纳入历史研究方法是对马克思主义者的必然要求，也是历史时代的客观要求和基本体现。如《共产党宣言》所说："我们的时代，在资产阶级时代……它使阶级对立简单化了，整个社会日益分裂为两大敌对的阵营，分裂为两大相互直接对立的阶级：无产阶级和资产阶级。"② "一切历史上的斗争，无论是在政治、宗教、哲学的领域中进行的，还是在其它意识形态领域中进行的，实际上只是或多或少明显地表现了各社会阶级的斗争"。③ 评价国际共产主义运动史上重要历史人物，尤其不能不遵循阶级原则。不能仅仅孤立的停留在叙述评价历史人物一生的功过是非上，为评价而评价，而是要着重于发掘其现实意义和对后世、后人的借鉴指导作用。

首先，斯大林是苏联共产党领袖，世界社会主义阵营和共产主义运动的领袖。除此之外，我们不可能设想斯大林还有任何别的阶级背景。将斯大林还原于他所代表的整个阶级之中，他的一言一行，所作所为就不再是孤立的，而是彼此联系和相互制约的。其次，斯大林的阶级背景决定了其是为着保卫苏联社会主义制度、建设社会主义所犯的错误，除此之外，我们无从确定斯大林还有任何别的目的。当时，与托洛茨基、加米涅夫和季诺维也夫等反对派的斗争结束后，斯大林在党内的地位已经得到巩固，同布哈林的争论如果说还是因为追逐最高权力、绝对权力而进行的权力斗争，显然是不客观的。只有分析斯大林所持有的阶级立场，他所从事的事业，对他的把握和理解才会变得清晰起来，对他的评价才更接近历史真实。重温40多年前我们党的评价观点是非常有意义的。"共产党人对于共产主义运动中所发生的错误，必须采取分析的态度。有些人认为斯大林完全错了，这是严重的误解。斯大林是一个伟大的马克思列宁主义者，但是也是一个犯了几个严重错误而不自觉其为错误的马克思列宁主义者"。④ "否则，如果对于这些犯错误的人采取否定一切的态度，把他们叫作这种分子那种分子，而加以歧视和敌视，就不但不能使自己的同志得到应有的教训，而且由于混淆了是非和敌我

---

① 马克思：《资本论》第1卷，人民出版社1975年版，第12页。
② 《马克思恩格斯选集》第1卷，人民出版社1995年版，第273页。
③ 《马克思恩格斯选集》第4卷，人民出版社1995年版，第583页。
④ 《建国以来毛泽东同志文稿》第6册，人民出版社1992年版，第65页。

这两类性质不同的矛盾，势必在客观上帮助敌人反对共产主义的队伍，瓦解共产主义的阵地"。①

4. 用实践检验真理

1978年，我们党曾经进行过一场以真理标准问题的讨论为标志的思想解放运动，使我们党的实事求是、错误思想的思想路线深入人心，为中国的改革开放做了充分的思想理论准备。这场大讨论告诉我们，检验真理的标准只能是社会实践，理论与实践的统一是马克思主义的根本原则，任何理论都要不断在实践中得到检验。因此，社会实践结果是判断理论与思想是否正确、政策与策略是否能够推动国家发展的最有说服力的证明。以苏联社会主义建设实践来检验斯大林模式的利弊应该能得出客观的结论。苏联工业现代化经历的两个最重要阶段就是20年代的电气化和30年代开始的工业化，此后苏俄发生了翻天覆地的变化：马克思主义理论得到广泛传播和普及，科技领域取得重大进展，一大批优秀文学作品出现，全民族文化水平得到极大提高，一切为了人的发展是现代化的重要内容。"文化革命"不仅在提高全民识字率方面创造了世界奇迹，还改造了人们的世界观、价值观，劳动人民生活环境和苏联整个社会面貌得到了根本改善。工业化的伟大成就证明，苏联工业化方针不仅是为了备战，更重要的是为了改变旧俄国社会经济落后面貌，苏联时期的工业化属于推近俄罗斯社会步入世界现代化潮流的一个组成部分。② 这些伟大成就不仅为实践所证明，使苏联成为世界两大强国之一，而且随着历史时代的发展，即使是苏联剧变后的今天，这些成就还越来越体现为对当今俄罗斯发展的奠定性意义。

尤·瓦·叶梅利亚诺夫说："尽管斯大林的管理体制有缺点，有一点毕竟是显而易见的：这一体制是大部分当时的生产部门和国家机关的领导者满意的，它吸引了有关领域的优秀专家参加到作出决定的过程中来，为客观地、创造性地、全面地审议苏维埃国家发展的迫切问题提供了可能性，把压制地方和部门的利益、政客作风减少到最低程度。可以设想，如果说斯大林在制订决定时所犯的错

---

① 人民日报编辑部：《再论无产阶级专政的历史经验》，《人民日报》1956年12月29日。

② 吴恩远：《十月革命与俄国现代化进程》，《历史研究》2007年第5期。

误付出的代价不轻,那么斯大林司令部作出的每一个成功的决定则带来了巨大的利润。斯大林制订的五年计划期间,前所未闻、后所未见的我国发展速度证明,在斯大林领导下作出的最佳决定带来的赢利实际上是超过损失的。"当然,斯大林也注意到了集体化过程中的阴暗面,承认破坏了志愿加入集体农庄的原则和忽略了苏联各地区的不同条件。但是他肯定了集体化纲领的正确性,并打算继续执行。"斯大林没有回旋余地,他是与历史条件——必须加速改造国家——相连的。处在国家外来敌人发动新战争的威胁下,斯大林面临着二者必择其一的情境:或是停止集体化,中断执行五年计划;或是继续集体化,不顾它进行的完全不是计划的速度和形式,这实际上变成了新的国内战争。他自然选择了后者,因为他认为前者对国家来说是毁灭性的"。① 因此,可以这样理解,工业化和集体化尽管带来了许多负面结果,但是对于必须迅速成为高度发达的强国这一客观要求来说,苏联别无选择,其代价也是无法回避的,如同西方工业化、现代化进程中对农业的牺牲一样。区别只是苏联工业化、现代化的道路没有像西方工业化道路那样,有充裕的时间和宽松的国内外环境。由于苏联是在几十年、甚至十几年时间走完了西方上百年才能走完的道路,其矛盾和负面影响才显得尤为突出和集中。

尤·瓦·叶梅利亚诺夫还说:"如果斯大林的反对者胜利,不论由谁领导——托洛茨基分子、亚戈达、图哈切夫斯基或别的人,都不会比1937-1938年的镇压少流血,甚至会有更多的牺牲。""斯大林比任何一个国家的政治活动家更有声望,这个时候对于许多人来说他几乎是活的上帝。企图推翻他,逮捕与枪决他和政府成员,不可避免地会引起猛烈的反抗浪潮,这将迫使斯大林的反对者采取大规模的血腥镇压。"②

值得欣慰的是,在过去近一个世纪后,强劲的历史之风正在吹去迷雾,还苏共党内斗争历史的本来面目。

(李瑞琴:中国社科院马克思主义研究院副研究员,国外左翼研究室主任)

---

① [俄]尤·瓦·叶梅利亚诺夫:《斯大林:未经修改的档案——在权力的顶峰》,译林出版社2006年版,第64、13页。

② [俄]尤·瓦·叶梅利亚诺夫:《斯大林:未经修改的档案——在权力的顶峰》,译林出版社2006年版,第146页。

| 国外马克思主义研究专题 |

当代公民社会
对西欧主流政党的冲击与后果

罗云力

自上世纪 70 年代以来,当代公民社会在西欧异军突起,对西欧传统主流政党造成严重冲击,迫使它们改变了对公民社会的态度和进行自身公民社会化的转型。但它们面临的危机并没有因此消除。

一、当代公民社会的概念、表现形式与运作特点

当代公民社会,又被称为第三部门或非营利部门等等,主要指在国家和市场之外,通常追求某些较为具体的公共目标的民间自决组织与活动。当代政党不被本文视为公民社会团体。

当代公民社会比较重要的形式包括非政府组织、社区和论坛。

与传统政党相比,除了多样的形式外,当代公民社会最重要的特点是它不受政府和市场操控的独立性,以及在观念、组织和活动方式等方面表现出来的灵活性。正是这些特点的存在,不仅使当代公民社会更能适应时代的变化,而且使公民社会成为比政党更贴近民众的意见表达渠道,获得了同政党竞争的资本。

二、西欧主流政党对当代公民社会挑战的态度

当代公民社会在上世纪 70 年代兴起后,立即受到西欧传统政党,特别是在战后西欧建设中成就卓著的主流大党的打压。比如德国的右翼政党基民盟就对新社会运动大加指责,认为其关于"增长极限"的说法幼稚可笑,活动方式粗俗。而传统左翼政党则认为环保主张反映了资产阶级的悲观、没落,是对大工业进步

观和充分就业政策的反动,女权主义反映了资产阶级的颓废,公民运动是分散主义对国家和集体主义的亵渎。

然而这种打压不仅没起作用,反而使传统政党显得过时,从而迫使它们不得不总体上放弃对公民社会的诋毁,并或者承认其是"活跃的民主",或者认为其和国家、市场一样重要,是社会政治生活的第一行动主体。

三、传统政党的公民社会化

这主要包括:意识形态和价值观公民社会化;性质公民社会化,即从阶级党向人民党、公民党转变;组织运作公民社会化,主要指把公民社会自主、自愿、开放、多元和团队精神等规则与风貌引进党内来,包括改变党的科层式结构,扩大基层民主和直接民主,增强党的透明度和开放性,以灵活的方式吸引公众参与党的各种活动等;政治方略公民社会化,主要表现在对竞选和执政手段的调整上。

传统主流政党的公民社会化反映出它们从意识形态到执政方式中间化的转型取向。但西欧政党政治的危机并没有因为各党的公民社会化而终结,反而带来党的认同疑惑、党员异质化和党的领袖专权和党员更消极问题,工会、工商团体和教会等传统利益集团对政党的不满也更大。另外,由于各党都中间化,降低了不同政党的竞争意义,削弱了反对党的监督和替换执政功能,使政党民主陷入自我衰竭的持久危机。

从指导思想上看
民主社会主义与中国特色社会主义的区别

沈阳 中国社会科学院马克思主义研究院

指导思想隶属于社会政治意识形态的范畴，是大的整体的全面的社会文化的一部分，并且是其中的核心部分。指导思想是一条道路走向的决定性因素，是一个理论体系的核心和灵魂。指导思想正确与否，直接关系到道路方向的取向和理论体系发展完善的正确与否。正如列宁指出："没有革命的理论，就不会有革命的运动。"[①] 指导思想对于一个政党或国家具有重要的指导作用，是一个政党或国家事业不断发展和进步的重要保证。列宁还指出："只有以先进理论为指南的党，才能实现先进战士的作用。"[②] 因此，指导思想是一个政党或国家道路选择的旗帜和方向，是其理论体系的核心和灵魂。因此，全面分析和比较民主社会主义与中国特色社会主义的指导思想及其本质差别，能够清晰的认清民主社会主义与中国特色社会主义之间的本质区别。

一、民主社会主义奉行多元化的指导思想

民主社会主义奉行指导思想的多元化，反对把马克思主义作为统一的指导思想。指导思想多元化是民主社会主义所宣扬的主要理论观点之一，也是它在意识形态领域里的重要观点。民主社会主义的指导思想多元化表现在其思想来源的多元化、具体指导思想构成的多元化等方面。民主社会主义指导思想多元化的实质是否定马克思主义，目的是确定其资产阶级改良主义思想在意识形态领域里的指

[①] 《列宁选集》第1卷，人民出版社1995年版，第153页。
[②] 《列宁选集》第1卷，人民出版社1995年版，第312页。

导地位。

(一) 民主社会主义多元化指导思想的成分

民主社会主义一贯主张指导思想的多元化，与此相对应，其理论渊源也具有多种成分。民主社会主义继承了国际工人运动和社会主义运动中的改良主义思想，这并非简单的继承，而是根据其理论发展的需要进行的有选择的继承。在奠定民主社会主义理论基础的重要文件——《法兰克福声明》中，民主社会主义者明确指出："社会主义是一个国际性运动，它不要求对待事物的态度严格一律。不论社会党人把他们的信仰建立在马克思主义的或其他的分析社会的方法上，不论他们是受宗教原则还是受人道主义原则的启示，他们都是为共同的目标，即为一个社会公正、生活美好、自由与世界和平的制度而奋斗。"① 这就明确表示，民主社会主义不但不主张形成一个统一的世界观，而且还要实行多元化的指导思想。

虽然民主社会主义的理论体系十分繁琐庞杂，各国社会党人对民主社会主义的理解和解释也很不一致，但是，从各国社会党共同协商制定的社会党国际的宣言、决议和声明来看，它们仍具有许多共同的政治理论观点，大体上形成民主社会主义理论体系。就民主社会主义理论的指导思想而言，民主社会主义不追求单一的指导思想，而是坚持多元化的指导思想，并不时随世界局势、历史条件、文化传统等因素调整和改变自己的指导思想。民主社会主义指导思想的来源从大的分类来讲，主要包括了资产阶级改良主义思想、资产阶级自由主义思想、基督教伦理道德思想、马克思主义思想等。民主社会主义指导思想的成分主要有：

1. 资产阶级改良主义思想

资产阶级改良主义思想是民主社会主义指导思想的主要组成部分。资产阶级改良主义主要包括了19世纪末期到20世纪上半期的一些改良主义思潮，其中影响较大的有费边社会主义、修正主义、米勒兰主义等。民主社会主义指导思想从这里面吸取了大量的成分，用来指导自己的行动和实践。

费边社会主义。费边社会主义来源于费边主义，英文中费边主义为Fabianism。费边主义的来源与古罗马帝国大将军费边·迈克斯有关。公元前217年，

---

① 《社会党国际文件集（1951 - 1987）》，黑龙江人民出版社1989年版，第3页。

国外马克思主义研究专题

古罗马帝国与迦太基之间发生了一场战争。迦太基一代名将汉尼拔骁勇善战,屡屡战败古罗马帝国将官。当费边接替前任败将后,采取避其锋芒、缓步渐进战略,改用迅速出击、小规模进攻策略,逐步实现既避免失败,又不断打击对方的效果,最终打败了汉尼拔。不断慢慢演化的结果,费边主义就包含了缓步渐进、谋而后动的意蕴。1883 年 10 月英国伦敦有一批知识分子如爱德华·披士、肖伯纳、韦伯、华莱士、贝特森等人,因仰慕罗马大将费边,推崇费边的缓步渐进、谋而后动的策略而组织了费边社。费边社以费边主义来代表他们共同主张的渐进的、改良的社会主义思想。费边社会主义主张建设福利国家,发展合作社,公平分配社会财富,主张一切"重大的根本变革"都必须是"民主的"、"渐进的"并要合乎资产阶级的道德与宪法,依靠资产阶级普选制,"和平地"走向社会主义。日本学者伊藤诚认为:"费边主义利用既存的民主社会中的政治机构,通过日常活动实现社会不断改良来达到社会主义。"[①] 所以,费边社会主义与马克思主义主张的用激进的暴力革命来推翻资产阶级统治,实现社会主义相反,他们主张通过渐进的、温和的而不是激进的、暴力的手段达到社会主义,是一种渐进的改良主义。这种思想对英国、荷兰等国的社会党产生过很大的影响。

修正主义。修正主义英文对应词汇是 Revisionism,在英语中其本意上是改正、修改错误使某理论、思想或主张等变得正确。在汉语中,修正主义特指对马克思主义的修正,这种修正不是要经过改正、修改使理论、思想或主张等变得正确的意思,而恰恰相反,它不是对错误的修正,而是对真理的篡改。1895 年 8 月恩格斯逝世以后,从 1896 年 10 月——1898 年 6 月,伯恩施坦以《社会主义问题》为总标题在《新时代》上发表了一系列文章,指责马克思主义含有空想成分,已经过时。1899 年,伯恩施坦又发表了《社会主义的前提和社会民主党的任务》,全面论述了其修正主义的观点。在伯恩施坦的修正主义理论中,哲学方面背弃辩证唯物主义和历史唯物主义,提出"回到康德去",主张用唯心论和庸俗进化论对抗辩证法;政治经济学方面修改马克思主义剩余价值学说,竭力掩盖帝国主义矛盾,否认资本主义制度的经济危机和政治危机;社会主义学说方面,

---

① [日] 伊藤诚著:《现代社会主义问题》,鲁永学译,社会科学文献出版社 1996 年版,第 24 页。

极力反对马克思主义阶级斗争学说,特别是反对无产阶级革命和无产阶级专政理论,主张最终的目的算不得什么,"运动就是一切"。积极倡导阶级合作和资本主义"和平长入"的社会主义,不断传播改良主义和机会主义思潮。

在社会主义运动史上,修正主义就是这样以伯恩施坦为代表的第二国际时期的一种改良主义思潮,其实质上是一股资产阶级性质的思潮。这股思潮以伯恩施坦为代表,在19世纪90年代开始出现于德国社会民主党内。伯恩施坦打着马克思主义的旗号,提出对马克思主义进行系统而全面的修正,故名修正主义,又称伯恩施坦主义。伯恩施坦提出,"最终目的是微不足道的,运动就是一切"。修正主义者反对所谓的"顽固保守派"坚守的"正统马克思主义",自认为他们的理论和做法是对马克思主义的发展。事实上,修正主义通过篡改马克思主义的基本原则、否定马克思主义的普遍真理性、阉割马克思主义的根本精神来达到其麻痹工人阶级的革命意志和否定共产主义方向的目的。修正主义是资产阶级世界观及其影响在社会主义工人运动中的反映,列宁和其他马克思主义者曾对它进行了批判。然而,修正主义为第二国际的考茨基等机会主义领袖所接受,并得到第二国际各国党多数领袖的支持,成为当代民主社会主义的重要思想来源。

米勒兰主义。米勒兰(1859—1943)在1920—1924年间曾任法国总统,早年他在政治上属于资产阶级激进派,从19世纪90年代开始转向社会主义。在1898年参与建立和领导法国独立社会党人联合会,主张通过加入资产阶级政府的办法,和平过渡到社会主义。为实践其政治主张,米勒兰在未征得社会党同意的情况下,于1899年6月出任当时的内阁工商业部长,开社会党人参加资产阶级政府之先河,史称"米勒兰事件"。这一事件引起了广泛而激烈的争论。米勒兰认为其入阁是工人夺取政权的开端,是为了保卫共和制度并发展党的力量等,因此,米勒兰主义又被称为内阁主义。米勒兰主义认为社会主义是一个渐进的过程,它和资本主义不是根本对立的,普选权是达到社会主义目标的有效手段,社会主义政治和经济都可以在资本主义制度下建立和发展起来。米勒兰主义鼓吹阶级合作,宣扬和平走向社会主义,反对阶级斗争,主张用参加资产阶级政府的方法,改善工人阶级的生活状况,逐渐改变资产阶级政权的性质,以便和平过渡到社会主义。米勒兰主义认为合法的改良是社会主义运动的直接目的,又是接近遥远目标的唯一实际的方法。米勒兰宣扬劳资合作与社会和平,声称由于工人和资本家有共同的起源，他们不再互相仇视，主张通过普选加入资产阶级内阁，使各种形式的生产和交换手段逐步从资本主义所有制转变为国家所有制。米勒兰主义主要体现在米勒兰的代表作《法国的改良社会主义》一书中，其实质上是一种资产阶级改良主义的社会主义思潮，它在民主社会主义的指导思想里有所体现。米勒兰主义曾经给国际工人运动和国际共产主义运动造成很大的危害，因此，列宁称米勒兰主义为"实践的伯恩施坦主义"。

2. 资产阶级自由主义思想

现代资产阶级自由主义的思想理论对民主社会主义的影响很大，成为民主社会主义非常重要的思想来源之一。现代资产阶级自由主义理论趋向实用化，注重为资本主义提供解决社会问题的种种处方，以求缓和社会弊病对人民的威胁，减少人民对国家的不满，巩固资产阶级的统治；主张更多的社会合作，奉行改良主义；既批判帝国主义，也反对科学社会主义，主张以实验的办法，妥协的方式促进社会的进步与发展，走"第三条道路"。现代资产阶级自由主义的这些主张，对民主社会主义造成很大影响。民主社会主义在政治上就主张资产阶级的自由主义，把建立所谓自由社会作为奋斗目标。《法兰克福声明》明确宣称：社会党国际的奋斗目标是要"为通过民主手段建立一个自由的新社会而奋斗"①，即主张通过所谓民主的议会斗争方式和平取得政权，对社会继续进行资产阶级自由主义的改造。《法兰克福声明》还说，民主社会主义的目的"是在实现经济与社会保障和社会日益繁荣的基础上扩大个人自由"②。正如20世纪初的自由社会主义者卡洛·罗塞利所言："社会主义运动是自由主义的具体继承者，是历史上正在实现的自由这个充满活力的思想的传播。同某一次陈腐的辩论中所说的相反，自由主义与社会主义非但不对立，反而是关系紧密相辅相成的。"③ 可见，自由主义是民主社会主义的来源之一。

民主社会主义吸取资产阶级自由主义的方方面面。资产阶级的哲学、经济学、政治学等都成了民主社会主义学习和借鉴的对象。哲学方面，民主社会主义

---

① 《社会党国际文件集（1951 – 1987）》，黑龙江人民出版社1989年版，第4页。
② 《社会党国际文件集（1951 – 1987）》，黑龙江人民出版社1989年版，第4页。
③ ［法］雅·德罗兹著：《民主社会主义（1864 – 1960年）》，时波译，上海译文出版社1985年版，第327页。

吸收了新康德主义和波普尔的"开放社会论"。新康德主义者提出伦理社会主义理论，认为社会主义不是历史发展规律的必然产物，而是属于"意志的领域"、"应当的领域"，是人们普遍接受的伦理原则。民主社会主义继承了新康德主义的伦理社会主义理论，认为"康德及其拥护者们的学术著作，是论证最终目的，论证达到最终目的活动的取之不尽的源泉"①。强调社会主义需要的不是科学的论证，而是伦理学的论证，"民主社会主义"的理想不是从时代的现实趋势中产生的，而是从自由、人的尊严、正义和团结的要求中产生的，从"人只是目的而不是工具"的个人价值中产生的。正因为民主社会主义理论家们把康德哲学特别是康德的伦理学作为自己的理论基础，从而把社会主义看作是人的伦理价值要求的产物，所以他们也特别注重民主社会主义的基本价值的研究。波普尔则认为共产主义是"封闭性社会"，民主社会主义是没有对抗的"开放性社会"。这些哲学思想为民主社会主义所吸收，成了民主社会主义的哲学基础。经济学方面，民主社会主义吸收了包括福利经济学的福利国家理论和凯恩斯主义的国家干预理论、充分就业理论等经济理论，这些经济理论直接影响了民主社会主义的经济政策选择。政治学方面，民主社会主义吸取了本特利的政治多元论和拉斯基的国家观。本特利认为政治利益、政治组织多元论仅是民主的先决条件。拉斯基认为国家是普遍利益的代表，通过民主选举夺取国家政权，使资本主义走向社会主义是可能的。

3. 基督教伦理道德思想

基督教伦理道德思想中的人道主义精神对民主社会主义影响很大，奉行民主社会主义的社会党很多党纲中都能看到这种影响的痕迹，许多社会党国际成员党在正式纲领中，都承认社会、宗教团体和教义的"特殊意义"，完全回避了政教分离的问题。宗教规范被看作"民主社会主义"社会中精神生活的源泉和组成部分之一，基督教传统被看作民主社会主义重要的思想基础。德国社会民主党《哥德斯堡纲领》中直接声称"民主社会主义植根于基督教伦理、人道主义和古典哲学，它不想宣布什么最终真理，这并不是由于缺乏理解，不是由于对于世界观或

---

① [苏] B·A·尼基京著:《"民主社会主义"思想体系批判》，常玢、崔建设、马吉霞译，中国人民大学出版社1985年版，第14页。

者宗教真理采取漠不关心的态度，而是出自于对于人们的信仰决定的尊重。"①为此，他们还主观杜撰了一个离奇的公式：民主社会主义＝社会主义－无产阶级专政＋基督教"。1984年德国社会民主党新纲领关于基本原则的一章草案中写道："不管我们怎样论证人的尊严，我们都共同相信，人的尊严是我们行动的出发点和目标。"可见德国社会民主党人把人作为社会主义运动的最高原则，人道主义被上升到世界观的高度。社会党人还把基督教也作为他们的理论来源。他们认为，民主社会主义在基本理论上与基督教教义是一致的。因此，他们指出："社会主义承认宗教和人道主义对于世界文明和伦理体系的形成所起的作用。它尤其承认，在欧洲，基督教福音是社会主义思想的精神源泉和伦理源泉之一。"②德国社会民主党在1952年的《行动纲领》中写道，民主社会主义的思想来源是基督教、人道主义和古典哲学。1989年的新纲领更是明确规定："欧洲的民主社会主义思想渊源来自于基督教、人道主义哲学、启蒙主义思想、马克思主义的历史和社会学说以及工人运动的经验。"③ 由此我们可以看出，在民主社会主义者那里，基督教伦理道德思想构成了其重要的理论来源。

4. 马克思主义思想

马克思主义思想理所当然的应该是民主社会主义的指导思想，社会党国际及其大多数成员党一般都承认马克思主义是其指导思想来源之一。但是，随着民主社会主义指导思想的泛化和多元化，马克思主义思想逐渐在民主社会主义指导思想中被淡化，甚至很多社会党党纲中不再提及马克思主义是其指导思想。1977年德国社会民主党主席勃兰特说："民主社会主义从马克思主义那里边继承的是自由的社会主义。"意大利社会党的克拉克西也认为，"马克思主义继续是民主社会主义的智力和道德武器的一部分。"不过，社会党所说的马克思主义是经过他们歪曲和阉割了革命精神的"马克思主义"，并非原本意义上具有革命精神、为了解放全人类而号召"全世界无产者，联合起来！"向资产阶级进行斗争的马克思主义。

---

① 《德国社会民主党纲领汇编》，张世鹏译，北京大学出版社2005年版，第70页。
② 《社会党国际文件集（1951－1987）》，黑龙江人民出版社1989年版，第42页。
③ 《德国社会民主党纲领汇编》，张世鹏译，北京大学出版社2005年版，第93页。

民主社会主义的思想来源并不限于以上几个方面，它是一个开放性的、多元的、庞杂的、大杂烩式的思想体系。程恩富教授总结道："民主社会主义反对把马克思主义作为唯一的指导思想，主张世界观和指导思想的多元化，提倡社会主义思想构成和来源的多样性。他们把基督教学说、法国大革命的人权宣言、康德的伦理学与启蒙思想、黑格尔的辩证历史哲学、伯恩施坦的修正主义、凯恩斯主义经济学等都作为自己的思想来源和构成，将多种思想观点熔为一炉，冠之为'多元化'和'思想民主'。"① 德国社会民主党的理论刊物《新社会》也认为："关于人类现象及其伦理要求的基督教学说，法国革命的人权宣言，康德的伦理与启蒙思想，黑格尔历史哲学，马克思主义的资本主义批判，伯恩施坦的批判的马克思主义等等，都是民主社会主义的思想渊源。"由此可见，民主社会主义的指导思想是各种各样思想和观念的大杂烩。

（二）民主社会主义从本质上否定马克思主义

民主社会主义是社会党国际和各国工党、社会党、社会民主党的官方思想体系，是第二国际后期的社会民主主义思潮在新的历史条件下的继承和发展。尽管它的理论概念和实践纲领流派各异、形形色色、五花八门，但总体上来说民主社会主义是以民主为核心，在多元化思想原则指导下，企图通过议会道路和渐进改良的办法，逐步建立一个经济民主、政治民主、社会民主、国际民主的民主社会。可以说超阶级的民主观是民主社会主义思潮的核心内容。尽管民主社会主义者宣称他们所走的道路是既非资本主义也非共产主义的"中间道路"，但是考察一下民主社会主义在当代两大社会制度较量中的表现，看一看20世纪初社会民主主义与社会沙文主义、反共主义对摇篮中的社会主义制度相继实施的联合攻击，再看看20世纪末民主社会主义与反共主义，以及国际垄断资本主义搞的"和平演变"、"趋同论"那一套，对变动中、改革中的社会主义制度实施的又一次联合围剿，就可以从总体上看清楚民主社会主义维护的是哪一种社会制度，反对的是哪一种社会制度，扮演的是什么角色，而不至于被它们华丽的理论外表所迷惑。正如列宁指出的："问题只能是这样：或者是资产阶级的思想体系，或者

---

① 程恩富：《要深入研究中国特色社会主义的特征和内涵》，《社会科学管理与评论》，2007年第4期。

是社会主义的思想体系。这里中间的东西是没有的（因为人类没有创造过任何'第三种'思想体系，而且一般说来，在为阶级矛盾所分裂的社会中，任何时候也不能有非阶级的或超阶级的思想体系）。因此，对于社会主义思想体系的任何轻视和任何脱离，都意味着资产阶级思想体系的加强。"① 因此，透过民主社会主义多元化的指导思想，撩开民主社会主义思想理论体系"华丽的面纱"，我们可以很清楚地看到，虽然民主社会主义不时地提到马克思主义，但其实质上是在实行"去马克思主义化"，进行对马克思主义的彻底否定。民主社会主义否定马克思主义主要表现在：

1. 用泛化的民主否定阶级斗争理论

马克思主义以"阶级"立论，认为在阶级社会中，阶级斗争是社会发展的根本动力。民主社会主义以泛化的和抽象的民主与超阶级的"人"立论，认为"人"对美好社会向往和追求的本性是社会发展的主要力量源泉。马克思主义认为，在原始社会末期，由于生产力的发展，出现了社会分工和生产资料的私人占有。私有制的出现，导致了阶级的出现。在阶级社会中，阶级斗争成为解决生产力和生产关系这对矛盾的主要方式，无论在生产方式量变时期对生产方式改革的推动，还是在生产方式质变时期对生产方式的根本变革，都离不开阶级斗争。因此说，在阶级社会中，阶级斗争是社会发展的根本动力。马克思主义从生产力的发展来寻求阶级和阶级斗争产生的根源，认为阶级斗争是解决生产力和生产关系这对矛盾的主要方式，坚持了马克思主义的历史唯物主义。民主社会主义则用泛化的民主和抽象的"人性论"来否定在阶级社会中阶级斗争是社会发展的根本动力这一客观事实。泛化的民主论、抽象地谈论"人"和"人性"是民主社会主义否定马克思主义阶级斗争理论的主要手段。他们认为，由于人们生存和发展的需要，人生来就具有对美好事物和美好社会追求的天性，这种追求的天性推动人们去努力、去奋斗。无数单个人的美好追求汇合成一股强大的社会力量，就能推动社会朝着美好的方向发展，因此，人对美好社会向往和追求的本性是社会发展的主要力量源泉。这种思想，既是民主社会主义否定马克思主义阶级斗争理论的表现，又是民主社会主义唯心主义思想体系在社会发展动力方面的集中体现。

---

① 《列宁选集》第 1 卷，人民出版社 1972 年版，第 256 页。

2. 用多元化的唯心史观否定唯物史观

中国特色社会主义具备科学性的原因在于它根植于唯物史观，符合人类社会历史发展规律。马克思主义唯物史观认为人类社会的发展是一个不以人的意志为转移的客观历史进程。社会生产力水平以及社会经济、政治、文化等的形式，决定了人类社会历史的发展阶段。生产力和生产关系、经济基础和上层建筑的矛盾运动，决定了人类社会在总体上必然沿着原始社会、奴隶社会、封建社会、资本主义社会、共产主义社会向前发展，社会主义的到来和共产主义的实现是生产力和人类历史发展的必然。人类历史的发展是一个社会内部规律发生作用的历史过程，社会主义代替资本主义是人类历史发展的必然。唯物史观的这一核心思想是人类社会历史发展的客观规律，是不以人的意志为转移的客观过程。任何否定这种必然的做法注定要因违背规律而遭到规律的惩罚。民主社会主义者就是这样。他们不怕违反规律，不惜遭到规律的惩罚，甚至认为人类社会没有什么规律可言，社会主义的实现不是社会发展规律的必然，而是人们思想中的道义追求的必然。民主社会主义追求的是多元化的世界观。在民主社会主义的理论体系中，构成其思想基础的是新康德主义、基督教伦理社会主义、人道主义等等。这种多元化的世界观从根本上否定了马克思主义的唯物史观，从而否定了马克思主义本身。民主社会主义把社会主义看作是自由、平等、和平、团结等美好价值的体现，认为人们只要确立了这些基本价值，并不断地依据这些价值去追求，那么，自由、平等、和平、团结的社会主义就会实现。从民主社会主义的这种思想可以看出，它的哲学思想基础是典型的主观唯心主义，即认为社会意识决定社会存在、人的理性观念主导社会的发展。

3. 在反对共产主义中否定马克思主义

马克思主义认为共产主义是社会主义发展的最终目标；民主社会主义认为社会主义没什么终极目标可言，它只是一项不断追求美好社会的持久任务，从而反对共产主义，否定马克思主义。基于对人类社会发展规律的认识和分析，马克思主义得出了社会主义社会由于生产力的不断发展、由于生产力和生产关系的矛盾运动，它必然要由初级阶段向中级阶段、高级阶段发展，最终要达到共产主义。共产主义是我们今天可以展望到并可以初步认识的美好社会。在这个社会中，社会生产力高度发展，劳动生产率极大提高；建立了共产主义的公有制，实行"各尽所能，按需分配"的原则；阶级彻底消灭，国家完全消亡；人人获得全面而又自由的发展。马克思主义对社会主义发展前途及共产主义社会主要特征的初步认识，是建立在唯物主义的可知论的思想基础之上的，它首先承认事物是可以认识的，人类会逐步地从必然王国走向自由王国。与此相反，民主社会主义认为社会主义没有什么终极目标可言，它只是一项不断追求美好社会的持久任务。这一思想从其渊源来看是伯恩施坦"目的是微不足道的，运动就是一切"的思想的翻版，从哲学角度来看这是典型的唯心主义的不可知论。实际上，这一思想表明了民主社会主义者的这样一种认识，即认为人类社会的发展是盲目的，是偶然事件的堆砌。民主社会主义者正是通过否定马克思主义的哲学基础——历史唯物主义的手法来达到否定马克思主义的目的。

4. 在指导思想的多元化中虚无马克思主义

真正的马克思主义者历来主张一元化的指导思想，即以马克思主义为唯一指导思想。但是，马克思主义理论并不是封闭的理论，马克思主义总是强调坚持、继承和发展的统一。坚持马克思主义的基本原理，坚持马克思主义的基本的立场、观点和方法，是坚持马克思主义的内质性的做法。在这种坚持的基础上，马克思主义本身强调要和具体的历史的民族的实际情况相结合，用鲜活的马克思主义来解决现实中出现的新问题。同时，对马克思主义进行民族化的过程中还要不断继承和发展马克思主义。马克思主义只有在不断发展中才能展现其生命力和感召力。民主社会主义反对指导思想的一元化，主张指导思想的多元化。民主社会主义认为自己植根于基督教伦理学、人道主义和古典哲学等。对待马克思主义，民主社会主义认为，马克思早年阐述的人道主义思想是它的思想来源之一，马克思主义的辩证法是一种进行社会分析的有用的方法，但马克思主义却不再是它的指导思想。与马克思主义者坚持马克思主义为一元化的指导思想相比，民主社会主义者这种对待马克思主义的做法实质上是背弃了马克思主义。从表面上看，民主社会主义对马克思主义既有肯定的一面，也有否定的一面。但在实质上，它肯定的只是马克思主义的非本质的东西，而否定的却是马克思主义本质的东西。民主社会主义承认马克思主义是一种致力于个人的自由和幸福的社会哲学，是一种解释思想意识和社会经济结构在历史上的发展的学说，在第一国际工人运动组织中起了关键性的作用。但是，他们却坚决否定马克思主义的核心思想，即历史唯物主义理论、阶级斗争理论及无产阶级革命学说。因此，民主社会主义已经从根本上背弃了马克思主义的唯物史观和无产阶级革命思想，滑向了资产阶级改良主义。对此，社会党人自己也不否认，德国社会民主党人自己写的《德国社会民主党简史》中讲道：尽管德国社会民主党对马克思主义学说的信仰产生过多次动摇，但从1890年"反社会党人法"废除以后直至第二次世界大战爆发，社会民主党无疑可以称为是一个"马克思主义"的政党，但这种对马克思主义的信仰仅仅起到了统一党组织的作用，但却导致了行动上的迟疑和思想上的僵化。从这段话可以看出，社会党人自己也认为，第二次世界大战以后，他们就放弃了马克思主义。放弃了对马克思主义的信仰，民主社会主义就滑向了思想的多元化。如前所述，德国社会民主党1959年通过的《德国社会民主党基本纲领》中讲道：民主社会主义植根于基督教伦理、人道主义和古典哲学。民主社会主义这种思想的多元化，又进一步否定了马克思主义。社会党人自己也宣称：民主社会主义奉行的多元主义本身就是对历史唯物主义和辩证唯物主义垄断社会主义科学的一种否定，这就表明民主社会主义已经从根本上同马克思主义脱离开来。

二、中国特色社会主义坚持一元化的指导思想

科学社会主义作为一种学说和理论体系，是马克思主义的重要组成部分，它始终坚持马克思主义的一元化指导。正如日本学者伊藤诚所说："马克思与恩格斯共同创立的科学社会主义在迄今为此所看到的现代社会主义的丰厚源泉与种种尝试的洪流中显现出来，不仅继承了其积极的方面，也克服了其弱点。20世纪以来吸引了千万人的心，是使本世纪成为革命世纪的有力指导思想。"[①] 因此，中国特色社会主义作为科学社会主义在当代中国发展的新阶段，当然要以一元化的马克思主义为行动指南；同时，我们又在坚持实事求是、解放思想、与时俱进、求真务实中始终以马克思主义与中国革命、建设、改革和发展的实际相结合，不断推进马克思主义中国化，并取得了马克思主义中国化的一系列成果。马克思列宁主义、毛泽东思想以及马克思主义中国化的最新成果，共同构成了中国

---

① ［日］伊藤诚著：《现代社会主义问题》，鲁永学译，社会科学文献出版社1996年版，第25页。

国外马克思主义研究专题

特色社会主义的指导思想，有力地保证了中国革命、建设、改革和发展的顺利进行。

（一）结合中国革命、建设、改革和发展的实际发展马克思主义

前苏联哲学博士姆切德洛夫写道："马克思列宁主义理论的特点是，它不仅在理论论战中证明自己是正确的，而且在历史上第一次在社会实践中也证实了自己的正确性。"① 正因为这样，马克思列宁主义是放之四海而皆准的真理。"十月革命一声炮响，给我们送来了马克思列宁主义。"② 正是在马克思列宁主义指导下建立了中国共产党。中国共产党一经诞生，就把马克思列宁主义作为自己的指导思想。从此，在革命的血与火中，马克思列宁主义指引了中国革命的前进方向。马克思列宁主义在中国发挥作用，主要体现在与中国的实际情况相结合。姆切德洛夫还认为："要发展马克思列宁主义理论，必须不断地丰富它的范畴体系。"③ 毛泽东早在1938年就指出："马克思主义必须和我国的具体特点相结合并通过一定的民族形式才能实现。马克思列宁主义的伟大力量，就在于它是和各个国家具体的革命实践相联系的。对于中国共产党说来，就是要学会把马克思列宁主义的理论应用于中国的具体的环境。"④ 对于推进马克思主义中国化，毛泽东不但第一个提出，而且进行了全面而深刻的论述。在1940年，毛泽东讲到："中国共产主义者对于马克思主义在中国的应用也是这样，必须将马克思主义的普遍真理和中国革命的具体实践完全地恰当地统一起来，就是说，和民族的特点相结合，经过一定的民族形式，才有用处，决不能主观地公式地应用它。"⑤ 公式化、教条式地对待马克思列宁主义，不但对中国革命无益，而且害处很大。要想马克思主义在中国革命、建设、改革和发展中发挥作用，就必须不断推进马克思主义中国化。马克思主义自传入中国以来，主要是在不断中国化的过程中发挥着积极的指导作用。违背马克思主义与中国实际相结合的原则，教条式的对待马

---

① ［苏］米·彼·姆切德洛夫著：《社会主义——新型文明的形成》，赵国琦等译，求实出版社1982年版，第2页。
② 《毛泽东选集》第4卷，人民出版社1991年版，第1471页。
③ ［苏］米·彼·姆切德洛夫著：《社会主义——新型文明的形成》，赵国琦等译，求实出版社1982年版，第5页。
④ 《毛泽东选集》第2卷，人民出版社1991年版，第534页。
⑤ 《毛泽东选集》第2卷，人民出版社1991年版，第707页。

克思主义，从来都是要遭到失败。马克思主义正是在与中国革命、建设、改革和发展的实际相结合中发挥了重要的指导作用。

结合中国实际不断发展马克思主义，其实就是不断推进马克思主义中国化的历史过程。恩格斯写到："每一个时代的理论思维，从而我们时代的理论思维，都是一种历史的产物，它在不同的时代具有完全不同的形式，同时具有完全不同的内容。"① 从这里我们可以推导出，马克思主义来到中国，如果不进行中国化，势必会出现僵化、教条化。这样马克思主义也就不能适应中国革命、建设、改革和发展的具体实践。因为理论思维是一种历史的产物，并且在不同的时代具有不同是形式和内容。毛泽东是不断推进马克思主义中国化的第一人，也是一贯坚持促进马克思主义中国化的典范。如前所述，毛泽东最初提出了马克思主义中国化问题，同时，他本人在社会主义理论、革命和建设实践中，一直倡导、坚持和实践马克思主义中国化的理论成果——中国化的马克思主义，也就是成为党的集体智慧结晶的毛泽东思想。自从中国共产党1921年建党以来，对于指导思想的发展，一直没有停顿。"中国共产党自1921年产生以来，就以马克思列宁主义的普遍真理和中国革命的具体实践相结合为自己一切工作的指针。"② 如前所述，毛泽东首先提出了马克思主义中国化的问题，同时，党的其他领导也不断发展和运用马克思主义中国化的理论成果。特别是刘少奇同志在1945年党的七大所作的关于修改党章的报告中，不仅多处使用了"马克思主义中国化"的命题，而且对这个命题的科学含义进行了系统的论证。邓小平1956年11月在一次谈话中就说过："马克思列宁主义的普遍真理与本国的具体实际相结合，这句话本身就是普遍真理。它包含两个方面，一方面叫普遍真理，另一方面叫结合本国实际，我们历来认为丢开任何一面都不行。"③ 吴冷西回忆到，毛主席说："各国具体的历史、具体的传统、具体的文化都不同，应该区别对待，应该允许把马克思列宁主义具体化，也就是说把马克思列宁主义的普遍真理和本国革命的具体实践相结

---

① 《马克思恩格斯选集》第4卷，人民出版社1995年版，第284页。
② 《毛泽东选集》第3卷，人民出版社1991年版，第952页。
③ 《邓小平文选》第1卷，人民出版社1994年版，第258-259页。

合。"① 因此，以毛泽东为核心的第一代中央领导集体，在长期的战争、革命和建设实践中，逐步形成了马克思主义中国化的最初成果——毛泽东思想。"党从诞生之日起，就把马克思列宁主义确立为自己的指导思想。经过遵义会议和延安整风，党的七大又把马克思列宁主义的理论与中国革命的实践之统一的思想——毛泽东思想，确立为党的指导思想。这是总结建党二十四年经验作出的历史性决策。"② 毛泽东思想是被实践证明了的关于中国革命和建设的正确的理论原则和经验总结，是马克思列宁主义同中国实际相结合的第一次飞跃的理论成果。

1978年改革开放以来，中国共产党一直不断推进马克思主义中国化的历史进程，在改革开放后的30年时间里，党在带领中国人民不断推进马克思主义中国化的历史进程中，逐渐形成了新时期指导中国特色社会主义建设、改革和发展的马克思主义中国化理论最新成果——邓小平理论、"三个代表"重要思想，以及科学发展观等重大指导思想和发展战略。这是结合中国建设、改革和发展的实践经验，结合中国国情和实际特点逐步形成的理论成果，是全党全国人民集体智慧的结晶。正是在这个意义上说，"马克思主义具有与时俱进的理论品质"③。

（二）以马克思主义中国化最新成果为指导

中国特色社会主义坚持以马克思列宁主义、毛泽东思想、邓小平理论和"三个代表"重要思想为指导，坚持不断贯彻落实科学发展观。孙伯鍨先生曾说："我认为，关于马克思主义哲学的历史命运问题，所涉及的不仅是马克思主义哲学作为世界观和方法论的理论性质和内容问题，而且更多的是它为之服务的无产阶级和人类解放的宏大理想和目标问题，在今天的中国，就是关于社会主义道路的政治选择和理想信念问题。"④ 所以，坚持一元化的指导思想，是中国特色社会主义的必然选择。一元化的指导思想是中国特色社会主义指导思想的重要特征和灵魂。中国的国家性质、发展阶段、历史传统、文化特点等因素决定了中国特

---

① 吴冷西：《十年论战——1956-1966中苏关系回忆录》，中央文献出版社1999年版，第451页。
② 《十五大以来重要文献选编》上，人民出版社2000年版，第9页。
③ 《江泽民文选》第3卷，人民出版社2006年版，第282页。
④ 孙伯鍨：《作为方法的历史唯物主义》。叶汝贤、孙麾主编：《马克思与我们同行》，中国社会科学出版社2003年版，第117页。

从指导思想上看民主社会主义与中国特色社会主义的区别

色社会主义要坚持一元化的指导思想。中国特色社会主义指导思想是在中国革命、建设、改革和发展实践过程中逐步形成和发展的,是历史的选择、人民的选择。

1. 马克思主义中国化最新成果

中国特色社会主义理论体系,是 30 多年来改革开放实践的结果,是历史发展的必然。这个理论体系,是适合中国文化传统、对中国特色社会主义道路具有重大的指导意义的理论。在当代中国,坚持中国特色社会主义道路,就是真正坚持社会主义,坚持中国特色社会主义理论体系,就是真正坚持马克思主义。正如党的十七大报告指出:"改革开放以来我们取得一切成绩和进步的根本原因,归结起来就是:开辟了中国特色社会主义道路,形成了中国特色社会主义理论体系。高举中国特色社会主义伟大旗帜,最根本的就是要坚持这条道路和这个理论体系。"[1]

中国特色社会主义道路和理论体系的形成和发展,经历了 30 多年的漫长历程,并且还在不断的发展和完善之中。在这 30 多年中,党带领中国人民坚持以经济建设为中心,坚持四项基本原则,坚持改革开放,取得了举世瞩目的成就。"29 年来,中国经济保持了年均 9.7% 的快速增长。人均国内生产总值由 1978 年的 226 美元增加到 2006 年的 2000 多美元。用占世界不到 10% 的耕地成功解决了占世界近 22% 人口的吃饭问题。2006 年,国内生产总值超过 20 万亿元,居世界第四位;对外贸易总额 17607 亿美元,居世界第三位;外汇储备超过 1 万亿美元,居世界第一位。"[2] 改革开放 30 多年经济、政治、文化以及社会发展等领域的巨大成就的取得,无不与我国选择的中国特色社会主义道路和中国特色社会主义理论体系紧密相联。正因为我们坚持了中国特色社会主义道路,正因为我们坚持了中国特色社会主义理论体系,所以我们才取得了如此巨大的成就。

在中国特色社会主义理论指导下取得巨大成就的过程中,我们党始终从实事求是、解放思想、与时俱进、求真务实出发,坚持党的基本路线,坚持不断推进

---

[1] 胡锦涛:《高举中国特色社会主义伟大旗帜 为夺取全面建设小康社会新胜利而奋斗》,人民出版社 2007 年版,第 11 页。

[2] 颜晓峰、孙力:《只有中国特色社会主义才能使国家富强人民幸福》,《光明日报》,2007 年 6 月 12 日。

| 国外马克思主义研究专题 |

马克思主义中国化的历史进程。在不断推进马克思主义中国化的历史进程中,我们党先后形成了邓小平理论、"三个代表"重要思想以及科学发展观等重大中国化马克思主义的理论成果,并用来指导我国的改革开放实践,推动了我国社会主义现代化建设的巨大发展。

马克思主义具有与时俱进的理论品质,这种品质来源于马克思主义的实践性和批判性。"马克思的实践理论或实践理性因为终止了绝对真理、永恒真理的哲学幻象,因而它是一种具体的、谦虚的、探索性的理论和理性,它在对现实世界的理解中保持着开放的、宽广的理论视野。"① 在中国,马克思主义与时俱进的理论品质的表现及结果就是中国特色社会主义理论体系。马克思列宁主义与马克思主义中国化的最新成果——邓小平理论、"三个代表"重要思想以及科学发展观之间是一脉相承的源与流的关系。马克思主义中国化的最新成果就是中国特色社会主义理论体系。我们说中国特色社会主义坚持一元化的指导思想,就是要坚持以马克思列宁主义、毛泽东思想、邓小平理论和"三个代表"重要思想为行动指南,不断贯彻和落实科学发展观,推进中国特色社会主义道路越走越宽广,推进中国特色社会主义理论体系越来越完善。中国特色社会主义理论体系,就是包括邓小平理论、"三个代表"重要思想以及科学发展观等重大战略思想在内的科学理论体系。这个理论体系,坚持和发展了马克思列宁主义、毛泽东思想,凝结了几代中国共产党人带领人民不懈探索实践的智慧和心血,是马克思主义中国化的最新成果,是党最可宝贵的政治和精神财富,是全国各族人民团结奋斗的共同思想基础。中国特色社会主义理论体系是不断发展的开放的理论体系。《共产党宣言》发表160年来的实践证明,马克思主义只有与本国国情相结合、与时代发展同进步、与人民群众共命运,才能焕发出强大的生命力、创造力、感召力。在当代中国,坚持中国特色社会主义理论体系,就是真正坚持马克思主义。

2. 坚持以马克思主义中国化最新成果为指导的原因分析

首先,马克思主义中国化最新成果反映了中国的社会主义国家性质。中国特色社会主义理论体系全面反映了马克思主义中国化最新成果。坚持以马克思主义

---

① 高清海、孙利天:《马克思的哲学观变革及其当代意义》。叶汝贤、孙麾主编:《马克思与我们同行》,中国社会科学出版社2003年版,第31页。

从指导思想上看民主社会主义与中国特色社会主义的区别

中国化最新成果为指导，就是坚持中国特色社会主义理论体系。中国特色社会主义理论体系深刻反映了我国的国家性质。《中华人民共和国宪法》总纲第一条就明确规定："中华人民共和国是工人阶级领导的、以工农联盟为基础的人民民主专政的社会主义国家。社会主义制度是中华人民共和国的根本制度。"这就明确规定了我国的国家性质和根本制度，这就是社会主义制度。中国特色社会主义理论体系是中国社会主义制度在现阶段的具体反映，是科学社会主义理论在中国现阶段的具体化。中国特色社会主义理论体系表明了中国首先是社会主义国家，然后表明中国的社会主义是符合中国国情的、结合中国实际的、适应中国特点的、具有中国气派的社会主义。在当代中国，坚持以中国特色社会主义理论体系为指导的中国特色社会主义道路，就是真正坚持社会主义。

其次，马克思主义中国化最新成果适合了中国初级阶段的具体国情。中国目前处于并将长期处于社会主义初级阶段。那么，我国的社会主义初级阶段是一个什么样的历史阶段呢？又具有哪些深刻的涵义呢？党的十三大报告指出：社会主义初级阶段"不是泛指任何国家进入社会主义都会经历的起始阶段，而是特指我国在生产力落后、商品经济不发达条件下建设社会主义必然要经历的特定阶段。我国从五十年代生产资料私有制的社会主义改造基本完成，到社会主义现代化的基本实现，至少需要上百年时间，都属于社会主义初级阶段。"[①] 在这个界定中，我们至少应该把握两点：第一，我国社会已经是社会主义社会，我们必须坚持而不能离开社会主义。第二，我国的社会主义社会还处在初级阶段。我们必须从这个实际出发，而不能超越这个阶段。第一层含义阐明了我国现阶段的社会性质是社会主义社会；第二层含义则明确我国的社会主义社会尚处于不发达的阶段。这是一个完整的不可分割的科学论断。

我国社会主义初级阶段最基本的国情是国家大、人口多、底子薄，生产力落后，商品经济很不发达，文化落后，文盲半文盲人口占很大比重。这就决定了我们进行现代化建设的起点低，实现现代化的时间比较长。因而这就注定中国的改革道路是一条渐进式的道路。中国经济改革从确立解放思想、实事求是的思想路线开始，逐步确定以发展生产力为根本任务，不断推进建立和完善社会主义市场

---

① 《十三大以来重要文献选编》上，人民出版社1991年版，第12页。

经济体制，形成了一条渐进式的改革开放道路。具体做法是由点到面、由下而上、由外促内、由双轨到单轨，不断实践、认识、再实践、再认识的稳步推进的改革方式。正是在这样一种方式中，我们党带领全国人民不断推进马克思主义中国化，并形成了马克思主义中国化最新成果，用来指导中国特色社会主义建设和实践。

再次，马克思主义中国化最新成果适应了中国传统的历史文化特点。中国传统历史文化典型的特征是在政治意识形态领域里的"大一统思想"。"祖国统一、合家团圆"是中国人的典型心理诉求。"国泰民安、人寿年丰"是中国人的内心期盼。马克思主义中国化最新成果，既反映了中国人的这种心理意识，又充分保证了社会主义初级阶段的中国能够满足人民的这种心理需求。马克思主义之所以能够放之四海而皆准，原因就在于马克思主义的这种与当地实际相结合的旺盛的生命力。马克思主义与中国实际和社会主义建设实践相结合，奠定在中国的传统文化基础上，所以马克思主义中国化的最新成果能够反映中国的历史文化特点，适应中国国情，推动中国特色社会主义不断向前发展。

三、民主社会主义与中国特色社会主义指导思想哲学基础的本质区别

指导思想的区别点根本的关键的环节还在于指导思想所赖以奠定的哲学基础。哲学是人们认识世界和改造世界的工具。哲学基础的正确与否直接决定了指导思想的基点是否正确。民主社会主义与中国特色社会主义本质区别中最根本和核心的区别就在于二者奠基的哲学基础相异。民主社会主义指导思想奠基在历史唯心主义基础上，这就决定了民主社会主义的指导思想从根基上、从世界观和方法论上就是错误的。而中国特色社会主义之所以正确和可行，是因为中国特色社会主义的指导思想奠定在了历史唯物主义的哲学基础之上。

（一）民主社会主义指导思想的哲学基础是历史唯心主义

民主社会主义指导思想的哲学基础是历史唯心主义，主要表现在以下方面：

第一，民主社会主义认为，人类社会的发展没有什么规律可言，社会主义是人们对自由、平等、团结、和平等价值观念的追求和这些价值的不断实现。在民

从指导思想上看民主社会主义与中国特色社会主义的区别

主社会主义者的视野里,人类社会没有什么规律可言,社会主义的实现不是社会发展规律运转的必然,而是人们思想中的道义追求的必然。它把社会主义看作是自由、平等、团结、和平等美好价值的体现,认为人们只要确立了这些基本价值,并不断地依据这些价值去追求,那么,自由、平等、和平、团结的社会主义就会实现。正如布莱尔所说的:"社会主义,我认为,从来不和国家政权相连,和经济无关,甚至和政治也无关。社会主义是一种生活道德目标,是一套价值体系,是社会生活中用来共同实现那些我们单个人无法实现的价值目标的合作信念。"① 从民主社会主义的这种思想可以看出,它的哲学思想基础是典型的主观唯心主义,即认为社会意识决定社会存在、人的理性观念主导社会的发展。

第二,民主社会主义以超阶级的"人"立论,认为"人"对美好社会向往和追求的本性是社会发展的主要力量源泉。民主社会主义否定在阶级社会中阶级斗争是社会发展的根本动力这一客观事实,抽象地谈论"人"和'人性'以及"人道主义"等。认为由于人们生存和发展的需要,人生来就具有对美好事物和美好社会追求的天性,这种追求的天性推动人们去努力、去奋斗。无数单个人的美好追求汇合成一股强大的社会力量,就能推动社会朝着美好的方向发展,因此,人对美好社会向往和追求的本性是社会发展的主要力量源泉。这些思想,是民主社会主义唯心主义思想体系在社会发展动力方面的集中体现。

第三,民主社会主义认为社会主义没有什么终极目标可言,它只是一项不断追求美好社会的持久任务。民主社会主义的基本价值是主观的,在不从根本上改变社会生产关系的情况下,只能是空想的,是不可能实现的。民主社会主义把自由、平等、团结、和平作为民主社会主义的基本价值,这些东西只不过是些理性观念,与早期资产阶级提出的"自由、平等、博爱"等观念没有多大差别。历史和实践证明,在以生产资料私人占有为主体的资本主义社会中,只要生产关系不从根本上加以变革,自由、平等、团结、和平的实现是不可能的。在那种通过占有生产资料而进行剥削的社会中,劳动人民从根本上讲只有出卖自己劳动力和任人剥削的自由,而很难谈得上什么基本自由,更不会有充分发挥自己的个性和才

---

① http://encarta.msn.com/media_701879446_761577990_-1_1/Tony_Blair_on_Socialism.html

能的高层次自由。一方是剥削者,一方是被剥削者,更谈不上平等。这种剥削与被剥削、压迫与被压迫的关系从来也不会存在什么真正的团结。至于和平,只要以对内剥削、对外侵略与掠夺为特征的资本主义制度不消灭,根本就不会有永久的和平。因此,资本主义的社会生产关系不进行变革,民主社会主义的社会主义价值理念只能是一种幻想,一种带有主观唯心主义色彩的美好愿望,它终究不会成为现实。

(二)中国特色社会主义指导思想的哲学基础是历史唯物主义

马克思主义科学社会主义及在此基础上发展起来的中国特色社会主义,都以历史唯物主义为哲学基础。中国特色社会主义指导思想在实践过程中逐步形成,具有鲜明的实践性。从实事求是的基本原则出发,中国特色社会主义指导思想坚持解放思想、与时俱进,不断发展和完善,因而具有科学性。此外,中国特色社会主义指导思想是在广大人民群众推进中国革命、建设、改革和发展过程中逐渐丰富的,人民性是其重要特色。马克思主义历史唯物主义的重要特性就在于其实践性、科学性、人民性等,所以,中国特色社会主义指导思想的哲学基础是历史唯物主义。

1. 中国特色社会主义指导思想是在实践中逐渐形成的,实践性是其鲜明的特点

马克思列宁主义、毛泽东思想以及马克思主义中国化最新成果是中国特色社会主义的指南。中国特色社会主义的指导思想是在中国革命、建设、改革和发展中逐渐形成的,实践性是其鲜明的特点。理论总是来源于实践。毛泽东指出:"只有千百万人民的革命实践,才是检验真理的尺度。"[1] 中国特色社会主义理论的指导思想,是在党的领导下,在广大人民群众的积极参与下,在深厚的社会实践的基础上形成和发展起来的。马克思列宁主义一经传入中国,迅速与中国革命的具体实践相结合,使中国革命的面貌焕然一新。马克思列宁主义毕竟是外来的理论,在指导中国革命的过程中,会产生"水土不服"的现象,这一点不奇怪。敢于创造、勇于创新的中国共产党人,面对马克思列宁主义对中国革命的不适应,既没有弃之不用,更没有教条搬用,而是在中国革命的宏大实践中,以创新

---

[1] 《毛泽东选集》第2卷,人民出版社1991年版,第663页。

的精神，把马克思列宁主义基本原理与中国革命实际相结合，逐渐形成了能够有效指导中国革命的毛泽东思想。毛泽东思想就是在中国革命和建设实践过程中，把马克思列宁主义基本原理与中国具体实际情况相结合的结果，是适应中国革命和建设需要的中国化的马克思主义理论成果。

党的十一届三中全会以后，邓小平团结带领全国各族人民，总结历史经验，提出改革开放的战略思想，并在改革开放的伟大实践中提出和形成了"建设有中国特色的社会主义"理论，党的十五大把它总结为邓小平理论。邓小平理论是在中国改革开放的实践中逐步形成和发展起来的，是改革开放实践的应然结果。进入新世纪新阶段，中国特色社会主义建设不断面临新的发展机遇和各种内外挑战，以江泽民同志为核心的第三代中央领导集体，高瞻远瞩、深谋远虑，创造性地提出并形成指导中国特色社会主义现代化建设的"三个代表"重要思想，开拓了中国特色社会主义建设的新局面。"三个代表"重要思想同样也是中国改革和发展实践的结果，是适应新的历史条件，适应新的国内国际形势的重要指导思想。总之，马克思列宁主义、毛泽东思想以及马克思主义中国化最新成果，都是在中国革命、建设、改革、发展实践过程中，适应不同历史阶段具体需要而产生的中国特色社会主义的指导思想，这些指导思想来自实践，指导实践，从实践中来，又回到实践中接受检验，是经受住了长期考验的正确的指导思想。因此，实践性是中国特色社会主义指导思想的鲜明特性。

马克思主义历史唯物主义的特点之一是其鲜明的实践性。李崇富教授认为："马克思主义同一切科学理论一样，都是来源于实践，以实践为基础，为实践服务，并在实践中进一步得到验证和发展。"[①] 唯物史观之所以是科学的真理，就在于它来源于实践，又能够有效地指导社会实践。实践性是唯物史观和中国特色社会主义指导思想的共同特性，这种共同的特性决定了中国特色社会主义指导思想奠基在了历史唯物主义基础之上。

2. 中国特色社会主义指导思想是在实事求是中发展的，科学性是其主要的特征

中国特色社会主义指导思想植根于实事求是的基本原则，是在实事求是的精

---

① 李崇富：《科学对待马克思主义的试金石》，《中华魂》，2007年第1期。

| 国外马克思主义研究专题 |

神下发展生成的,科学性是中国特色社会主义指导思想的主要特征。实事求是是毛泽东提出并一直坚持的基本原则。中国革命和社会主义建设就是结合中国实际、在实事求是的基础上逐渐发展起来的。毛泽东讲到实事求是时指出:"'实事'就是客观存在着的一切事物,'是'就是客观事物的内部联系,即规律性,'求'就是我们去研究。我们要从国内外、省内外、县内外、区内外的实际情况出发,从其中引出其固有的而不是臆造的规律性,即找出周围事变的内部联系,作为我们行动的向导。"① 基于这种实事求是的精神,毛泽东带领中国人民取得了中国革命的胜利,建立了新中国。基于这种实事求是的精神,我们党在长期的革命和建设过程中,不断推进马克思主义中国化,逐步形成了马克思主义与中国革命和建设实际相结合的毛泽东思想。邓小平在把历史和现实进行对比后得出这样的结论:"实事求是,是毛泽东思想的出发点、根本点。这是唯物主义。"② 客观地说,邓小平的评价是公允的。针对实事求是的传统精神,邓小平一贯倡导并长期坚持。邓小平还指出:"实事求是,是无产阶级世界观的基础,是马克思主义的思想基础。过去我们搞革命所取得的一切胜利,是靠实事求是;现在我们要实现四个现代化,同样要靠实事求是。"③ 因此,实事求是是中国特色社会主义指导思想的理论基础,是中国特色社会主义形成和发展的精神根基。正是在实事求是的精神指引下,我们党不断坚持解放思想、坚持与时俱进,坚持求真务实,不断推进马克思主义中国化,逐步形成了马克思主义与中国改革和发展实际相结合的邓小平理论、"三个代表"重要思想以及科学发展观等指导中国改革和发展的战略指导思想。建立在实事求是精神基础上的中国特色社会主义指导思想,符合马克思主义基本原理,具有科学性。科学性是中国特色社会主义指导思想在实事求是基础上显现的主要特征。

中国特色社会主义指导思想之所以具有科学性,就在于它依据马克思主义的历史唯物主义原理,揭示了社会历史发展的客观观律。恩格斯说:"我们党有个很大的优点,就是有一个新的科学的观点作为理论的基础。"④ 恩格斯在这里所

---

① 《毛泽东选集》第 3 卷,人民出版社 1991 年版,第 801 页。
② 《邓小平文选》第 2 卷,人民出版社 1994 年版,第 114 页。
③ 《邓小平文选》第 2 卷,人民出版社 1994 年版,第 143 页。
④ 《马克思恩格斯选集》第 2 卷,人民出版社 1995 年版,第 39 - 40 页。

指的"新的科学的观点"指的就是历史唯物主义。历史唯物主义的根本精神就在于实事求是,就在于把理论与实际的革命情况相结合。唯物史观和中国特色社会主义指导思想共同的精髓都是实事求是,所以说,中国特色社会主义指导思想是奠定在历史唯物主义基础之上的。

3. 中国特色社会主义指导思想是在人民群众中丰富的,人民性是其重要的特色

中国特色社会主义指导思想是在党的领导下,在广大人民群众的宏大的社会实践活动中不断丰富的,人民性是中国特色社会主义的重要特色。马克思列宁主义一个核心的观点是人民性,或者叫以人为本。马克思主义之所以历经一百多年而始终放射着真理的光芒,原因就在于马克思主义从一产生就建立在对普通人民、对无产者的关注上。"全世界无产者,联合起来!"①《共产党宣言》这最后的号召语,始终响彻全球,始终体现了马克思恩格斯高尚的人文情怀以及对无产阶级的同情。在马克思列宁主义指导下的中国共产党,理所当然的继承了马克思主义的这种人民性。毛泽东曾经深情地写道:"我们这个队伍完全是为着解放人民的,是彻底地为人民的利益工作的。"② 的确,毛泽东带领中国人民闹革命、搞建设,无不从人民的利益出发,为了实现人民的利益而无私奋斗。"全心全意为人民服务"是毛泽东思想的要义。毛泽东始终把人民看作社会发展和进步的动力。毛泽东指出:"人民,只有人民,才是创造世界历史的动力。"③ 这既符合马克思主义唯物史观,又符合历史事实。正是广大的人民群众创造了物质财富和精神财富,创造了人类历史。同样,党的历代领导人都把人民置于首位。邓小平指出:"全心全意为人民服务,一切以人民利益作为每一个党员的最高准绳。"④ "党必须密切联系群众和依靠群众,而不能脱离群众,不能站在群众之上;每一个党员必须养成为人民服务、向群众负责、遇事同群众商量和同群众共甘苦的工

---

① 《马克思恩格斯选集》第1卷,人民出版社1995年版,第307页。
② 《毛泽东选集》第3卷,人民出版社1991年版,第1004页。
③ 《毛泽东选集》第3卷,人民出版社1991年版,第1031页。
④ 《邓小平文选》第1卷,人民出版社1994年版,第257页。

作作风。"①"要全心全意为人民服务,深入群众倾听他们的呼声。"② 这些重要论述,给我们党,给我们每一位党员提出了鲜明的要求,那就是"为人民服务",那就是一切以人民的利益为核心而开展工作。江泽民同志在新的历史时期,同样把人民的利益摆在首位。"我们党要始终代表中国最广大人民的根本利益",③"我们党始终坚持人民的利益高于一切。党除了最广大人民的利益,没有自己特殊的利益。党的一切工作,必须以最广大人民的根本利益为最高标准"。④ 江泽民同志在这里把人民的利益摆在最高位置,坚持人民的利益高于一切,充分显示了中国特色社会主义指导思想的人民性。以胡锦涛为总书记的党中央,更是坚持发扬党的优良传统,坚持人民利益高于一切。结合新世纪新阶段的新情况,以胡锦涛为总书记的党中央提出的以人为本、全面协调可持续的科学发展观,核心就是坚持以人为本。这里的"人",指的就是"人民"。"以人为本"就是要求我们在想问题、办事情的时候坚持以人民为根本,以人民的根本利益为出发点和落脚点。胡锦涛同志指出:"坚持以人为本,就要坚持立党为公、执政为民,始终做到权为民所用、情为民所系、利为民所谋,始终把最广大人民的根本利益作为我们一切工作的最高标准。"⑤"要始终把实现好、维护好、发展好最广大人民的根本利益作为党和国家一切工作的出发点和落脚点";"做到发展为了人民、发展依靠人民、发展成果由人民共享。"⑥ 由此可见,对于人民的重视和置人民利益高于一切,历来是中国共产党的唯一追求,这充分体现了中国特色社会主义指导思想的人民性。

历史唯物主义认为,人民群众是历史的创造者,人民群众是社会物质财富的创造者和社会精神财富的创造者,同时是变革社会制度的决定力量。人民性是唯物史观的根本观点之一。"马克思主义认为,人民群众是历史的创造者,是推动

---

① 《邓小平文选》第1卷,人民出版社1994年版,第217页。
② 《邓小平文选》第3卷,人民出版社1993年版,第146页。
③ 《江泽民文选》第3卷,人民出版社2006年版,第279页。
④ 江泽民:《论"三个代表"》,中央文献出版社2001年版,第162页。
⑤ 中共中央宣传部理论局组织编写:《科学发展观学习读本》,学习出版社2006年版,第22页。
⑥ 胡锦涛:《高举中国特色社会主义伟大旗帜 为夺取全面建设小康社会新胜利而奋斗》,人民出版社2007年版,第15页。

社会发展的决定性力量；人民群众是生产力中最活跃、最革命的因素，创造了社会的物质财富和精神财富。胡锦涛同志指出，相信谁、为了谁、依靠谁，是否站在最广大人民的立场上，是区分唯物史观和唯心史观的分水岭，也是判断马克思主义政党的试金石"。[①] 因此，人民性是唯物史观的根本特性。中国特色社会主义指导思想始终坚持人民性原则，与唯物史观的人民性高度一致，因此，中国特色社会主义指导思想的哲学基础是唯物史观。

[①] 中共中央宣传部理论局组织编写：《科学发展观学习读本》，学习出版社2006年版，第21页。

| 国外马克思主义研究专题 |

全球化下的中国劳动关系及工会职能定位探析

内容提要：在社会主义市场经济的确立过程中，雇佣关系的出现和发展使中国的劳动关系发生了剧烈变化。由于我国尚处于社会主义初级阶段，资强劳弱的形势依然存在，在某些地区和部门，工人权益甚至还遭受了严重侵害。在全球化背景下，中国的劳工处境、劳工政策和工会维权能力都倍受关注，在此情景下，中国工会提出了鲜明的口号："组织起来、切实维权！"但要从根本上扭转其较为严重的去功能化现状，需要正确认识和处理工会与党的关系、工会的相对独立性问题；树立工会主要是工人群众维权的经济性组织；官方工会与官办工会要区分开来；保障工人的工会组织权；尊重工会的民主与自我管理原则等观念。工会要着重从经济、政治、文化三项职能入手，维护和保障工人合法权益。

关键词：全球化 劳动关系 工人 工会 职能定位

作者戈铭，中国社会科学院马克思主义研究院，助理研究员（北京 100732）

改革开放三十多年来，随着中国外向型经济的发展，全球化的浪潮也汹涌而至。全球化对中国劳动关系的影响，以1992年邓小平同志南巡讲话为标志区分为两个阶段：第一阶段为社会主义市场经济的确立前期，即改革开放前期（1978－1992年），中国的外向型经济初见规模，大量工人加入到全球市场的劳动分工中来；第二阶段为改革开放中期至今即1992年至今，中国经济已完全融入世界市场，并建立了以公有制为主体、多种所有制共同发展的经济体制。中国成为拥有世界最庞大劳动大军的"世界工厂"，而中国工人也在此情景下成为"世界工人"，他们在为全世界生产价廉物美的商品的同时，其境遇也影响着其它国家工人的境遇，但更重要的是，这也使中国的劳动关系发生了巨大变化，出现了新情况,对中国工会的职能定位提出了新的要求。

一、全球化下的社会主义市场经济的确立与发展

20世纪80年代以后,西方右翼政党的理论和政策在资本主义各国占据主导地位,推行了解除管制、私有化、削减或取消社会福利计划、变累进税为递减税以及限制工会等一系列新自由主义政策措施,导致资本在劳资关系中的主导作用逐渐增强,工人阶级则在一定程度上产生分化,且其整体状况趋于相对恶化,工会的力量和作用逐渐减弱①。中国社会主义市场经济的确立伴随着劳动力市场的形成和雇佣劳动关系的逐渐普及,在这一过程中,剧烈变动的劳动关系对计划经济条件下形成的工会职能定位提出了紧迫的新要求。

(一)劳动力市场的形成

改革开放之前,中国不存在"市场"意义上的劳动力市场,劳动力分配基本在政府主导下进行。在当时的城乡二元经济结构下,农村劳动力向城市流动很罕见,同时,城市中的私人用工也不多见,不可能形成宏观意义上的劳动力市场。

改革开放前期(1978~1992年),随着个体、私营经济的出现,出现各种国家计划之外的劳动用工行为,农村居民也开始到城市寻找工作机会,全国性的劳动力市场开始形成。到20世纪90年代初,三资企业、私营经济尤其是劳动密集型企业的大量建立,使市民和农民在集体和国营企业之外寻找到大量工作机会。随着上亿的中国农村富余劳动力加入劳动力市场,世界上最大的单个劳动力市场也随之形成。由于企业并未被强制要求向不享受市民待遇的农民工提供必要的社会保障,这些工作、工资标准都很低的农民工,成为中国廉价劳动力的主力军。

劳动力市场的形成与社会主义市场经济的建立是同步的。到1990年代初期,中国已经形成了一个由国有和集体企业、乡镇企业、私营、个体经济及"三资"

---

① 英国的撒切尔政府80年代初以一种彻底的反工会立场宣布取消战后英国所形成的劳资合作、协调一致的共识,对工会活动进行了严厉的打击和限制。例如,1980年、1982年、1988年《雇佣法》和1984年的《工会法》取消了声援、支持罢工的权利和工会的豁免权。美国里根政府则以1981对国家航空空中管制员罢工的强力镇压确立了新自由主义的统治。在法国,80年代的吉拉斯政府开始制订一系列雇主可以任意解雇雇员、限制工会罢工权利的法案。

企业用工共同构建的劳动力市场,其特点是用人单位多层次、劳动力数量巨大、劳动人口素质偏低、流动性强,劳动市场供需不平衡,劳动力供给远远超过市场需求等等。

(二) 劳动关系的新变化

第一,雇佣关系的出现与发展。1980年开始在中外合资经营企业中实行劳动合同制。1982年2月,在全国试行劳动合同制,1986年,发布了《国营企业实行劳动合同制暂行规定》,在国营企业中全面推行劳动合同制。1994年,企业全员劳动合同制或合同化管理逐步推开。截止到2002年,在非公有制企业中工作的职工总数已达3.09亿人,约占全社会就业总量的42%①,这些人和22542万名农民工一样都是雇佣劳动者。在那些实行股份制改造的公有制企业,其职工也不再是纯公有制关系下的劳动者,而是带有雇佣性质,这样的职工人数也越来越多。

第二,弱势化。在非公有制企业中工作的职工对生产经营没有发言权这是无疑的,在公有制企业中,职工地位也日益弱化。国有企业改革扩大企业自主权主要是扩大领导的权力,职工代表大会和工会起不到应有的作用,职工的主人翁地位没有得到体现。总体来看,工人群众的地位在改革后下降了,有些还恶化了,工人阶级整体处于弱势地位。

第三,矛盾频发。调查证明,改革以来生产工人的劳动积极性和劳动生产率下降幅度最大②。从企业内部看,国有企业推行合同制、承包制等改革后,工人阶级的经济和社会地位均下降了,工人与企业经营管理者的利益差别拉大了,矛盾增加了,表现为大量罢工、怠工、上访、游行等事件的发生。

(三) 1992年《工会法》与工会的职能定位

依据改革开放以后剧烈变化的劳动关系形势,1992年4月3日新的《工会法》开始施行。这是自1956年中国宣布进入社会主义以后制定的第一部社会主义性质的工会法。对于工会的职能与定位,《工会法》第5条规定,"通过各种途径和形式,参与管理国家事务,管理经济和文化事业,管理社会事务;协助人

---

① 2004年4月28日,"中国就业论坛",全国工商联副主席谢伯阳。
② 冯同庆:《工人阶级内部阶层规范变革及其相关问题》,《管理世界》1996年第2期。

民政府开展工作，维护工人阶级领导的、以工农联盟为基础的人民民主专政的社会主义国家政权。"工会的主要工作和任务是"发动和组织职工努力完成生产任务和工作任务"、培养"四有"劳动者。

工会的权利、义务与实现工会的职能定位紧密相关，从权利、义务的设定可以判断工会的职能定位究竟处于一个什么样的水准，是否符合时代对工会职能定位的要求。1992 年《工会法》对工会权利、义务的设定大多基本上局限于"工会有权提出意见"或"反映的职工群众的意见和要求"，至于问题的解决，则主要取决于"有关单位或部门的协助或纠正"，并没能给出，如果工会提出的意见和要求没能得到解决，能得到怎样的司法救济，只能得到"县级以上各级总工会可以为所属工会和职工提供法律咨询服务"。工会的政治地位也不高，"第 28 条……（政府）对涉及职工利益的重大问题，应当听取同级工会的意见。"

在"第四章工会的基层组织"中，只提到有"全民所有制和集体所有制企业事业单位以及机关工会委员会"和"外资企业的工会"，没有关于的私营企业的工会组织问题。因此，私营经济体中是否建立工会，建立怎样的工会，《工会法》并无涉及。当时已经成为国民经济重要组成部分的私营经济，吸纳了相当多的劳动力，如何代表和维护这部分人数众多的劳动者的利益，在当时的《工会法》中还是一个空白。1950 年工会法（第 1 条）还有关于"无固定雇主的雇佣劳动者，均有组织工会之权"的规定，而在 1992 年，中国早已出现大批无固定雇主的雇佣劳动者，新工会法却忽略了他们的工会组织权。对因日益增长的劳动纠纷事件和劳资矛盾而出现的罢工行为，1992 年《工会法》却以"停工"或"怠工"这样的概念进行模糊化，既不符合实际也难以指导工会在罢工事件中进行有效工作。这些缺陷不能不说是滞后于时代和工人的需要，影响了其维护工人阶级利益的职能的发挥。

从整体评价上 1992 年《工会法》，应该肯定从新民主主义时期的工会法到社会主义时期的工会法体现了历史的进步，但是其也存在着缺憾，那就是由于工会权利义务设定上的模糊性、局限性，而使工人群众难以借助工会维护好自己的利益，同时，制度上的缺陷加上工会职能的行政化趋向，使工会在现实生活中难以发挥好维护职能。因此，1992 年的《工会法》在制度设计上存在的缺陷和现实的制约均使工会的职能得不到很好的实现。

二、融入全球化：形势严峻的劳动关系

(一) 改革开放中期至今的劳动关系形势

20世纪90年代以后，随着苏东社会主义阵营的瓦解和国际垄断资本主义的迅猛扩张，这一时期的全球化使"强资本弱劳工"的格局进一步强化。改革开放中期（1992~至今）随着社会主义市场经济体制的确立，中国与世界的经济联系日趋紧密，并在2001年12月11日加入世界贸易组织（WTO），这是中国经济与全球经济融合的阶段性标志。这一时期的劳动关系形势随着雇佣关系的普及而趋向紧张。

全球化是资本主宰的全球化，而且主要是发达国家跨国公司主导下的全球化。随着全球化得到广泛传播的是新自由主义，它的主要观点是，主张私有制，强调市场机制是万能的，反对政府干预社会经济生活。推崇自由市场，要消除贸易壁垒，反对福利国家制度，反对工会。与经济上的自由主义相对的是政治上的保守主义，新自由主义在政治上极为反动，对内压制劳工运动和进步力量，对外以帝国主义方式到处干涉别国内政。在新自由主义的视野里，劳动力和资本、原材料一样属于生产要素，必须服从和服务于资本追逐利润的需要。

中国以其大量的廉价劳动力资源博得了国际资本的青睐，1979-2008年，我国吸引外商直接投资（FDI）累计达8526.2亿美元，是发展中国家中吸引FDI最多的国家①。中国企业用廉价的劳动力和资源换取微薄的利润，虽然使中国成为"全球工厂"，但因中国仍处于全球产业链的低端，一旦发达国家尤其是美国出现严重的经济危机，中国将极有可能成为转嫁危机的地区，2007年爆发并蔓延至今的全球性经济危机已使中国面临严峻的经济形势。

在新自由主义思潮的影响下，部分经济学家们声称，低廉的劳动力价格是中国最大的比较优势，中国应该大力发展劳动密集型产业，这种优势不仅可以让中国成功吸引外资，还可以解决中国劳动力过剩的问题。在这种思想的影响下，随着GDP标准被引入到对地方官员的考核体系，地方政府之间甚至为吸引投资而争相压价，更不惜以牺牲劳工利益来博取资方的青睐。顺从而低廉的劳动力是确

---

① 国家统计局网站，www.stats.gov.cn。

保招商成功的必要条件之一。所以，中国劳工在非公有性质企业的劳动关系保障问题在这样的情景下，并没有得到应有的重视，后来对劳工权益愈演愈烈的侵害可以说是此种发展思路的必然后果。

严峻的劳动关系形势主要表现在以下几方面。

第一，中国的"三农问题"尚待解决，农民工问题又成为新的热点。这一群体，在数量上正在成为中国工人阶级的主体，虽然处于社会最底层，但其能量不可小觑。例如，自2000年至2004年，珠三角地区农民工因维护自身权益而产生的群体性事件从2405起增加到4008起，参与人数从2001年的16万多人次增加到2005年的25万人次。①

第二，中国的实际失业率相当高，就业形势严峻。1993－2002年，全国的国有单位就业人员由10920万人减少到7163万人，下降了52.45%，集体单位就业人员由3393万人减少到1122万人，下降了66.93%②，城镇实际等待就业岗位的人员比率接近8%③，这么高的失业率在任何一个国家都是相当危险的。同时，下岗职工这一巨大群体是国企改革成本的主要承受者，生活十分艰难，也是社会不稳定因素的所在。

我国人口多，就业压力大，未来五年甚至更长一个时期，劳动力供大于求的矛盾仍将存在。到2010年，我国劳动力总量将达到8.3亿人，城镇新增劳动力供给5000万人，而从需求情况看，劳动力就业岗位预计只能新增4000万个，劳动力供求缺口1000万左右。体制转轨时期遗留的国有、集体企业下岗失业人员再就业问题尚未全部解决，国有企业重组改制和关闭破产过程中职工分流安置的任务繁重，高校毕业生等新成长劳动力就业问题、农村劳动力转移就业问题和被征地农民就业问题将凸显出来④。因此，在21世纪就业问题将困扰我国多年。

第三，劳动争议案件持续激增、劳动关系中的矛盾日益突出。

---

① 蔡禾、李超海、冯建华：《社会学研究》2009年第1期
② 汝信、陆学艺等：《2004：中国社会形势分析与预测》，社会科学文献出版社，2004，1，第314页。
③ 沈琴琴：《中国劳动关系的变革与工会工作的主要目标》，《工会理论与实践》，2003年第17卷第六期。
④ 《劳动和社会保障事业发展"十一五"规划纲要（2006年—2010年）》，人力资源和社会保障部网站，www.mohrss.gov.cn。

| 国外马克思主义研究专题 |

当前中国的经济增长主要得益于外向型经济的拉动,因此,地方政府出于引资和发展的动机,会愈加严密地控制劳工成本和劳动关系,限制有组织劳工力量的兴起,甚至放任企业违法用工,致使劳动关系动荡不安[1]。另外,随着国际经济形势的恶化,资方也会以压缩劳工权益的方式确保利润率,从而加剧劳资矛盾。从 2005 年至 2009 年上半年,各地劳动争议仲裁机构共受理劳动争议案件 202 万件[2],2009 年上半年也达到 34.9 万件[3]。2010 年除连续发生多起罢工事件外,还发生了劳动者连续跳楼自杀的恶性事件,造成了恶劣的社会甚至国际影响。目前,劳资纠纷不断、劳动关系恶化已经成为影响我国经济社会稳定发展的重要隐患。

随着经济结构的进一步调整,就业压力的增大,劳动者地位有恶化之虞,对劳动者权益的侵害如果得不到及时限制和解决,劳动争议的预防和处理工作将面临更大压力。

第四,与发达国家不同,全球化并没有造成中国产业工人队伍的缩小,反而是在持续增长之中。欧美国家将很多传统产业如纺织、制造业等转移到了发展中国家,第三产业中服务业、高科技产业等的兴起,使传统产业工人队伍严重萎缩,从事高薪工作的专业技术人员增多,加上欧美国家高踞全球分工的最顶端,有能力从超额利润中分出一小部分给工人以换取社会稳定,还能利用顶端优势对发展中国家转嫁危机,所以在不改变现有国际力量对比的情况下,其国内的劳资冲突尚不能对其国内稳定造成实质性损害。但中国正在向工业国迈进,工人阶级队伍仍在成长壮大之中,据全国总工会统计,目前进城务工人员以平均每年 500 万人的速度递增。如果农村转移出 2 亿多的富余劳动力都加入工人阶级队伍,那么,中国的工人阶级队伍将是"没有最大,只有更大"。因此,目前的社会结构呈"金字塔"型,即数目最大的两个劳动阶级:工人阶级与农民阶级处于这个金字塔的底部,而随着贫富差距、东西部差距、城乡差距的进一步扩大,这一金字

---

[1] 汝信、陆学艺等:《2004:中国社会形势分析与预测》,北京,社会科学文献出版社,2004,1,第 286~287 页。
[2] 国家统计局网站,www.stats.gov.cn。
[3] 黄镇东:2009 年 10 月 30 日在全国人大十一届第十一次会议上通报《中华人民共和国工会法》执法检查情况。

塔结构的底座还有加宽加厚之势。金字塔结构在自然界可以说是非常稳定的结构，但是在社会结构中，这一结构却是非常危险的：处于底层的人越多，居于上层的人就越危险。

第五，收入分配差距越来越大，据估计，当前中国城市居民家庭财产的基尼系数为 0.51。① 中国已经成为世界上收入分配差距最大的国家。现在，物质财富增多了，相对贫困与绝对贫困反而向更多的人群扩散，社会矛盾愈加复杂。现在是必须重视工会对劳动关系的调整的时候了，贫富差距既然在短期内不可改变，那么从那些富人手中拿回工人应该得到的工资和合法权益总还是做得到的。工会的任务愈发紧迫了。

总之，加入 WTO 后，劳动关系亦进入了一个持续动荡不安的时期，工人阶级将会更多地承担由此产生的改革成本，面临更大的失业、工资福利保障削减和生活水平下降的风险。②

美国兰德公司曾对 2005 – 2015 年影响中国经济发展的不确定因素作了评估，涉及八大风险因素，其中位居首位的是"失业、贫困和社会动乱"（其他依次是腐败对经济的影响、艾滋病及传染病影响、缺水和污染、能源消耗及价格上涨、脆弱的金融系统和国企、国外直接投资下降的可能、台湾海峡和其他地区冲突）③。

我们发展中面临的问题和"软肋"，美国人都看得很清楚。这些问题的存在，使我们面临极为复杂的国际、国内形势。上个世纪，西方曾利用团结工会的兴起，成功地在波兰实现了和平演变。帝国主义从来不会放弃利用社会主义国家的内部矛盾来演变、分裂这些国家的企图。在这种形势下，中国必须更为用心地应对劳动关系，避免牵一发而动全身。而解决好中国的劳动关系问题，中国面临的内患就可以减少大半，从而工会的职能定位问题在中国不仅仅是一个组织机构的

---

① 汝信，陆学艺等：《2004：中国社会形势分析与预测》，社会科学文献出版社，2004，1，第 289 页。

② 汝信，陆学艺等：《2004：中国社会形势分析与预测》，北京，社会科学文献出版社，2004，1，第 286~287 页。

③ RAND：china'scontinuedeconomicprogress：possible adversities and obstacles, 5th annual CRF-RAND conference, Beijing, October31, November1, 2002

建设问题，而且是一个事关国家安全与稳定的政治问题。

（二）工人阶级队伍的特点及其分层演化

恩格斯在《共产党宣言》1888年英文版上的加注是这样定义无产阶级（即工人阶级）的："无产阶级是指没有自己的生产资料、因而不得不靠出卖劳动力来维持生活的现代雇佣工人阶级。[①]"在中国现阶段，工人阶级应包括以工资收入为主要生活来源的体力及脑力劳动者。

这一时期工人阶级队伍的主要特点是：

第一，劳动力人口数量巨大，工人阶级队伍日益壮大。到2009年底，全国就业人员77995万人，比整个西方发达国家的4.3亿人还多出3亿多人。2009年城镇就业人员31120万人，算上新加入工人阶级队伍的农民工——其人数到2009年末达22978万人[②]，中国工人阶级队伍应不低于5亿人，占城乡从业人员多数。

第二，农民工成为新时期工人阶级队伍的主力军。到2009年末约有22978万人的农民工，其中外出农民工数量为14533万人[③]。

第三，劳动者在收入分配格局中处于弱势地位，工人社会地位下降。

工资收入占GDP比重过低。国际劳工组织公布的数据显示，2000年至2005年，中国的人均产值增长了64%，但工资总额占GDP的比重却从12%下降到11%，延续了1980年代以来不断下降的趋势。作为制造业大国，目前中国制造业领域的劳动力价格比印度还要低10%。而在成熟市场经济体中，初次分配后，劳动者报酬占GDP的比重，美国接近于70%，其他国家和地区普遍在54%至65%之间[④]。根据一次调研（注：指由中国社会科学院马克思主义研究院承担的《关于我国企业职工权益保护状况的调研》）的问卷统计，83.2%的企业职工月

[①]《马克思恩格斯选集》第一卷，北京，人民出版社，1995年第2版，第272页。
[②]《2009年度人力资源和社会保障事业发展统计公报》，人力资源社会保障部，www.w1.mohrss.gov.cn。
[③]《2009年度人力资源和社会保障事业发展统计公报》，人力资源社会保障部，www.w1.mohrss.gov.cn。
[④] 徐平生：《上海证券报》2006年8月14日，转引自吴忠民：《中国劳动政策问题分析》，《当代世界与社会主义》，2009年第2期。

工资额在当时的个税起征点 1600 元以下①。

在此背景下，工人社会地位急剧下降，一项调查显示，在职业选择上仅有 1% 的人愿意做工人②。

第四，劳动者在岗位流动加大的同时收入差距也逐步拉大。劳动者可以在劳动力市场根据自己的能力、水平和意愿选择职业，在单位、地区、部门之间自由流动。收入差距拉大。具体表现为不同地区、行业、所有制单位职工收入的增长幅度不一，不同群体之间的收入差距有所扩大。企业的经营职位和一般职位间的收入差距普遍在 20 倍以上，在一些企业甚至更大③。一部分职工由于企业经营不好或者自身的原因而下岗失业，收入减少④。

第五，就业层次的多样化。除了在国家机关、国营企事业单位就业的职工，还有在私营、外资企业和个体经济组织中就业的职工，还有大量的劳务派遣工、临时工、农民工，造成就业层次和方式的多样化。

我国劳动者群体（工人阶级），经过 30 年的改革开放，内部发生了较大分化，现在一般划分为以下五个层次：

第一个层次为，党政干部阶层。虽然作为工薪阶层，但是他们的社会地位、职业声望、享受的待遇都比普通的工薪阶层为高。这一阶层的总人数约占全国就业人口的 7% 左右、工人阶级总人数的 14%⑤。

第二个层次为，企事业单位的经营管理者（不是所有者）。由于收入分配改革向这部分人倾斜，因此这部分人的收入远较普通职工为高，该阶层约占全国就业人口的 3%，约占工人阶级人数的 6% 左右⑥。

第三个层次为，专业技术人员阶层。主要包括科教文卫等事业单位的专业人

---

① 程恩富、胡乐明、王中保、彭五堂等：《关于我国企业职工权益保护状况的调研报告》，《经济经纬》2009 年第 1 期。
② 毕诗成：《从仅有 1% 的人愿意做工人说起》见《羊城晚报》2007 年年 4 月 9 日。
③ 《中国居民收入存在六方面差距》：《参考消息·北京参考》2005 年 6 月 16 日。
④ 《人民日报》，2003 年 2 月 21 日，第十二版。
⑤ 数据来自陆学艺主编《当代中国社会阶层研究报告》中所称"国家与社会管理者阶层"（2.1%）和"办事员阶层"（4.8%）之和，社会科学文献出版社 2002 年第 1 版，第 10、18 页，转引自邵慧萍：《当代工人阶级内部分层》，《经济与社会发展》，2006 年第 7 期。
⑥ 邵慧萍：《当代工人阶级内部分层》，《经济与社会发展》，2006 年第 7 期。

员、企业和服务机构中的中高级技术人员、自由职业者。由于掌握现代化大生产所必须的科学技术与文化资源，就业能力和竞争能力强，收入较稳定且较高，生活质量较高，其人数约占全国就业人口的5%左右，约占工人阶级人数的10%左右①。

第四个层次是普通工人、职员，也就是工人阶层、普通劳动者。按照中国社会科学院的《当代中国社会阶层研究报告》，工人阶层的概念被界定为：工人阶层是凭借体力和操作技能直接操作生产工具，生产物质产品、提供劳务服务，或者为这些生产、服务提供辅助帮助，在管理与被管理关系中属于后者的群体。他们的收入属于社会中低水平，社会地位偏低，市场竞争力弱，抗风险水平不强。但这部分群体人数众多，根据统计，到2007年底全国在职职工已有近4.3亿多人，其中，城镇各种所有制及机关、事业单位共2.6亿人，乡镇及乡镇私营企业职工1.7亿人②。分离出去约占30%的企业事业领导、管理者和专业技术人员，估计目前普通工人、职员不低于3.01亿人（以上数字均不包括离退休工人数目）。

第五个层次是农民工，到2009年末约有22978万人的农民工。农民工干着最累、最脏、最危险、工资保障最低的工作，却没有基本的社会保障，工资经常被拖欠，社会地位低下，不管承认与否，农民工事实上处于社会最底层。

对于中国当代劳动者群体（工人阶级）的层次划分不仅是为了明了劳动者群体发生的分化，更重要的是以层次划分为标准，确定工会的职能定位。工会产生的历史告诉我们，工会是处于劳资关系弱势地位的工人组织起来捍卫自己的物质与精神利益不受任意侵害的产物。最初，工会的阶级基础是包括所有产业工人的，因为那时产业结构单一，工人阶级作为一个整体而为资产阶级所剥削。随着生产力的发展，有一部分人从传统的体力劳动阶层中分离了出来，进入了管理岗位、或因拥有特殊技能和知识而处于工人阶级的中上层。他们已经不是传统意义上的产业工人，他们的利益和一般工人和职员的利益有了很大的差别。

对于领导阶层、企事业单位的经营管理者阶层、专业技术人员阶层而言，他

---

① 邵慧萍：《当代工人阶级内部分层》，《经济与社会发展》，2006年第7期。
② 国家统计局网站，www.stats.gov.cn。

们虽然政治意义上属于工人阶级，但在经济与社会地位上却早已超越了普通工人，形成了与普通工人、职员不同的利益群体，这些阶层的成员也并不认同自己的身份是工人。因此一般意义上的工人仅包括后两个层次即工人、普通职员和农民工阶层。

总之，由于市场经济的发展，工人阶级出现了利益群体的三类分化，一类是由领导者阶层、企事业单位的经营管理者阶层、专业技术人员阶层这三个阶层组成的中上层利益群体，第二类是由普通工人、职员组成的下层利益群体，第三类是由农民工组成的底层利益群体。这三类利益群体有着不同的利益诉求。第一类群体中的专业技术人员阶层虽然在经济收入上较优越，但是由于与管理层存在着对立和冲突，其权益也易受侵害，因此，工会主要的保障对象应为第一类中的专业技术人员群体和第二、第三类群体尤其是后两类群体人员的利益。

（三）工会亟需保障普通劳动者的合法权益

中国有一部分经济学者从西方舶来了新自由主义的经济学，鼓吹私有化、全盘市场化、反对宏观调控、反对劳工权益等等，他们的理论把劳动力视同为与原料、土地、机器一样的生产要素，声称劳动力廉价有理，因为这就是中国的比较优势。人一旦被视为生产成本，就失去了人应有的尊严与价值。在资本的全球化面前，连西方的福利制度都遭到了冲击，资本家纷纷剥夺工人通过上百年奋斗得来的福利保障，西方工人为了保住饭碗也不得不谋求妥协。第三世界的中国劳工的处境也就更加不妙了。

首先，劳动报酬低，许多工人家庭的生活处于相对贫困或绝对贫困状态。据《中国教育人力资源问题报告》报导，1995 年—1999 年的制造业，每个劳动力的成本，中国是 729 美元，相当于美国四十分之一、日本的四十三分之一、韩国的五分之一、泰国的四分之一，甚至比印度还低。私营企业能够发展起来，外商投资者愿意到中国办企业，重要原因是低廉的劳动力成本。

在"廉价劳动优势"的大旗下，把人为的低劳动收入水平在"发展"的旗帜下合理化。得不到基本劳动保护的劳动大军的价格低到难以维持劳动力再生产的地步。廉价劳动的观念与实践，不过是生产力增长与大众消费不足这一资本主义深刻矛盾的典型例证①。

根据一项上海4000户入户调查，仅有1%的人愿意做工人②，而这1%的选择也许也是迫不得已才做出的。人们不禁发出感慨：看不起病、住不起房、上不起学、说不起话、抬不起头，当今谁愿做工人？1%的数据不仅反映了人们对工人社会地位的认识，也反映了这一阶层自身的不自信和不满。99%的人都不愿当工人，可现实却是几亿人口从事的正好是这一职业，这是相当危险的；廉价劳动力如果仅被看作是"优势"、是"要素"，那有关专家们一定是忽略了这一"要素"背后的人的情感和尊严可能会将这一强加在他们身上的"优势"变为劣势。

其次，劳动条件差，劳动权益缺乏坚实保障。很多污染企业、高危企业为了降低成本而不提供必要的安全、劳保措施，导致中国每年每万人因工致死、致伤、致残的比率都居世界前列，尤其在煤矿企业。已经有劳工活动人士认为，"中国的劳资关系已经倒退到欧洲19世纪工业革命时的水平，许多私营与外资企业的工人与资本主义发展初期的工人的可怜处境非常相似"。③ 很多农民工辛辛苦苦工作一年却拿不到工钱。

最后，劳动法律保障滞后。《劳动法》、《工会法》等相关法律法规虽然规定劳动者可以就劳动纠纷诉诸"调解－仲裁－法院诉讼"的合法程序，但是要走完这一合法途径需要漫长的时间。工人要投诉，先要经过协调和调解，再到劳动部门仲裁，而劳动部门只接受来自企业的要求仲裁的书面申请，不接受口头投诉。④ 由于诉讼时间长，劳工没有时间、金钱和精力与资方对抗。从整体而言，中国劳动争议处理机制面对错综复杂的劳动争议扩展态势仍显滞后。

大量的争议案件表明，处于工人阶级第四、第五层次的普通工人、农民工的权益遭受了严重的侵害，他们是被侵害的主体，他们亟需工会组织的保护和支持而工会也应该以他们的利益维护为主要工作。

---

① 林春：《什么是中国的比较优势》，《读书》2003年第3期。
② 任芳、田发伟：新华社北京4月7日电。
③ 汝信、陆学艺等：《2004：中国社会形势分析与预测》，北京，社会科学文献出版社，2004，1，第114页。
④ 郑功成、郑宇硕主编：《全球化下的劳工与社会保障》，北京，中国劳动社会保障出版社，2002.6，第117页。

（四）2001年《工会法》与工会的职能定位

面对劳动关系的变化，政府在2001年对1992年《工会法》的内容作了44项修改，在细节上扩充了92版的内容，并新增加了法律责任这一章，解决了92版工会法缺少工会司法救济的不足。

对工会维权职能的明确定位。在第2条增加了："中华全国总工会及其各工会组织代表职工的利益，依法维护职工的合法权益。"同时在第六条规定"维护职工合法权益是工会的基本职责"。这是对工会维权职能的明确定位，是2001年工会法的亮点。劳动关系矛盾是工会定位的基础，是工会存在和发展的前提条件，也是工会与其它社会组织的本质区别。"组织起来，切实维权"是新形势下工会工作的重点和中心。

由于实践中存在许多企业威吓、阻挠工人组建工会的现象，第3条与第11条均强调职工组建工会"任何组织和个人不得阻挠和限制"。再者，针对企业工会经常沦为企业领导的附庸的现象，新工会法第9条指出"企业主要负责人的近亲属不得作为本企业基层工会委员会成员的人选"。1992年工会法对工会委员任职期限没有作规定，工会会员选举工会委员缺少时间表，不利于工会领导层的换届。2001年工会法因此做出规定（第15条）："基层工会委员会每届任期3年或者5年。各级地方总工会委员会和产业工会委员会每届任期5年。"

借鉴国外建立政府、企业、工会三方的劳动协调机制，新工会法第34条规定："各级人民政府劳动行政部门应当会同同级工会和企业方面代表，建立劳动关系三方协商机制，共同研究解决劳动关系方面的重大问题。"1992年工会法没有关于的私营企业的工会组织问题，2001年对此作了补充："第三十七条，本法第三十五条、第三十六条规定以外的其他企业、事业单位的工会委员会，依照法律规定组织职工采取与企业、事业单位相适应的形式，参与企业、事业单位民主管理。"

最为重要的是，1992年工会法缺少针对工会工作的司法救济措施，造成工会法的"软弱"，而2001年工会法的第六章《法律责任》，无疑让工会的腰板"硬"了不少。对侵害工会合法权益的行为作了相关的法律规定，工会可以依照法律追究侵害方的刑法或民法责任。

这部新法的颁布有效地填补了许多1992年《工会法》的空白点，充实了工会的职能定位,应该说是一部与时俱进的工会法。不过,虽然现在"停工"现象甚为普遍,但工人仍缺少关于罢工权的法律保障,在资强劳弱的今天,不能不说是一个遗憾。比起前一部工会法,这部工会法的进步还是明显的,如果工会工作能切实按照该《工会法》的规定去实施,必然能够在很大程度上维护工人合法权益。

三、全球化下对工会职能定位的思考

经济全球化的不断推进,影响了各国劳资间的力量对比。许多发展中国家为吸引外资和实施出口导向战略,竞相制定优惠政策,对跨国公司采取超国民待遇,甚至采取"底线竞争"的做法,而很多跨国公司在将业务扩展到发展中国家的同时也将非工会化纳入公司的发展战略,典型的例子有沃尔玛。其后果不但使发展中国家的劳动者及其工会处于不利地位,还导致发达国家与发展中国家的工人阶级及其工会组织产生严重的"利益分裂"和冲突,强化了国际垄断资本的主导地位,世界劳工运动的主流不再是为了争取和扩大新的权益,而是为了保护原有的权益不被侵蚀。

在这样的背景下,虽然部分经济学家还以发展的名义放纵资本对劳工权益的侵害,虽然发展中国家间的"底线竞争"有愈演愈烈之势,但是在以资本的还是以劳工的利益为重这一现实抉择面前,中国政府选择了后者,近来推出的《劳动合同法》就有力地昭示了中国有能力在确保经济发展的同时保障劳动者的合法权益。

中国工会提出了鲜明的口号:"组织起来、切实维权!"但要从根本上扭转其严重的去功能化现状,需要正确认识和处理工会与党的关系问题、工会的相对独立性问题,树立工会主要是工人群众维权的经济性组织、官方工会与官办工会要区分开来、保障工人的工会组织权、尊重工会的民主与自我管理原则等观念。

(一)工会与党的关系问题

这个问题的首要原则只能是:工会必须接受党的领导,党要加强和改善对工会的领导。

中国共产党是工人阶级的先锋队,而中国工会是工人阶级的群众组织,这种阶级政治关系,客观决定了中国工会必须接受中国共产党的领导。因此,中国工

会与党的关系与资本主义国家工会与执政党的关系不同，不再是冲突的、对抗的，而是领导与被领导的、合作的、新型的工会与党的关系，二者共同致力于社会主义建设事业，致力于维护包括工人阶级在内的全体劳动人民的利益，致力于早日实现共产主义的伟大事业。但是，这并不意味着工会是党的系统的一部分，《工会法》总则第 2 条明确规定："工会是职工自愿结合的工人阶级的群众组织。"工会与虽然不是党的系统的组成部分，但工会与党都是社会主义社会的有机组成部分。

其次，党与工会在社会主义制度下的分工不同，不能够相互替代。

党的主要任务是领导国家和社会主要事务；工会的主要任务是作为联系党与群众的桥梁和纽带，团结和组织广大工人为建设社会主义而奋斗。在社会主义市场经济条件下工会的主要职责是维护工人的利益，保障工人的政治、经济和精神权益不受侵害。党与工会所代表的利益是整体与部份的关系，党代表着"最广大人民的根本利益"而工会则代表着工人阶级的包含着个体利益的整体利益。

再次，党对工会的领导主要是指政治领导。实现党对工会的领导主要有如下几种途径：（1）通过党员在工会内发挥先锋模范作用；（2）通过制定法律规章制度（体现了党的意志）来实现，如《宪法》、《中华人民共和国工会法》和《中国工会章程》；（3）通过指导工会贯彻落实党的方针、政策和有关群众工作的指示来实现；（4）帮助工会配备、建设好领导班子来实现。

最后，加强党对工会的领导，必须注意反对两种倾向：一种是把党对工会的领导变成对工会工作的包办代替，使工会事实上成为党委或行政的一个工作部门，完全丧失了依法独立自主开展工作的自主性；另一种是工会脱离党的领导，那将导致工联主义、工团主义和经济主义的泛滥，此时工会一旦被反动势力所利用，就会酿成巨大灾难，波兰团结工会就是这样的一个例子。总而言之，工会与党的关系的基本原则是：工会必须接受党的领导，党要加强和改善对工会的领导。

（二）工会的相对独立性问题

工会的独立性与独立工会不可等同，工会工作必须尊重独立性。

团结工会与波兰剧变的关联，使很多人忌讳谈论工会的独立性，仿佛谈工会独立性就等于独立工会，就等于团结工会，就是脱离党的领导的非法组织。

工会的独立性与独立工会是完全不同的两个概念。前者是指工会在原有的系

国外马克思主义研究专题

统和体制内改革,寻求工作的自主与独立性,而不是像后者那样要在系统与体制之外谋求与官方工会分庭抗礼。工会的独立性是指工会是一个独立的工人阶级群众性组织,以宪法为根本活动准则,按照《中华人民共和国工会法》和《中国工会章程》独立自主地开展工作,依法行使权利和履行义务。

工会的独立性与工会自觉接受党的领导并不矛盾,而是对立统一的两个方面,既要坚持党对工会的领导,又要坚持在党的领导下工会独立自主地开展工作。有人借口独立工会而反对工会的独立性,以行政命令干涉工会工作,是非常危险的做法,因为作为联系党与群众的桥梁和纽带的工会一旦工作失去独立性,必然脱离群众,成为行政附庸,难有作为。在波兰,不正是由于工会缺乏独立性,才会由团结工会提出"独立工会"的口号,并一呼百应的吗?工会的独立性问题不解决,工会就很难实现维护权、监督权、参与权。工会的独立性不解决,工会就容易成为政府的下属机构和企业的行政部门。因此,独立工会与工会独立性不可等同,必须赋予工会独立性,而这个独立性是从工会在党的领导下全力维护工人利益这个角度来说的。

尽管独立工会在中国是非法的,但不断上升的劳动争议与工人不满的增长为"地下工会"组织提供了动力。现在,有些地方出现了民间自发成立的类似于工会的"工人非正式组织"。"工人非正式组织"是指未经法定程序认可的劳动者自发组织的维权团体,这些维权组织有时以地下帮会的形式出现,其产生有着深刻的社会背景。如在企业改制、关闭破产的过程中,工会未能充分发挥维护职能,职工的合法权益得不到保护甚至受到严重侵害;工会和职工民主参与的渠道不畅,特别是职代会制度名存实亡等等,这常常使劳动者只能靠别的途径——如上访等——解决问题,而上访本身就又给社会稳定造成了现实问题。有的走投无路者甚至会采取跳楼、持刀威胁等激进手段来达到维权目的,这些事例已经是屡见不鲜的了。

在2010的一系列罢工事件中,反映出的一个基本事实是这些罢工都是绕开了工会组织而展开的。有些工厂主甚至抱怨正是由于平时工会工作不到位,没有及时沟通劳资关系而致使工人直接起来罢工。

值得注意的是,在经济发展较快、劳资关系复杂的沿海和其他地区,一些工人非正式组织已经形成了一定的规模。广东省总工会副主席表示,当前大量工人游离于工会组织外,合法权益受到侵害也得不到维护,"他们正成为敌对势力与我们争夺的目标。"工会组建率低和职工入会率偏低,已经成为一些企业劳动关系紧张,乡族势力、宗教势力和其他形形色色非正式组织在企业中重新冒头的原因[①]。原中华全国总工会书记处书记刘实认为,职工维护自己的权益而发生群体事件时,职工却甩开党政和工会组织,自发地组织起来。美国等西方反动势力,妄图支持成立与党和政府对立的所谓"职工维权组织",必须高度警惕。

西方"和平演变"势力一直谋求控制中国工人运动的走向,他们也许希望能再造一个"波兰版"的中国剧变。一旦地下工会被那些并不具有社会主义理想而是向往资本主义的人所掌握,这种地下工会的性质就会转变,就会成为反对派颠覆社会主义的工具。不解决工会工作的独立性问题,工会就会脱离工人群众的需要,而有被地下工会悄悄取代的危险。

(三)工会首先是一种经济性组织

在西方国家工会是以维护和改善雇工的劳动条件,提高雇工的经济地位为主要目的,由雇工自愿组织起来的团体,在市场经济条件下,工会首先还是一种谋求劳动者利益最大化的经济性组织,最多算是一种准政治组织。在现代市场经济体制下,它的主要舞台是在"市场"、上演的内容是"经济",而不是指向政治斗争。

在西方国家,工会力量普遍强大,工会经常因与企业的谈判破裂而举行罢工,但从来也没有一个西方国家因为工会领导罢工而发生社会主义革命,反而使资本主义延缓了死亡的到来,因为,资本家们明确地知道,没有共产党的领导,工会可以组织谈判、抗议甚至罢工,但最终都只是达到有效调节劳资关系,解决劳资矛盾的目的。历史证明,工会由准政治组织演变为政治组织参与政治斗争,必定是有一个政党或准政党力量在其后指导并推动其实施政治行动,如果缺少这一条件,工会不会自发或者说很难发展成为一个政治组织。从另一面说明这个事实的是,如果工会没有得到党的正确领导,它就会因无政府主义、工团主义和经济主义的泛滥而使"党对无产阶级工会以及无产阶级领导、教育和组织半无产阶

---

① 郑功成,郑宇硕主编:《全球化下的劳工与社会保障》,中国劳动社会保障出版社,2002.6,第122~124页。

级和小资产阶级劳动群众的作用"① 被完全撇开和取消,而沦为狭隘的行会组织。那么,在社会主义市场经济条件下,由于共产党对工会的领导,就能够确保工会不会由于实践维护职能而转变为反社会的组织,就能够确保工会在劳方、资方和政府的"三方协商机制"中扮演合格的"经济人"角色。

列宁在新经济政策实施后就认为,资本主义的发展是工会存在的一个重要原因。因为实行新经济政策后,劳资之间的阶级利益的对立无疑又出现了,所以工会有责任保护工人阶级的利益,为此,甚至应该着手设立罢工基金。此外,国营企业实行经济核算(也就是实行商品经济)以后,有可能造成企业行政方与工人群众在利益上的某种对立,从这个角度看,工会也应该努力保护工人的利益②。因此在社会主义市场经济条件下,一定要改变工会做大做强了就会演变为危险的"政治人"的角色的观念,还工会以"经济性组织"的本来面目。在健康有序的现代市场体制中,工会是一种重要的平衡性社会力量,而不是激进社会变革的领导者。惟有如此,工会才能在实际工作中理直气壮地为工人的合法权益奔走、呼吁。

(四) 官方工会与官办工会要区分开来

相对于民间组织来说,工会是官方性质的。但是官方工会并不应等同于官办工会,即官员主导工会工作,大小事务都由领导决定,工会工作只对上级负责。

官办工会的最大弊端就是脱离群众。作为职工自愿结合工人阶级的群众组织,工会的阶级性与群众性的结合,决定了工会在组织方式、工作方法上只能走"从群众中来,到群众中去"的群众路线。工会各级组织要按照民主集中制原则建立,各级工会的委员会由会员大会或者会员代表大会民主选举经党委同意而产生,而不应是领导任命指派。各级工会委员会向同级会员大会或者会员代表大会负责并报告工作,接受其监督,而不是只向上报告、对上负责。工会会员大会或者会员代表大会有权撤换或者罢免其所选举的代表或者工会委员会组成人员。在实践中,某些官员对《工会法》和《工会章程》没有认真学习领会,对待工会

---

① 列宁:《关于党内的工团主义和无政府主义倾向的决议草案初稿》,《列宁选集》第4卷,人民出版社,1995年,第475页。

② 列宁:《关于工会在新经济政策条件下的作用和任务的提纲草案》,《列宁全集》,第42卷,人民出版社,1972年,第366~367页。

仍是沿用政府的管理体制，在组织上指派任命，在工作中凡事发文习惯于行政命令，致使工会行政化、官僚化、去群众化趋向严重。按照《工会法》和《工会章程》的规定，认真执行有关工会的组织原则，才符合群众组织、群众办的原则。市场经济条件下，工人阶级的利益必须有工会组织的代表，这个利益代表的需要是客观存在的，如果官方工会的官办方式不能及时清除，工会不能很好地代表和维护工人利益，那种自发的、地下的"工会"就会如野火般滋生，结局难以预料。

（五）民主与自我管理原则和工会组织权

据1986年全国总工会和各级地方工会对全国职工队伍的抽样调查，"起码有40%左右的职工群众不认为工会是他们自己的组织"。据1988年总工会进行的问卷调查（64万份），60%以上的职工对工会工作评价不好，只有9.1%认为工会能替职工说话办事①。笔者曾先后两次深入工人区，在和山西某国有煤矿、武汉某冶炼厂工人的访谈中，当问及企业重大事项是否通过工会或职工代表大会时，工人们表示，工会和"他们（领导）是一伙的"、"职代会是走形式，（表决）就是你不举手也要通过，他（领导）会反复开会搞到你疲倦直到同意为止。况且职工代表不是海选产生的，基本上是领导指定的。"对于工会，工人们认为工会主席应该让工人自己选举，而不是上级或单位领导指定，工会主席要竞选，发表竞选演说，就职后根据竞选承诺考核政绩，如果未兑现就应该下台。工会主席应该一年一竞选，避免官僚化。工人们认为，成立工会的形式并不重要，程序最重要。必须依法选举工会委员，选举工会主席。

在2010年罢工事件中，我们也注意到一些工会不仅没有履行维护职能，反而是站在工人对立面，反对甚至以暴力手段阻挠工人罢工。工人们在罢工中谴责工会不仅不支持甚至妨碍工人维权，强烈要求工会人员应在一线工人中选举产生。

某市的出租汽车司机们为反抗将集体性质的企业私有化，曾自发组织工会，

---

① 参见《瞭望周刊》，1988年4月25日，专题报道《工会现状及工会的改革》，第9－17页。全国总工会，《工会改革的基本设想》，北京，中国国际广播出版社1988年11月版，第29页。

但是他们为之奔忙了一年多也没能成立工会，司机们说"工会是群众组织，但却不能由群众组织！"。甚至还有工会干部借宣传《工会法》之名，大骂团结工会没有好下场，威吓司机们不要"私自"组织工会，但又不支持甚至对工人成立工会设置障碍。这种做法深刻地反映了现在许多干部对于工会首先是群众性组织这一本质缺乏科学认识的现状。目前，关于工会地位的主流看法，还是党必须加强对工会的领导说得比较多，强调工会必须独立自主地开展工作的说法不是没有而是不多。

工会的领导主要是由领导指派、任命，并且在很多情况下是由企业或单位领导兼任，这种做法不仅损害了普通工会会员的选举权与被选举权，而且在实际工作中，工会领导同时又是单位领导，在面对工会与单位的矛盾冲突时，当然是站在单位利益的一边。工会的权力和存在价值因此被消解。因此，只有工人掌握工会的组织权力，工会的职能才有可能完全为那些真正需要工会的人所实现。

总之，工会应该坚持群众组织、群众办的原则，应主要由工人群众组织工会；保障会员的选举权与被选举权，保证会员对工会的民主管理权。

四、全球化下对工会职能定位的探析

全球化时代的来临，使劳工权益的保护迫切而又艰难。一方面，资本的扩张和强势使劳工权益倍受挤压，来自劳工的反抗则有强力反弹之势；另一方面，资本的自由流动又给以经济发展为政绩考量的政府（尤其是在依赖外来投资的地区）以不小的压力。在社会主义市场经济条件下工会依法维护劳工权益的工作，必须综合以下几个方面来推进，才能搞好本职工作。

（一）经济职能

1. 维护和保障工人合法经济权益的职能

维护和保障工人阶级的合法经济权益是工会工作的首要目标。

波兰剧变的经验教训告诉我们，要使社会主义事业经受住考验，只有首先保证和满足工人阶级及其他劳动人民生存和发展的需要。工会在社会主义市场经济条件下，要切实维护和保障工人的合法经济权益，避免工人的相对贫困和绝对贫困，避免工人处境的恶化，尽量提高工人的生活水平，使他们的工资收入和经济权益能够随着生产的进步而提高。具体来说，在公有制企业中必须切实贯彻工和职工代表大会代表工人监督、管理企业的权力，防止公有资产流失并保障工人合法权益不受侵犯，而在私有制企业中必须由工会代表工人签订集体合同、监督合同执行情况，在工人合法权益遭受侵害时，工会有权举行多种形式的抗议，包括罢工在内，直到企业改进为止。

2. 协调、稳定劳动关系的职能

离开工人的活劳动，任何资本都是不能自动增值的。

现代化的大生产越是发展，工人的怠工与反抗所造成的损失就越大，为了避免这种损失，将资本主义的生命尽可能地延长，发达资本主义国家实行工会、雇主、政府的"三方协商机制"（又称社会伙伴关系体系）就是为了协调劳资关系，缓和阶级矛盾推出的有效办法。

有一个现象值得注意，即面对2010年以来频发的罢工潮，资方也抱怨工会在劳资关系中的缺位，正是没有工会这一中介组织在事前使工人与资方沟通造成了如今的局面。

允许工会代表工人成为市场经济的积极参与者而不是缺席者，是建设现代市场经济尤其是社会主义市场经济的必要条件，否则，随着财富增长的不是和谐而是仇恨与斗争。重视工会的市场经济的稳定器的作用，就是充分要发挥工会协调、稳定劳动关系的职能，切实保障工会实现代表工人与资方谈判，签订集体合同的职能。

3. 监督管理国有经济的职能

列宁认为，苏维埃政权是吸引群众参加管理的政权，是亿万群众的事业，没有民主，没有广大人民群众参加管理，就没有社会主义。列宁之所以如此重视工人参加管理，除了认为它是社会主义民主的本质要求而外，还有一个重要原因，就是他科学地预见到，在剥削阶级被打倒、私有制被铲除以后，官僚主义将成为社会主义内部侵犯工人阶级利益的主要因素。吸引和组织广大群众参加管理，是同社会主义政权内部官僚主义作斗争的主要（但不是惟一）的方法。

近年来社会主义的经济基础——国有或集体企业在近些年来的改制中遭受了很大的削弱，有关国企改制导致国有资产流失的案例不断出现。腐败分子的巧取豪夺为何屡屡得手？主要原因就在于国有企业内部缺乏有效、及时、到位和强有力的监管。尽管国有企业内有纪检部门，上有领导机关，但长期以来纪检部门的

国外马克思主义研究专题

独立监督的地位名存实亡,加上厂长、经理责任制的盛行,更加大了企业内一把手的权力,形成了行政权力一枝独秀的局面。企业内部的监管形同虚设,上级的外部的监管也往往是走过场,不深入企业内部,不深入职工群众,无从掌握企业真实情况。因此,在行政监管效用低下的情况下,以工会为载体,组织职工群众民主管理企业,工会代表工人拥有对企业使用人、财、物的监管权,成为用"群众雪亮的眼睛"监管国企、防范腐败的最好工具。

《工会法》对工会的权利和义务作了一系列规定,但其主要内容围绕工会如何保证职工的权利不受侵害来说的,没有清楚地说明,工会作为国有企业的主人"工人阶级的群众组织"如何来"组织职工依照法律规定参加本单位的民主管理和民主监督(《工会法》第7条)",在实践中职代会制度也形同虚设。

既然工人是国有企业的主人,那么主人就应该拥有至少是监管企业行政权力的权力,但目前的《工会法》并没有把这一点写进去。应该赋予工会以这样的权力。如果工会只能保护工人的权利而没有权力(权利是一种法律保护的利益。当某人拥有权利时,意思是说,他依法能享有什么或应该享有什么,这是权利的框架概念。而权力则是根据自己的目的去影响他人行为的能力)限制和监管当权者的话,工人的权利不仅得不到有效的保护,甚至会被手握权力的人侵害权利,这就是权利和权力的差别之所在。要管住当权者,手中没有权力简直是"画饼充饥",要达到工人阶级管国家财产的目的,非赋予工会以监管权力不可,这一权力应该这样描述:"工会在国有企业中拥有监管企业使用人、财、物的权力,这一权力应由工会组织的企业职工代表大会具体行使,工会工作人员由企业职工代表大会选举,工会工作人员有权对企业财务及经营状况进行实时监管,企业所做重大决定,如投资、破产、兼并等等须经过企业职工代表大会的表决。"

(二) 政治职能

1. 反官僚主义、反腐败职能

工会监管国有经济可以有效防止国有资产流失,这是从经济层面来说的,经济与政治从来是一个硬币的两面,从政治层面来说,工会参与监管国有经济也就同时具有反官僚、反腐败的职能。列宁在《工会的作用和任务》中指出,工会参加经济管理并吸引广大群众参加这一工作,也是同苏维埃政权的经济机关的官僚化作斗争的主要办法,并且提供对生产成果实行真正的人民监督的可能性。

我们党历经多少坎坷、磨难才取得今天的成绩。但是应该清醒地看到，在市场经济条件下，有多少党员干部经受不住金钱、美色、权欲的诱惑，纷纷倒在了糖衣炮弹下，成为可耻的官僚腐败分子。人民群众对此深恶痛绝，外国反动势力对此窃喜不已，他们以为，波兰剧变前的那些引起严重公愤的现象又在中国出现，制造一个波兰式的和平演变势不久矣。"从群众中来，到群众中去；一切为了群众，一切依靠群众"，这一群众路线，不仅应该是我党在革命战争时期取得胜利的法宝，更应该成为我们党在市场经济条件下抵御腐败、反对官僚主义的法宝。创业难、守业更难，一个个反腐倡廉的文件告诉我们，以胡锦涛同志为总书记的党中央清醒地意识到了治理党内腐败、官僚的重要性、紧迫性。借助工会这一联结党与群众的桥梁和纽带，团结工人阶级，党就能够借助无数双雪亮的眼睛、无数只警觉的耳朵，监督、威慑那些心怀不轨的人，从根本上将腐败与官僚消灭在新形势下"人民战争"的汪洋大海中，党的执政基础必将更为稳定。让波兰式的和平演变成为一个永久的历史遗迹而再不复演。我们党能自觉接受群众的监督，就能够立于不败之地，把反动势力妄想从内部攻破堡垒的希望破灭。

2. 维护工人的政治权益、维护社会主义国家稳定的职能

工会是社会经济矛盾的产物，这是从经济学的角度来说的。从政治学的角度来看，工会是社会阶级矛盾的产物。在市场经济条件下，工人已经认识到，政治上没地位，经济上就没地位，只有争取政治地位，才能争取和保证经济地位。

如果工会不能代表工人维护工人应有的政治地位，那么在发生社会危机时工会必将被工人抛弃或成为工人反对的对象，波兰工会就是这样的例子。维护工人的政治地位意味着工会不仅要参与到涉及劳动者切身利益的政策制定中去，也要参与到对社会影响较大的各种政策的制定过程中去；党和政府要倾听和吸取工会集中的工人意见和要求并据此制定符合工人利益的制度、措施。工会的这一政治职能存在的原因在于，第一，我国虽然已经是社会主义国家，但官僚主义仍在一些地方和部门存在，官僚主义还在侵害着工人群众的利益；第二，由于市场经济的发展，劳资之间的阶级利益的对立无疑又出现了[①]。协调处理这些矛盾成为工会

[①] 郑桥：《列宁斯大林工会理论比较研究》，《俄罗斯研究》2002年第1期总第123期，第80页。

的重要政治任务。在社会主义社会,工会维护工人合法政治权益,不仅可以减少社会危机和矛盾,而且有利于吸引和组织广大工人群众到工会组织中来,巩固党的阶级基础,从根本上说是有利于社会主义制度的稳固和发展的,是有利于工人阶级根本利益的。这种维护既维护了工人阶级群众,也维护了社会主义国家,两种维护的目标是一致的。

(三) 文化职能

1. 教育职能

列宁提出,工会是教育的组织,是共产主义的学校,认为工会不应该是国家政权机关,而应该是普及共产主义理想的学校,是工人群众学习管理的学校,是学习主持经济的学校。这样,工会才能为实现劳动者对社会的管理作好准备,打下基础,同时为实现共产主义培养接班人。

两千多年的封建社会历史和市场经济的存在和发展,使我国群众不仅受封建思想残余而且还受资产阶级、小资产阶级思想意识的影响和毒害,因此,共产党和领导文化教育工作的机关以及工会中的全体共产党都应该重视在工会中同这些思想意识作斗争,加强抵制这些思想意识对工人群众的影响。工会的教育目标一是提高广大工人群众的觉悟,提高他们对共产主义的理解和认识,培养共产主义信仰,自觉抵制腐朽落后思想的侵蚀;二是组织工人参加企业管理、经济计划的制定,参与国家各项经济建设,使工人熟悉经济生活的整个情况,实地训练工人和全体劳动者来管理全国国民经济;三是组织工人反对官僚主义、反对资本的压迫,提高工人的阶级斗争水平。

2. 文化工作职能

文化工作职能是指,工会要依据工人群众的文化和精神需求,开展文化工作。其具体内容主要包括文化知识培训以及开展各种形式的、有益身心的文体活动,丰富工人群众的文化精神生活,提高工人群众的道德水准和科技文化素质职能。

结 语

面对全球化,首要原则是趋利避害。利用全球化带来的资金、技术等等,为我们创造经济和社会效益,这是趋利。但不能因为要利用这些因素而损害劳工的权益，这就是避害。不能为了一时的经济发展就损害最大的经济和社会效益——人自身的优质生产和再生产，否则全球化对于我国来说就是害。没有我国人民来享受由全球化带来的发展成果，而是由他们来承担全球资本在华增殖的成本：付出健康、资源和环境代价，这是最坏的结局。因此，工会要在全球化时代勇于承担维护劳工权益——也就是将维护最广大人民权益的担子扛在肩上，就是维护了中华民族最根本的福祉，因为，我们的江山、我们的力量就是来源于这亿万的普通劳动者。

美国《时代》周刊评出的 2009 年最具影响的"时代风云人物"榜中，中国工人位列第二。《时代》周刊的评价称，中国经济顺利实现"保八"，在世界主要经济体中继续保持最快的发展速度，并带领世界走向经济复苏，这些功劳首先要归功于中国千千万万勤劳坚韧的普通工人。中国工人以自己的辛勤劳作和血泪汗水铸就中国经济奇迹的同时还要负担世界经济走出危机的重任，我们的工会一定要以爱惜和保护好我们时代最可爱的人——千千万万普通劳动者的权益为已任。

社会主义市场经济条件下的工会职能定位，说到底必须以维护社会主义的政治经济基础为出发点，也就是要以维护工人阶级的政治经济地位为出发点，这样才能确保改革不改向，不让中国人民在资本全球化的时代背景下成为西方反动势力"和平演变"的牺牲品。

在经济格局出现巨大变动的情况下，工人的地位下降了，但是这并不是历史的终结，工人的地位随着社会的发展还是会再度提高，这是不可逆转的历史潮流。

我国的工会职能定位基本上是符合工人阶级当家作主的需要的，但应该在社会主义市场经济的新形势下不断改进创新，以适应生产发展、社会进步带来的劳动关系的变化，以更好地维护工人阶级在新形势下的合法权益。

截至 2009 年底，我国基层工会组织已累计达到 184.5 万个，全国工会会员总数达到 2.26 亿人，一年来新增会员 1417.3 万人，其中农民工会员 798.3 万人①。我们有理由相信，这个会员人数居世界第一的组织在维权能力上通过不懈努力也能够达到世界的一流水平。

主要参考文献

一、著作与教材

[1]《列宁选集》[M] 北京，人民出版社，1972 年第 2 版。

[2]《马克思恩格斯选集》[M] 北京，人民出版社，1995 年第 2 版。

[3] 斯大林：《斯大林全集》[M] 北京，人民出版社，1957 年。

[4] 汝信、陆学艺、李培林：《2004 年：中国社会形势分析与预测》[M] 北京，社会科学文献出版社，2004，1。

[5] 郑功成，郑宇硕主编：《全球化下的劳工与社会保障》[M] 北京，中国劳动社会保障出版社，2002.6。

[6] 孙中范、冯同庆、常凯：《新编工会学》[M] 北京，人民出版社，2001。

[7] 陆学艺：《当代中国社会阶层研究报告》[M]，北京，社会科学文献出版社，2002 年。

[8] 刘祖熙、刘邦义：《波兰战后的三次危机》[M] 北京，世界知识出版社，1992。

[9] 国际劳工局编：《2000 年世界劳动报告》中华人民共和国劳动和社会保障部国际劳工与信息研究所译，北京，中国劳动社会保障出版社，2001，9。

[10] [美] 大卫·科兹，弗雷德·威尔：《来自上层的革命——苏联体制的终结》[M] 北京，中国人民大学出版社，2002。

[11]《中华人民共和国工会法》[M]. 北京，2001 年 10 月 27 日。

[12] 全国总工会：《工会改革的基本设想》[M] 北京，中国国际广播出版社，1988 年 11 月版。

二、论文

[1] 姜凯文：《工会与党-国家的冲突：八十年代以来的中国工会改革》，《香港社会科学报》，1996 年第 8 期，页 123 – 124。

[2] 张允美：《理顺与冲突—中国工会与党 – 国家的关系》，《二十一世纪》2003 年 9 月号。

[3] 郑桥：《列宁斯大林工会理论比较研究》，《俄罗斯研究》2002 年第 1 期总第 123 期。

---

① 郑莉、于宛尼：《中国工会会员数逆势增长再创新高》，中国工会网，2010 年 2 月 24 日。

国际金融与欧债危机下
发达资本主义国家社会主义运动的现状与发展前景

于海青

【内容提要】 国际金融和欧债危机的发生,推动了发达地区社会主义运动一定程度上的复兴。欧美共产党在反资本主义斗争中表现活跃,发达国家尤其是西欧地区的罢工运动也呈现复苏态势。资本主义危机对处于低潮的西方社会主义的未来发展具有积极影响,社会主义力量目前的重要任务是利用危机实现自身力量的发展和壮大。

【关键词】 国际金融危机　欧债危机　西方社会主义运动　现状与前景

2008年初以来,由美国"次贷"引发的全球金融动荡迅速蔓延,拓展至全球诸多国家和地区。在金融危机的剧烈冲下,整个世界经济步入了"严冬",欧美等发达资本主义地区遭受的影响尤为严重。2009年下半年,伴随着主要资本主义国家经济下滑放缓,复苏迹象隐约可见,所谓"后金融危机时代"似乎已然到来。但出人意料的是,在金融危机的阴霾尚未完全消散之时,欧债危机的海啸又咆哮而至。从2009年4月爱尔兰出现财政危机,到12月希腊债务问题曝光,再到西班牙、葡萄牙、意大利,欧洲地区的债务危机愈演愈烈,发达资本主义经济再次面临重大考验。

在国际金融和欧债危机形势下,西方发达国家的社会主义运动在经历了长达20年的相对沉寂之后呈现一定程度的复兴态势。一方面,作为社会主义运动直接载体的欧美各共产党表现活跃。它们纷纷解析危机,阐释党的观点和立场,并组织、参与了各种形式的反抗斗争。另一方面,以罢工抗议为主要表现形式的西方各国工人运动也掀起了一个小高潮。与经济危机的发生周期同步,各种规模、层次的罢工抗议斗争在发达资本主义尤其是西欧各国此起彼伏、连绵不断。国际金融和欧债危机的发生，直接推动了社会主义思想、力量和运动的复苏。发达地区社会主义的复苏，给苏东剧变后处于发展低潮的世界社会主义注入了生机和活力，带来了新的希望和机会。

一、国际金融和欧债危机下欧美共产党的斗争与资本主义批判

国际金融和债务危机发生后，欧美共产党积极组织集会、游行、罢工或者在议会内提出议案，来对抗各自政府的"救市计划"和"紧缩方案"，表达其维护劳动者利益的立场。同时，也通过发表声明、宣言或接受访谈等方式，阐释危机产生的动因、根源和实质，深刻剖析金融和债务危机的后果与发展趋势，并提出了各自应对危机的策略主张。

(一) 危机发生后发达国家共产党的行动与举措

面对严峻的经济形势，欧美共产党举行各种活动，利用各种场合，阐述自己的立场、观点和主张，其主要行动和举措包括以下三个方面：

第一，通过举行集会、抗议示威和组织领导罢工运动，彰显党的政治立场。国际金融危机发生后，法共发起组织了多场集会和游行示威，如2008年9月—11月，法共组织的活动包括：在巴黎和马赛15000名共产党员参加的示威活动；80000人参加的"保卫公立学校"游行活动；"反对政府操纵和支持邮局私有化"的游行活动；"争取住房权"的全国性游行示威等。希腊共在国际金融危机以来连续在雅典等主要城市参与发起罢工游行，反对希腊政府的私有化计划及其针对养老金体系进行的改革。2010年债务危机全面曝光后，希腊共多次举行抗议集会，并通过它在1999年酝酿建立的工会组织——"全国劳工斗争阵线"（"All-Workers Militant Front"，简称PAME，是由具有阶级倾向的产业工会、联合会、劳工中心和工联主义者组成的一个工会联盟）组织发起了一系列罢工行动，如2月10日和24日PAME分别在全国66个和70个城市中组织了数十万人的24小时大罢工；3月份参与组织了4次全国性大罢工；4月21-22日在全国69个城市举行48小时罢工；5月6日在全国68个城市举行群众性集会游行；6月23日在全国60个城市举行罢工游行，抗议政府的紧缩政策及其对劳动者权力的侵犯。

第二，通过举办国际会议和国际研讨会，分析危机形势、明确自身任务。危机爆发以来，各国共产党组织召开了两次国际会议：一是 2008 年 11 月来自全球 55 个国家的 65 个共产党在巴西圣保罗召开的世界共产党和工人党第十次国际会议；二是 2009 年 11 月来自全球 57 个共产党和工人党的 89 名代表参加、在印度德里召开的第十一次世界共产党和工人党国际会议，各国共产党代表们围绕资本主义世界经济危机、工人阶级和劳动人民的社会斗争、共产党的国际联合斗争等问题进行了广泛深入的探讨。此外，有的共产党还组织了一些地区性的理论研讨会，共商应对资本主义危机的斗争策略。如葡萄牙共产党 2009 年 5 月在里斯本组织召开了题为"为建立一个和平与合作的欧洲而奋斗：反对军事主义、反对《里斯本条约》"的国际研讨会，来自塞浦路斯、捷克共和国、法国、德国、希腊和西班牙的共产党和进步政党代表出席。

第三，通过召开新闻发布会、发表宣言和文章等形式，提出党的看法和主张。如荷兰新共产党、比利时工人党和卢森堡共产党联合召开记者招待会，解析经济形势。英国共产党发表题为《为什么国有化不是社会主义？》、《不计后果的银行贷款》等文章，敦促政府采取"为了人民而非大公司"的政策。德国的共产党发表《将银行国有化和社会化》宣言，阐明德共关于危机的立场、主张。葡萄牙、希腊共产党多次发表宣言和声明，分析这场资本主义危机的根源、影响及表现，并提出应对策略。处于金融危机漩涡中心的美国共产党，发表了党主席塞缪尔·韦伯撰写的《金融系统与当前危机》长文，系统阐释了危机的经济动因及其对工人阶级的影响，呼吁建立一种支持工人阶级和全体劳动人民的新的经济治理模式。随着 2009 年末欧债危机的蔓延，作为危机发源地的希腊、葡萄牙、西班牙、意大利等四国共产党迅速做出反应。四国共产党和共产党主导的左翼联盟发表题为《危机和南欧：欧洲左翼的回应》的联合声明。葡萄牙和西班牙共产党召开两党领导人会议，发表联合声明，提出两党应对危机的战略策略。希腊、葡萄牙等共产党还相继发出《我们必须行动起来》、《关于危机的解决方案》等与大资本权力相抗衡的倡议和建议。

（二）围绕国际金融和欧债危机的思考和分析

对于"前所未有"、"有史以来最严重"的国际金融危机，资本主义政府大多将其归咎为"金融市场上的投机活动失控"、"不良竞争"或"借贷过度"，并

国外马克思主义研究专题

希望通过"规范"资本主义以达到解决危机、恢复繁荣的目的。与之不同,欧美国家共产党既看到了监管缺位、金融政策不当、金融发展失衡等酿成这场危机的直接原因,又反对将危机简单归结为金融生态出现了问题。它们认为危机的产生有其深刻的制度根源,指出危机是资本主义固有矛盾发展的必然结果。

法共宣称,世界金融危机源于金融机构过度的贪婪,是政府错误的救市措施和金融机构转嫁危机举动相结合的结果。正是金融泡沫和实体经济瘫痪,瓦解了整个银行和金融系统,引发了金融危机,导致了世界经济步入萧条。然而,这场金融危机归根结蒂是资本主义制度的危机。它不是从天而降的,不是资本主义的一次"失控",而是资本主义的制度缺陷和唯利是图的本质造成的不可避免的结果。金融危机之所以发生,部分资本家在股市上玩火、投机活动失控等都只是表象,透过其面纱所映射出的资本主义制度的漏洞更应引起人们的关注。冲击全球的危机并非仅仅局限于金融或经济领域,它同时也揭示了政治上的危机、资本主义生产方式上的危机。①

美国共产党将国际金融危机形容为一场"完美的经济风暴",因为它涉及所有资本市场,影响到人们生活的方方面面。美共主席韦伯认为,虽然经济混乱由借贷引发,但在根本上是 20 世纪 70 年代中期以来"金融化"发展的必然结果。金融化是一把双刃剑。尽管它刺激了国内和全球经济的发展、推动了经济增长、延长了资本主义的上升周期,但也造成了美国和世界经济的不稳定,并最终导致出现了我们正在经历的深刻经济危机。金融化是新自由主义资本积累和治理模式的产物,也是美国资本主义体制的弱点和矛盾发展的结果,使美国和世界经济陷入新的断层。②

其它一些共产党也围绕经济危机产生的原因、根源提出了自己的见解。如德国的共产党指出,金融危机产生的原因不是银行家的失误,也不是国家对银行监管失利。前者只是利用了这一体系本身的漏洞,造成投机行为的泛滥。在新的垄断资本主义发展阶段,金融投机成为资本主义积累的主要工具。国际金融市场操

---

① Pierre Laurent, "Rapport de Pierre Laurent au 34ème Congrès du PCF", 法共网站 http: //www. pcf. fr/spip. php? article3293, Décembre 11, 2008.

② Sam Webb, "Finances and the current crisis: How did we get there and what is the way out?", 美共网站 http: //www. cpusa. org/article/articleview/988/1/44/, September 27, 2008.

纵着国家经济政策。这些金融市场现在陷入深刻危机之中。① 英国共产党也反对把金融危机主要归结为次贷危机的结果，而是强调新工党政府和伦敦金融垄断机构不可推卸的责任。② 与之类似，葡萄牙共产党认为不应该把这场危机仅仅解释为次贷泡沫的破灭，当前的危机也是世界经济的愈益金融化、大资本投机行为的结果。这场危机表明"非干预主义国家"、"市场之看不见的手"、"可调节的市场"等新自由主义教条是错误的。那些将一切都"诉诸于市场"以及支持"小政府"的人，今天也是积极主张国家干预的人。资本主义再次展示了它的本性及其固有的深刻矛盾。资本主义体系非但没有解决人类社会面临的问题，反而使不平等、非正义和贫困进一步恶化。③

在欧债危机的大背景下，欧洲一些共产党尤其是希腊、葡萄牙等国共产党对危机的原因、性质进行了深入探讨。这种探讨主要涵盖政策分析和制度批判两个维度。葡共总书记德索萨在接受《真理报》采访时着重强调欧洲范围内新自由主义建构的破坏性影响，指出目前葡萄牙正在经历的经济和社会危机，虽然是伴随国际经济危机的加剧和欧洲一体化进程的推进而发展起来的，但在根本上是几十年来右翼政党和社民党推行右翼政策的结果。他把这些政策概括为五个方面，即国有部门、关键经济部门以及国家的社会功能和公共服务的激进私有化政策；资本的高度集中，具体表现为财富分配的日益不平等和非正义，以及政治权力向经济权力屈从；通过削减实际工资、社会服务以及劳动和社会权利，对工人以及人们的普遍权力进行攻击；国家屈从于欧盟和北约指令的政策，这也是导致国家无力解决经济危机问题的核心之所在；民主的削弱，掩盖法西斯主义专政历史，剧

---

① Declaration of DKP's Executive Committee, "Nationalise and Socialise the Banks", 团结网 http：//www.solidnet.org/cgi-bin/agent? About_ the_ crisis/986german30oct08.doc, October 30, 2008.

② Jerry Jones, "Where did it all go wrong?", 团结网 http：//www.solidnet.org/cgi-bin/agent? About_ the_ crisis/985britaincp31oct08.doc, October 9, 2008.

③ Portuguese CP, "Statement by the Meeting of the CC", 葡萄牙共产党网站 http：//www.international.pcp.pt/index.php? option = com_ content&task = view&id = 263&Itemid = 36, October 27, 2008.

烈升级的反共行动以及扼杀工会运动①。

希腊共产党伦敦支部成员伊莎贝拉·玛贾拉博士（Isabella Margara）则从解析资本主义制度的运行规律的更深层面来认识当前危机。她认为，希腊和所有资本主义国家面临的是一场生产过剩的危机。隐藏在生产过剩之后的是资本积累过度。现在主要经济部门的平均利润率是在下降的。为了开启新的积累过程，必然导致部分生产力破坏、工厂倒闭、通货膨胀和冗员。这与社民党或自由党对"体系"的管理无关，而是资本主义发展的不可避免的结果。她也指出，目前确实存在着国家赤字问题，但必须看到，在这些赤字之后的是对大垄断集团的大幅减税、对大型银行的紧急援助、北约令人难以置信的军事支出和以发展资本主义为名施行的各种补贴。在希腊，目前显然存在着美国和欧盟、欧盟各国尤其是法、德两国之间的帝国主义竞争。愈益明显的是，希腊和欧洲的统治阶级正在利用赤字问题以推动新的反劳动政策。这些措施实际上在《马约》签署后一直就存在，其目标不只是为了退出危机，而是为了在经济周期接下来的发展阶段实现资本的稳定和高利润②。

（三）发达国家共产党摆脱危机的策略主张

欧美各共产党在批判政府的救市措施和紧缩措施的基础上，还提出了各自应对危机的策略主张。

各国共产党对政府应对金融危机的救市措施大多都持批判态度。如法国共产党强调，政府注资扶植国家银行体系，并非一个解决实质性问题的有力措施，相反是在牺牲公共利益去挽救资本家个人的损失。这证明了当今世界的资本主义像马克思主义者所分析的那样，是"国家垄断资本主义"。在这一体系下，国家完全而且只为垄断资本家服务③。美国共产党也认为，政府采取的那些试图通过不

---

① "Interview by Jerónimo de Sousa to 'Pravda'"，May 27, 2010，葡萄牙共产党网站 http://www.pcp.pt/en/interview-jer%C3%B3nimo-de-sousa-%E2%80%9Cpravda%E2%80%9D

② Isabella Margara, "KKE: Interview with the Greek Communist Party", May 13, 2010, http://en.wikinews.org/wiki/KKE:_Interview_with_the_Greek_Communist_Party?dpl_id=183203

③ Texte définitif du 34ème congrès du PCF, "VOULOIR UN MONDE NOUVEAU, LE CONSTRUIRE AU QUOTIDIEN"，法共网站 http://www.pcf.fr/IMG/pdf/TEXTE_ADOPTE_34EME_CONGRES_DEF.pdf, Décembre 14, 2008.

国际金融与债务危机下发达资本主义国家社会主义运动的现状与发展前景

危及大资本家的权力和财富来解决金融危机的举措,是国家垄断金融资本主义,或者形象地说是牛仔/赌场资本主义的举措①。荷兰新共产党、比利时工人党和卢森堡共产党在联合召开的记者招待会上指出,各国政府是在用纳税人的钱挽救资本主义体系,但这一做法同时也为新危机的发生打下了基础②。

为应对国际金融危机,各共产党提出了紧急性举措和长期性措施。紧急性举措是指一些恢复金融市场秩序、促进经济发展、改善人们生活的措施,包括对金融机构进行监督;建立完全透明化的银行体系;拒绝任何新形式的私有化;加快社会服务部门的现代化发展;提高薪酬和退休金;保障银行中小储户的存款;保证失业人员获得救助金;保障受危机影响无法还贷人的住房。英国共产党在其"左翼纲领"中,尤其提出了应取消公共补贴;加强政府干预;在银行业重建一个强大的公共部门;对富人征收财产税,对能源、银行和超市的垄断利润征收暴利税;冻结燃气、用电价格,燃气、电力和石油部门收归公共所有等措施。③ 此外,一些共产党还提出了深化改革的具体方案,如法共主张重新把资金投入到民生经济领域,并增加就业岗位;将一些私有化银行重新公有化,严惩以投机为目的的信贷行为;监管资本流向,严厉打击不符合规定的避税行为;在欧盟内出台新条约,维护工业和第三产业的发展。美国共产党倡导在政府和企业层面建立一种新的经济治理模式。这种新模式主要以"新政"的经验为范本,在构建过程中同时要考虑今天的政治经济发展条件以及工人和所有被压迫人民的要求。它将秉承和平和平等原则,将使能源和金融部门变为公有,将使经济和社会去军事化。美共认为,这不是一种社会主义的模式,但将对资本主义代理人的权力和实践构成挑战。④

面对严峻的债务问题,欧洲各国尤其是南欧的希腊、葡萄牙、西班牙等国政府纷纷严厉紧缩政策,大幅削减政府开支。这种应对危机的做法遭到各共产党的

---

① Sam Webb, "Finances and the current crisis: How did we get there and what is the way out?", 美共网站 http://www.cpusa.org/article/articleview/988/1/44/, September 27, 2008.

② CP of Luxembourg, "Press conference of PTB, KPL and NCPN on financial crisis", 团结网 http://www.solidnet.org/cgi-bin/agent?About_the_crisis/995luxembourg7oct08.doc, October 7, 2008.

③ CP of Britain, "Communists demand Policies for the People, not big business", 团结网 http://www.solidnet.org/cgi-bin/agent?About_the_crisis/992britain8oct08.doc, October 8, 2008.

④

激烈反对。它们认为，首先债务问题的严重性被过分夸大了，希腊的经济形势并非外界所宣传的那样濒临破产或没有外界干预（政府紧缩政策）就不能生存。而且，危机不是某个或某些国家的问题，它是整个欧洲的问题，是欧盟的新自由主义建构的问题①。其次，人为的、选择性地渲染公共赤字问题，实际上是试图通过金融投机来对最为脆弱的国家经济进行掠夺，这是以对劳动的进一步剥夺和数百万工人的贫困化为代价来实现构筑大资本利润的目标的部分内容。对主权国家的干预和敲诈，揭示了大国尤其是德国推行的资本主义集中和积累政策的阶级性。②。再次，各国采取紧缩政策来处理危机，实际上是通过剥夺工人利益来满足资本家的利益，来帮助私有银行摆脱困境，这一政策使得欧盟范围内的失业和贫困增加。各国共产党尤其对希腊等国提交的稳定计划进行了批判，认为这些计划提高了增值税，降低了工资和福利。同时，由于从欧洲中央银行的贷款利率（约1%）与其购买政府债券的价格（在希腊是6－7%）之间存在差价，欧洲私有银行的利润率大大增加了。这些新自由主义的稳定计划，完全是掠夺工人而服务于银行、投机者和大资本的计划，是掠夺弱国而服务于那些控制欧洲资本主义一体化进程之国家的野心的计划。

那么，如何化解当前的债务危机呢？欧洲各共产党提出了增强实体经济和就业率，财富再分配方面实现更多公正，以及实现权力和所有权的民主化的原则，指出除此之外，没有任何危机退出战略。在这一原则基础上，各国共产党也提出了一些应对危机的具体措施，主要包括：所有欧洲机构的首要工作要放在解决就业、工资和养老金问题上；对金融投机交易征税，废止欧洲各国间的免税政策；建立欧洲公共的评级机构，国家不再是服务于投机利益的私营评级机构的抵押品；允许欧盟成员国在合理的利率基础上借贷欧洲债券。希腊共产党为应对危

---

① "Joint declaration-Crisis and the European South: The response of the European Left", March 4, 2010, 欧洲左翼党网站 http: //www.european-left.org/english/home/news_archive/news_archive/zurueck/news-archive/artikel/crisis-and-the-european-south-the-response-of-the-european-left/

② Communiqué of the Central Committee of Portuguese Communist Party, "The future of Portugal is being compromised We must act! We must urgently say "Enough"!", May 17, 2010, 葡萄牙共产党网站 http: //www.pcp.pt/en/future-portugal-being-compromised-we-must-act-we-must-urgently-say-%E2%80%9Cenough%E2%80%9D

机，重申了其一直以来倡导的构建自力更生的"人民的经济"的设想，指出为了发展这种人民的经济，必须要找到一种满足人民的需要而非利润的需要的解决所有制问题的方法。这一方法包括：基础性的生产，如能源、通信、交通等，归社会和国家所有；教育、健康、福利和社会安全部门是完全公共的免费系统；中央计划调控的经济机制将动员起全社会的劳动力和资源；在互利的基础上利用一切可能开展建设性的国际经济合作等等①。

欧美共产党对资本主义危机的分析批判及其组织开展的实际斗争，是当前世界社会主义运动发展的新亮点。其围绕危机进行的思考和批判深刻揭露了危机的本质，其针对政府的反危机政策进行的斗争也对各国大资本的权力形成了有效冲击。对西方共产党来说，目前尚面临着继续深化反资本主义斗争的重要任务，而如何在斗争中推动自身力量的发展壮大，以及进一步将反资本主义的斗争与争取社会主义的斗争有机结合起来，将成为其面临的巨大考验。

二、国际金融和债务危机下西欧工人运动的复苏

2010年初以来，伴随着一波又一波罢工抗议浪潮的迭起，自金融危机发生后逐渐呈现复苏态势的发达国家尤其是西欧地区的工人运动掀起了一个小高潮。英国《独立报》为此刊文认为，这些抗议行动"预示着自1968年革命狂热以来欧洲大陆最大规模的公众反抗斗争的开始"。②的确，经过20多年的沉寂之后，西欧地区迎来了新一轮工人反抗斗争的热潮。触动了资本主义经济根基的金融和债务危机是推动这一热潮出现的直接原因，而由于经济形势的突出变化，当前西欧地区的工人斗争也展现出一些新的特点与发展趋势。

（一）从平稳转向激烈的西欧工人运动

早在2008年，西欧各国零散出现的罢工抗议行动标志着新一轮工人斗争已经开始酝酿。斗争高潮的发端，是2009年1月底法国爆发的250万人抗议政府

---

① Al. Papariga, "KKE's proposal-Solution for the crisis", May 10, 2010, 希腊共产党网站 http://inter.kke.gr/News/2010news/2010-05-12-sinenteyxi

② Sean O'Grady, "Greece leads Europe's winter of discontent", Feb. 24, 2010, http://www.independent.co.uk/news/world/europe/greece-leads-europes-winter-of-discontent-1908527.html,

| 国外马克思主义研究专题 |

经济政策的全国性罢工,这也是全球金融危机在发达地区引爆的第一次大规模罢工。此后,各种罢工抗议一发不可收。除法国连续出现百万人参加的全国性罢工示威外,葡萄牙、意大利、希腊、挪威、瑞典、英国、爱尔兰、德国陆续发生了几千人到几十万人不等的罢工游行。进入 2010 年,罢工抗议行动更加频繁。从德航、法航、英航的飞行员罢工,到法、英等国的公务人员罢工,再到举世瞩目的希腊全国大罢工,工人斗争席卷西欧资本主义世界。

本轮工人运动的兴起,与国际金融和债务危机双重夹击下西方各国的经济衰退显然存在密切联系。自二战后前所未有的经济衰退直接造成了失业率的大幅升高和劳动阶层的贫困化。根据欧洲委员会的统计①,危机爆发以来西欧各国的失业率一直呈现上升趋势。截至 2010 年 5 月,欧元区 16 国的平均失业率为 10%,创 21 世纪以来新高,其中失业率最高的国家依次是西班牙、爱尔兰、葡萄牙、法国,分别为 19.9%、13.3%、10.9% 和 9.9%(希腊的统计数字至 2010 年 3 月,为 11%)。与居高不下的失业率相呼应的是物价上涨,欧元区各国的平均通货膨胀率一度曾高达 4%。在这种严峻的经济形势下,劳动阶层的实际生活水平不断下滑。盖洛普公司的调查结果显示,在金融危机期间,大约有 20% 的欧洲家庭入不敷出,曾经陷入没钱支付账单、没钱购买食品和日常消费品的窘境。在一些经济问题突出的国家,劳动阶层的贫困化尤为严重。西班牙"社会学研究中心"(Centro de Investigaciones Sociologicas,CIS)的调查指出,该国约 70% 的工人认为自己的经济状况糟糕或非常糟糕。法国《费加罗报》的统计结果也认为,西班牙 20% 的人口生活在贫困线以下,年收入不足 7,753 欧元②。

经济状况的恶化逐渐累积为普遍的社会不满。在西欧,这种不满情绪以两种激化的冲突形式表现出来:

一是劳资冲突的激化。随着一些行业在经济衰退中遭受重创,行业发展危机凸显,为挽回颓势,纷纷采取各种手段如裁员、降薪等来控制成本,从而直接导致了这些行业的劳资关系恶化,劳资纠纷增多,进而引发了罢工潮。在此类罢工

---

① 参见欧洲委员会统计数据 http://epp.eurostat.ec.europa.eu/tgm/table.do?tab = table&language = en&pcode = teilm020&tableSelection = 1&plugin = 1

② Alejandro López and Paul Mitchell, "Spanish Communist Party seeks to re-found United Left", Feb. 8, 2010, http://www.wsws.org/articles/2010/feb2010/pce-f08.shtml

中，在西欧众多国家发生的航空业罢工是典型代表。航空业是受金融危机影响最大的行业之一，西欧地区的亏损尤为严重。为应对危机，各航空公司纷纷采取措施以求降低成本，而直接或间接降低职工待遇或大量裁员则成为普遍采用的一种方式。例如，自金融危机发生后德航飞行员频遭变相降薪，连续21个月没有增加工资；2009年9月，法航表示通过自愿离职计划裁减大约1500个工作岗位。11月英航也宣布裁员1200人以降低经营成本，并计划到2010年3月份共裁员4900人。裁员恐慌和福利保障的下降直接导致了2010年2月德航4000名机师的集体罢飞。以此为发端，法国、英国、葡萄牙、意大利航空业工会相继宣布罢工计划，航空罢工潮席卷欧洲。

二是劳动者与政府间冲突的激化。除通过罢工来宣泄激化的劳资矛盾外，劳动者抗议斗争的另一目标直指政府。在近两年的救市行动中，西欧各国政府的财政杠杆严重倾斜。一方面，斥巨资挽救摇摇欲坠的银行和金融系统，并大力推行各式各样的企业援助计划，以帮助陷入融资困难的大资本家；另一方面，则纷纷出台财政紧缩政策，如减少财政拨款和公共部门岗位、削减福利、冻结公务员增薪、加税等，以期降低财政支出。这些举措极大危害到普通劳动者的利益，直接造成了劳动者与政府间矛盾的激化。目前西欧发生的罢工，大都是对政府应对危机政策的回应。抗议者提出了"我们要钱，不能都给老板"、"尊重劳动者"、"增加工资"、"分享企业生产的财富"等口号，要求政府在经济危机中更好地保护工人与消费者的利益。罢工尤其是百万人以上的大罢工产生了巨大社会影响，造成了运输和其它公共服务的瘫痪以及巨额的经济损失。2010年，随着债务危机的蔓延、失业率的攀升以及各国政府紧缩政策趋向严厉，大规模的罢工明显增加，抗议行动愈趋激烈。有学者因此指出，"欧洲工人正变得越来越难以驾驭"[1]。

（二）当前西欧地区工人运动的发展特点

苏东剧变后的近20年来，西欧工人运动的发展一直相对平稳。虽然围绕政

---

[1] Sean O'Grady, "Greece leads Europe's winter of discontent", Feb. 24, 2010, http://www.independent.co.uk/news/world/europe/greece-leads-europes-winter-of-discontent-1908527.html。

| 国外马克思主义研究专题 |

治、经济、社会权利的工人斗争时有发生，具有一定规模的罢工抗议也屡见不鲜，但从波及范围、发生频率、斗争强度以及社会影响上看，当前正在上演的工人反抗斗争确实为近年之最。与以往相比，危机下的西欧工人罢工斗争呈现出一些显著特点：

1. 运动的跨国性、跨行业性和国际性特征明显

当前的罢工浪潮席卷了绝大多数西欧国家，不是通常情况下的一国现象，而是明显的多国行为，展现出不同以往的跨国性特点。这些罢工斗争有时同时发生，有时前后相继，虽非地区性联合斗争的结果，但在实践中彼此呼应、相互影响，对反劳动的资本和权力形成了很大冲击。罢工斗争有的是行业性的，如在本轮罢工中表现抢眼的航空业罢工、公务员罢工；但大多数罢工是跨行业的，如2010年5月的希腊全国大罢工中，250万罢工民众分别来自学校、法院、政府机关和公共服务部门等各行各业。本轮罢工运动的另外一个显著特征，是近年西方各国罢工斗争中很少出现的大规模国际支援与合作。这一方面表现为国际性的言论支持，如今年以来在希腊发生的诸次罢工就得到了来自世界各国众多共产党、工人党、工会和联合会通过声明、宣言等方式提供的积极支持。另一方面也出现了一些国际性的行动支持。如在3月的英航机组员工工会罢工中，来自美国、澳洲、西班牙、法国、德国、意大利等航空或交通工会就表态将会采取一些"同情性"行动，如在不违反安全规定的前提下寻求方式阻碍英航班机正常运作等。国际联合斗争与合作，极大强化了工人斗争的实际效力。

2. 经济斗争唱主角，政治主题交织其中

这次西欧的罢工潮形成于全球金融危机和欧洲债务危机的特定背景之下，因此提出的大都是经济吁求，比如保障就业、提高工资和购买力水平、提供更多的教育支持、反对超时工作、反对削减福利和推行紧缩政策等等。运动中也有一些政治性声音，如法国、意大利等国的罢工斗争中提出了现政府下台的要求；有些激进的左翼组织和人士把斗争矛头对准资本主义制度，指出完全的自由市场经济是危机的根源，提出了"资本主义是危机的源头"等口号，并在罢工游行中打出了"我们拒绝为资本主义的危机付账"、"资本主义经济'有病'……我们让它[①]死掉吧"等字样。同时，一些政治主题的运动也穿插在普遍的经济斗争中，如西欧各国围绕哥本哈根峰会进行的运动动员、法国反对邮政私有化运动、意大利移

民要求合法居留权运动以及反对环境破坏的"我们不要 TAV"运动等等。但总的来看，这些政治主题无不与经济问题，尤其是危机下新的经济形势联系密切，是经济现象在政治上的要求和反映。

3. 运动的激烈程度与国家经济状况和政府政策相关

在西欧不同国家，工人抗议斗争水平存在显著差异：经济运转越好，抗议行动越少；反之，经济状况越糟糕，反抗斗争就越激烈。如在经济状况相对较好的卢、荷、奥等国，罢工抗议较少出现；而面临严峻经济形势的法、希、意、葡、爱等国，罢工抗议行动频繁。然而，经济形势并非显示抗议激烈程度的唯一指标，政府政策也在一定程度上左右着工人斗争的强度：政府政策有利于劳动者，工人斗争就缓和；反之，政府政策越严厉，工人斗争就越激烈。在这方面，西班牙的情况最具代表性。西班牙是受危机冲击最大的西欧国家之一。自危机爆发后，该国经济衰退严重，债务增长迅速。据官方统计数据显示，作为欧洲第五大经济体的西班牙，危机以来的失业率一直为西欧最高，一些地区如安达卢西亚甚至高达 30%。面对这种严峻的经济形势，在过去的一年中，西班牙国内却并未发生大规模的罢工抗议。这应该说与中左的工人社会党政府推行的相对"左倾"的反危机政策存在很大关系。在 2009 年，工社党政府一再宣称"不会让劳动者来为危机买单"，并推行了一些不同于其他国家紧缩财政的经济政策，如出资补贴 40 万建筑工人承建公共项目，给约 25% 无社会保障的失业人员每月发放 421 欧元补助，反对在野人民党提出的危害工人保障的"弹性"劳动政策等。这些做法受到劳动阶层的普遍欢迎，以至于有左翼人士用"工社党是工人的朋友吗？"为题来分析西班牙抗议斗争水平走低的原因[①]。但在进入 2010 年后，随着债务问题日趋严峻，在市场和欧盟的双重压力下，西班牙政府的财政政策开始逐渐趋紧（除 1 月宣布 500 亿欧元紧缩政策外，5 月又出台进一步紧缩方案，计划今后两年节支 150 亿欧元），并试图通过修改劳工立法延长退休年龄来转嫁危机。这些做法遭遇劳动者的激烈反抗。近几个月来，西班牙国内的抗议斗争明显增多，并呈继续扩大趋势。在相同经济形势下，政府政策偏向显然也是影响工人斗争强

---

① Mike Eaude, "Skethes of Spain", *International Socialism*, December 16, 2009, http：//www.isj.org.uk/index.php4？id=607&issue=125

度的一个砝码。

4. 激进左翼力量强弱影响运动的激烈程度

除经济状况和政府政策外，激进左翼力量的强弱对工人运动的激烈程度也有一定影响。一般来说，激进左翼力量强大，抗议斗争就相对激烈；激进左翼力量软弱，抗议斗争就相对平淡。希腊是西欧地区激进左翼组织最为活跃的国家之一。在近年世界社会主义运动的低潮中，希腊共产党积极进行议会内外斗争，在国内政治生活中一直维持着相当的影响力。在这次资本主义危机期间，希腊共积极投身到反资本的群众斗争中，大力宣扬其政治主张，深刻揭露政府反危机政策的实质。同时，还通过PAME直接发起或参与发起了几乎所有的重要罢工行动，在罢工运动的组织动员中发挥了极其重要的作用。西班牙的情况与希腊相反。随着以西班牙共产党为主体的"联合左翼"（United Left）近年来分裂趋势加强，该国激进左翼组织的力量受到了很大削弱。在资本的进攻面前，甚至不能对自己建立的工会组织——"工人委员会工会联合会"（CC.OO）施加必要影响。2009年12月新上任的"联左"总协调员卡约·劳拉（Cayo Lara）就这样说，"我们想罢工，但最终要CC.OO来决定，而CC.OO认为现在罢工的条件并不存在"①。对西班牙而言，缺乏强大的政治左翼显然也是造成其罢工运动相对平淡的一个重要原因。

5. 各国工会仍然是运动的主导力量

在各国的罢工斗争中，工会受到了来自左翼组织和人士的猛烈抨击，它们将工会直斥为官僚机构，视其为企业-金融精英和国家的直接代理人。激进的观点认为，"在所有西欧国家，工会都在孤立和压制工人的行动……工会关注的主要是如何阻止欧洲工人团结起来反对其共同敌人——欧洲资产阶级"②。温和的观点则区别不同情况对工会的不作为提出了批评，指出"在那些工会与执政的社民

---

① Alejandro López and Paul Mitchell, "Spanish Communist Party seeks to re-found United Left", Feb. 8, 2010, http://www.wsws.org/articles/2010/feb2010/pce-f08.shtml

② Ulrich Rippert, "The European strikes and the trade unions", Mar. 5, 2010, http://www.wsws.org/articles/2010/mar2010/pers-m05.shtml

党或工党联系密切的国家，如英国①，工会在千方百计地平息抗议；而在中右翼掌权的国家，如法国、希腊②和爱尔兰，工会只采取了有限的行动"③。尽管存在诸多质疑，从实践斗争看，工会仍然是罢工运动的主要的、直接的组织者。在本轮工人运动中，只有极少数罢工行动是没有任何领导的工人自发行为，如2009年上半年英国林森（Lindsey）石油精炼厂、伟世通（Visteon）公司、维斯塔斯（Vestas）风力发电公司等行业工人为捍卫工作权力进行的罢工等。虽然有学者对这些行动给予了高度评价，认为这是"自20世纪70年代以来很少出现的斗争形式"，"标志着运动呈现性质上的转向"④，但总体上看，这种形式的罢工规模小、数量少，绝大多数的尤其是大规模的、产生广泛社会影响的罢工抗议都是形形色色工会组织的。在当前西欧社会，工人运动与工会运动仍然密不可分，二者在一定意义上是可以相互替代的同义语。

6. 非暴力行动中孕育暴力行为的升级

自60年代运动以来，西欧地区群众性的政治、经济反抗斗争多以"非暴力抗议"为主要斗争手段，虽然偶有暴力行为出现，但绝大多数行动都是采取了和平的非暴力方式。21世纪前后，随着反全球化运动的迅速推进，抗议示威者与警察发生冲突甚至造成伤亡的情况时有发生，抗议斗争中的暴力行为大大增加。"9.11"后的一段时间，暴力行为受到很大遏制，暴力事件的发生频率大大下降。但近年来却又呈现明显反弹态势，各种形式反抗运动中屡见暴力因子。这次的西欧工潮直接反映了这样一种发展趋势。在各国的罢工示威中，虽然多数行动采取了非暴力的抗议方式，但法国、希腊等国的一些罢工抗议也引发了示威者与警方的激烈冲突，并触发骚乱。这些暴力行为遭到社会各界的一致谴责。激进左翼在坚决捍卫工人罢工权利的同时，也对这种行为持强烈批评态度。希腊共产党总书

---

① 该观点提出时，英国尚未进行全国大选，是工党的布朗政府主政。2010年5月大选后，保守党卡梅隆政府开始主政。

② 该观点提出时，希腊尚未进行全国大选，是中右的新民主党执政。2009年10月大选后，中左的泛希腊社会主义运动开始主政。

③ "Left behind?", *International Socialism*, Issue 124, Sep. 29, 2009, http://www.isj.org.uk/index.php4?id=577&issue=124

④ "The radical left and the crisis", *International Socialism*, Issue 126, Apr. 10, 2010, http://www.isj.org.uk/index.php4?id=634&issue=126

记阿莱卡·帕帕莉卡针对 2010 年 5 月 5 日大罢工引发冲突升级并导致 3 人死亡事件明确阐述了自己的立场,指出这一事件是"少数煽动性团体和机构组织的挑衅行为,旨在误导人民,降低群众性反抗斗争的重要性","人们应该谴责这些行为,但同时也要采取各种措施捍卫自己的斗争"。①

由于债务危机的不断扩散,后金融危机时代的西欧经济仍然面临严峻考验。在各国紧缩清单纷纷出台、受影响人群越来越多的情况下,西欧工人的抗议斗争呈现进一步扩大的趋势。除希腊外,西班牙、葡萄牙、意大利等国的全国性大罢工一触即发。如西班牙最大的工会"劳工委员会"就表示,将组织全国规模的大罢工;葡萄牙总工会也威胁会举行更多示威活动,并不排除发动全国罢工的可能性。随着各国紧缩政策趋向严厉,未来一段时间具有相当影响和规模的罢工抗议行动显然可以预期。

三、资本主义危机与社会主义的未来发展

国际金融危机和债务危机的发生,对作为一种制度的资本主义形成了巨大冲击。尤其是危机下各国激进左翼力量积极的斗争姿态以及工人运动的蓬勃发展,使人们依稀看到了苏东剧变后处于低潮的世界社会主义运动的曙光。当前资本主义危机给社会主义带来了什么样的发展机遇?提出了哪些挑战?到底应该如何看待危机对社会主义发展的影响?这需要我们进行深入的理论思考。

(一)国外左翼关于国际金融危机与社会主义关系的看法

危机发生后,国外主要左翼组织和一些左翼人士,在危机与社会主义的关系问题上提出了许多观点和主张,这给我们提供了一种重要的解释框架,有助于我们对当前形势作出正确的分析和判断。

1. 各国共产党对危机与社会主义关系的认识

各国共产党普遍认为,国际金融危机标志着资本主义在意识形态、政治和经济上的巨大失败,表明几十年来被标榜为全球标准的美国式自由资本主义已经显

---

① International Section of the CC of KKE, "Massive class response to plutocracy and the anti-people policy of the social-democrat government, the EU and the IMF", May 5, 2010, http://inter.kke.gr/News/2010news/2010-05-05-strike

露出全面危机。美国共产党这样指出,过去 30 年推动美国资本主义发展的主要意识形态和实践,已经遇到了很大的矛盾。这是美国。金融化、金融主导的全球化和新自由主义虽然尚未完全衰亡,但其未来问题重重。从另一角度看,美国金融市场的崩溃,也沉重打击了美帝国主义称霸 21 世纪的希冀。金融危机与伊拉克的灾难、世界人民对全球新自由主义和结构调整政策的愤怒以及各地区新的强国的出现,标志着美帝国主义的霸权危机进入了一个新的阶段,标志着单极世界已经进入了终结篇①。

在资本主义面临制度困境的条件下,社会主义迎来了新的发展机遇。葡萄牙共产党指出,现在,危机使得为替代发展而进行斗争的必要性更加突显。"现实再次证明了马列主义关于社会运动的核心命题,即需要采取革命行动推翻资本主义";"现在,社会主义比以往任何时候都代表着对资本主义的必要而可能的选择"。② 2008 年底召开的法共三十四大也认为,"毫无疑问,资本主义体系的危机为我们开创了一个新的历史时期。法国、欧洲和全世界的阶级斗争翻开了新的一页"③。

在发展机遇面前,共产党必须要以此为契机推动社会的改革进步,努力实现自身力量的壮大以及世界社会主义运动和共产主义运动的发展复兴。法国共产党强调在全世界继续推动政治斗争,比如支持巴勒斯坦人民的斗争,支持希腊工人和青年的人民运动;在危机中推动社会转型深入开展;采取新的能够保障社会团结、实现新的进步和维持生态平衡的可持续的发展方式,进行真正的民主改革。法共甚至指出,共产党可以利用此次机会,"建立一个属于工人阶级和他们的同

---

① Sam Webb, "Finances and the current crisis: How did we get there and what is the way out?", 美共网站 http://www.cpusa.org/article/articleview/988/1/44/, September 27, 2008.

② Albano Nunes, "The Crisis of Capitalism—Socialism as a nessessary and possible alternative", 葡萄牙共产党网站 http://www.international.pcp.pt/index.php? option = com _ content&task = view&id = 271&Itemid = 44, November 30, 2008.

③ Texte définitif du 34ème congrès du PCF, "VOULOIR UN MONDE NOUVEAU, LE CONSTRUIRE AU QUOTIDIEN", 法共网站 http://www.pcf.fr/IMG/pdf/TEXTE_ ADOPTE_ 34EME _ CONGRES_ DEF.pdf, Décembre 14, 2008.

盟的国家"①。

英国共产党呼吁工人和进步运动行动起来，打破金融资本对经济的统治，清除主导各主要政党的新自由主义政治家，宣称"为社会主义而进行的斗争仍然是解决资本主义混乱状态的唯一选择"。②

希腊共产党也指出，"当前被资产阶级视为威胁其经济政治稳定性的危机，恰恰是广大劳动人民的希望所在"；"我们应该最大程度地利用这一形势，推进工人阶级及其社会政治联盟在国家和国际层面的团结进程"，"人民力量应该团结起来攻击资本主义这只'受伤的野兽'，不应给它时间疗伤复原"。因此，希腊共号召工会运动、反帝运动团结起来，为推翻现存权力体系，为实现生产的社会所有制以及社会生产的中央计划、工人控制和社会控制而斗争③。

日本共产党深刻意识到机遇与挑战的并存关系，提出了思想战线斗争的重要性。日共前主席不破哲三认为，一方面，金融危机使世界人民意识到社会主义才是世界发展的方向，但另一方面，社会主义国家也受到危机的消极影响，面临如何应对危机并对民众进行解释，使之进一步坚定走社会主义道路的信心。对社会主义力量来说，如何把应对危机与社会变革结合起来是一个挑战。在资本主义国家，民众意识到资本主义的危害不一定就会支持社会主义，要让人民从事争取社会主义的斗争，必须阶段性地开展工作，提升民众的斗争觉悟④。

2. 其他左翼人士的观点和主张

国外一些左翼人士看到了资本主义危机对社会主义发展的积极影响，认为危机给社会主义带来的新的发展机遇，强调左派力量应该利用资本主义危机推动社

---

① Texte définitif du 34ème congrès du PCF, "VOULOIR UN MONDE NOUVEAU, LE CONSTRUIRE AU QUOTIDIEN"，法共网站 http: //www. pcf. fr/IMG/pdf/TEXTE_ ADOPTE_ 34EME_ CONGRES_ DEF. pdf, Décembre 14, 2008.

② CP of Britain, "Communists demand Policies for the People, not big business"，团结网 http: //www. solidnet. org/cgi-bin/agent? About _ the _ crisis/992britain8oct08. doc, October 8, 2008.

③ CP of Greece, "On the crisis of the International Economy"，希腊共网站 http: //inter. kke. gr/News/2008news/2008-09-crisis/，October 2, 2008.

④ 不破哲三：《国际金融危机对当代资本主义和世界社会主义的影响》，《当代世界》2009 年第 5 期。

会主义的发展。世界社会主义网站国际编委会成员尼克·比姆斯（Nick Beams）在2008年初金融危机初露端倪之时，就看到了危机可以成为社会主义发展的契机，强调危机下发展大力社会主义运动的意义，指出"世界社会主义革命和重组世界经济的观念并不是遥不可及的观念。对客观经济进程和趋势的考察表明，这一观念是唯一有价值和可行的基础。站在这一基础之上，工人阶级和全人类可以直面日益加深的全球资本主义秩序危机和它正在制造的灾难"①。

美国社会主义工人党（SWP）机关刊物《国际社会主义评论》（International Socialist Review）的编辑乔尔·戈伊尔（Joel Geier）指出，在危机条件下，"已被边缘化了几十年的左翼终于获得巨大的发展契机。这场自由市场的灾难，使我们更有论据来争论资本主义的必然失败以及基于人类需求的制度更替"，"左派必须利用此次经济危机进行反对资本主义的思想攻势"，"第一，必须兴建或者说是重建左派……第二，左派必须做好参加任何捍卫工人阶级利益斗争的准备，并针对自由市场及其捍卫者保守主义和自由主义，建立起一套政治与意识形态的相应替代物"②。

英国马克思主义经济学家克里斯·哈曼（Chris Harman）认为，能够清楚地意识到自己责任所在的世界社会主义力量，"应该利用资本主义的这次混乱来传播社会主义者的观点，同时在统治阶级试图让人民大众为这次危机买单之时，力争成为各种反抗形式的中流砥柱"③。

埃及著名左翼学者萨米尔·阿明（Samir Amin）在对当前世界金融危机作出帝国主义寡头资本主义危机的本质判断基础上，提出了社会主义的必然性问题，认为面临危机的寡头统治/独裁统治一旦被终结，"人类作为一个整体将只能全面走向社会主义道路——这是人类避免混乱的惟一选择"。危机下的资本主义可能面临革命、战争等浪潮，"真正的问题在于：这些斗争是否能汇聚起来，以便为

---

① 尼克·比姆斯：《资本主义的世界性危机和社会主义的前景》，载《国外理论动态》2008年11期。

② 乔尔·戈伊尔：《金融危机：一场全球性的资本主义系统性危机》，载《当代世界与社会主义》2009年第2期。

③ Chris Harman, "The slump of the 1930s and the crisis today", *International Socialism*, Issue 121, Spring 2009, http://www.isj.org.uk/index.php4?id=506&issue=121

向世界社会主义转型的漫长旅程铺设一条或者几条道路"①。

在强调资本主义危机对社会主义发展的重要影响的同时,一些左翼学者也对危机给社会主义带来的挑战保持着清醒认识。俄罗斯公正世界研究所国际项目部主任 B. 古谢列托夫从分析危机条件下欧洲左翼政党的议会选举失利、右翼政府对大众传媒的操纵、阶级结构的变化以及社会主义传统意识形态理论和政治宣传方式作用的下降等出发,提出了危机对社会主义的负面影响问题,指出"目前的客观条件(新自由主义模式的崩溃)好像对社会主义运动有利,但是我们千万不能忘记,政治进程的主体的作用远大于外部因素,而且我们还要提防有人会施展计谋,把不利因素变为影响民意的工具"②。

(二)资本主义危机对世界社会主义发展的影响

从国际金融危机爆发以来的现实发展看,危机在使资本主义本身遭受重创的同时,确实也推动了世界社会主义思想、力量和运动在一定程度上的复兴。当前的资本主义危机对社会主义发展的积极影响至少包括以下几个方面:

第一,危机使马克思的思想、观点重新得到肯定和重视。金融危机发生后,马克思的著作受到青睐,《资本论》成为畅销读物,西方国家掀起了新一轮马克思热。理论界在颂扬马克思的理论对于分析和解释当前金融危机的重要指导意义,重新肯定马克思对资本主义经济危机的剖析及其所揭示的资本主义矛盾和经济社会发展规律的正确性。西方主流媒体在宣传这股潮流,如英国《泰晤士报》2008 年 11 月 20 日就报道说,金融危机使西方人突然重视马克思的《资本论》。即使是一些主流政治精英也开始重新审视马克思,认为"某些马克思主义理论并不那么坏",法国总统萨科奇甚至还让人给他拍摄了一张翻阅马克思著作《资本论》的照片。不仅马克思的经济分析和制度批判理论备受推崇,其关于未来社会发展的思想也重新受到关注。如法国《世界报》2008 年 10 月 17 日发表法国著名哲学家阿兰·巴迪乌(Alain Badiou)的文章,指出金融危机使广大民众认识到人类解放的主题从来没有失去它的效应,"毫无疑问,'共产主义'一词正体

---

① 萨米尔·阿明:《理解世界金融危机的本质》,载《国外理论动态》2010 年第 2 期。
② B. 古谢列托夫:《国际金融危机对世界社会主义运动的负面影响》,载《中国社会科学报》2009 年 11 月 26 日。

现了这一主题，但却被贬低和侮辱了。但是现在，'共产主义'一词的消失只是便宜了既有秩序的支持者，也就是当前危机大片中的演员们。我们要重新提倡共产主义，并使它更为明晰"①。资本主义危机下的马克思热带来了社会主义思想、理论、观点的复兴，推动了低谷中世界社会主义的发展和进步。

第二，危机给面临发展困境的西方激进左翼带来了新的政治机会。近年来，在内外因素的作用下，西方国家共产党整体上处于下滑态势，一些党的议会得票率屡创新低，党自身的组织力量大幅下降，社会影响也在逐年回落。各国共产党亟需寻找一个能够打破发展瓶颈的突破口。国际金融和债务危机的爆发，为各党创造了发展契机。通过大力宣传代表劳动者利益的政治主张，通过积极参与或直接领导罢工运动来填补社会民主主义右转形成的左翼真空，有利于各党在劳动阶层中树立良好形象，争得更多劳动者的支持，进而提升自己的政治影响力。从实践上看，以希腊共产党、葡萄牙共产党为代表的一些共产党，正是通过在反危机斗争中的积极表现，为自己赢得了声望，在最新一次议会选举中取得了较好成绩，如以葡萄牙共产党为主体的"团结联盟"（CDU）在 2009 年 9 月议会选举中得到了 21 世纪以来最高的 7.86% 的选票和 15 个议席，希腊共在 2009 年 10 月的议会选举中也赢得了 8.15% 的选票和 21 个议席。正如有学者指出的那样，在经济危机下，"对无论是重组的还是分裂的革命和激进左翼而言，决定性的测试在于其支持和增强工人反抗斗争的能力"。② 各国共产党积极把握、充分利用资本主义危机带来的难得机遇，对社会主义力量自身发展具有重要意义。

第三，资本主义危机凸显了现实社会主义发展模式的优越性。国际金融危机爆发后，美国等西方资本主义国家的发展模式受到质疑和批判，而能够有效应对危机考验的社会主义国家发展模式尤其是"中国模式"越来越受到人们的关注和热议。英国《卫报》将 2008 年称为"中国模式年"。美国未来学家约翰·奈斯比特认为中国的发展模式更为优越，指出"中国是一辆跑得更快、性能更好的车。在西方人看来，中国这辆车可能是很复杂的，或者是不符合他们驾驶观念的

---

① 转引自侯惠勤、辛向阳：《国际金融危机中马克思主义的复兴》，载《红旗文稿》2010 年第 12 期。

② "Shifting sands of crisis", *International Socialism*, Issue 125, Dec. 16, 2009, http：//www.isj.org.uk/index.php4? id = 602&issue = 125

车,他们在面对这辆车的时候可能有一点头晕目眩,但是从整个世界的角度来说,我建议应该获取新的发展模式"①。即使是因在1989年提出"历史的终结"而名声大噪的美国政治学家弗朗西斯·福山,也一改"美国模式优于任何发展模式"的断言,转而宣称"近30年来,中国经济令人惊异的快速发展体现了'中国模式'的有效性"②。无论"中国模式"是因为何种原因、何种目的为这些不同政治立场和倾向的人士所追捧,"中国模式"在国际金融危机中的表现至少表明,社会主义发展模式大有可为,中国特色社会主义在当今世界政治舞台上越来越发挥着重要作用。

第四,资本主义危机也为世界社会主义运动拓展了活动舞台。苏东剧变后,世界社会主义运动一直相对沉寂。近十几年来,除了20世纪末到21世纪最初几年轰轰烈烈的反全球化运动,以及围绕伊拉克战争进行的反战运动等带有不同程度反资本主义性质的斗争外,大规模的、具有一定社会影响的社会主义运动乏善可陈。社会主义运动的低迷并不表明资本主义的固有矛盾消失了,也不说明劳动与资本的对抗减少了。相反,在垄断资本全球发展的新阶段,这种矛盾和对抗正在变得更加尖锐和激烈。在这一大环境中,工人运动和社会主义运动实际上仍然有很大的发展空间。西欧罢工潮在经济危机形势下的大范围爆发,就是资本主义内部矛盾和对抗尖锐化、激烈化的集中反映。这些作为社会主义运动传统形式但明显带有新时代发展特点的罢工斗争的出现,显然为徘徊不前的西欧社会主义运动拓展了斗争舞台,注入了新的发展动力。同时,罢工斗争中出现的一些新气象,尤其是地区和国际范围内工人联合行动的新发展,也为全球化条件下的西方工人运动和社会主义运动提供了一条现实可行的替代道路新选择。

当然,在强调资本主义当前危机对社会主义发展的推动作用的同时,我们不能过分夸大危机的影响,也不能盲目乐观,我们必须看到危机并未直接导致资本主义的衰落,社会主义也并未伴随着国际金融危机的发展而完全走出低谷,至少在目前:

---

① 吴波、翁天兵:《奈斯比特:中国模式将会改变世界》,载《广州日报》2009年9月7日。

② 萧元胜:《福山谈"中国模式"》,载《天涯》2010年第1期。

国际金融与债务危机下发达资本主义国家社会主义运动的现状与发展前景

资本主义仍然有其发展余地。资本主义的固有矛盾决定了它必然经常出现社会危机、经济危机。虽然当前的危机使西方资本主义国家面临前所未遇的重大考验，但不能否认，资本主义在其发展进程中已经形成了很强的自我调节能力。在长期应对、处理危机的过程中，它已经建立了一整套行之有效的调节和干预机制来缓解尖锐的社会矛盾和社会冲突，大危机大调整，小危机小调整，其政治制度和经济制度正是在不断地调整中逐渐完善起来。马克思早就说过，"无论哪一个社会形态，在它所能容纳的全部生产力发挥出来以前，是决不会灭亡的"[①]。对现实资本主义而言，由于"还有发展余地"，而且还存在着并非短期而是长期的发展余地，因此不可能很快衰亡。

同时，社会主义力量仍然相对弱小。在现阶段，"资强社弱"的基本发展态势并没有改变。虽然在危机影响下世界社会主义发展出现了一定程度的回暖，但总体上看，相对于资本主义来说，社会主义在发展规模、社会影响、整体力量上仍然处于下峰。经历了苏东剧变沉重打击的世界社会主义，其力量积聚不是一朝一夕可以完成的，而是要经过很长一段历史时期才能实现。在这种条件下，假设单靠某次资本主义危机的影响而直接实现制度替代，完全是不合实际的幻想。

此外，西方国家的罢工潮也没有导致革命形势的出现。就性质而言，当前以罢工抗议为主要表现形式的西方国家工人运动，仍然是资本主义秩序范围内的、具有合法性的、争取捍卫劳动者自身经济利益的一种经济斗争。虽然一些罢工示威的规模和社会影响非常大，甚至创各国历史之最，而且在一些反抗斗争中也采用了反制度的语言和口号，但总体上并未超出经济斗争的范畴。与资本主义经济周期的波动相一致，目前西欧工人的反抗斗争是经济危机形势下工人运动的一个阶段性高潮期。这种以争取经济权利为目标的反抗斗争尚处于一种量变的发展中，虽然对于制度的最终质变具有长期性意义，但由于现阶段主客观条件并不具备，它很难演化成以制度颠覆为目标的政治斗争。

社会主义替代资本主义是一个长期的、曲折的历史过程。在这一过程中，资本主义与社会主义之间既存在着共存、共赢，也存在着对立和交锋关系。从长期

[①] 《马克思恩格斯选集》第2卷，人民出版社1995年版，第33页。

看，作为不可逆转的历史发展规律，社会主义必然最终完成对资本主义的替代。但在现阶段，如何利用资本主义危机实现自身力量的复苏和壮大却是社会主义必须面对的课题和考验。

俄罗斯、白俄罗斯、乌克兰、摩尔多瓦共产党反思苏联解体

陈爱茹

内容简介：本文通过分析几个独联体国家共产党的纲领，探悉当代一些独联体国家的共产党对苏联解体问题的认识和反思。通过反思，他们认为苏联共产党自身存在的问题是导致苏联解体的主要原因；此外，苏联本身经济的落后性也是促成苏联解体的因素之一；再者，西方的反社会主义力量也对苏联解体起到了推波助澜的作用；最后指出，苏联解体只是过时的社会主义形式的失败，并不是社会主义本身的失败。

关键词：独联体　共产党　苏联解体

苏联解体转眼已经过去了 18 年，整整一代人的时间。然而，对苏联解体原因的探析，无论是在体制上曾有相似性的中国，还是在西方的资本主义世界，亦或在原苏联地区，热度都只升不降。① 众所周知，苏联共产党在解散之后，现今已经成为独立国家的原苏联的各个加盟共和国中，随后成立了自己的共产党，其中，很多共产党都宣称它们是苏联共产党的继承者。由于它们曾经是苏联共产党的组成部分，由于它们是苏联共产党生命的延续，所以，它们对苏联解体和苏联共产党败亡的反思，也构成了苏联解体原因探析领域的一个举足轻重的视阈。本文以俄罗斯、白俄罗斯、乌克兰、摩尔多瓦四国的五个共产党，即俄罗斯联邦共产党（以下简称俄共）、白俄罗斯共产党（以下简称白共）、白俄罗斯共产党人党（以下简称白俄共）、乌克兰共产党（以下简称乌共）、摩尔多瓦共产党人党

---

① 参见吴恩远：《近年来国内外学界对苏联解体原因研究综述》，《世界历史》，2009 年第 1 期，第 102 – 115 页。

(以下简称摩共)① 为例,这五个共产党在苏联解体之后,走出了完全不同的发展路径,既有被禁止活动的,又有通过议会选举成为议会党的,还有通过议会选举上台执政的。本文通过它们的纲领,探析它们是任何认识、如何反思苏联解体的。

一、政治层面上:苏联共产党自身存在的问题导致苏联解体

五个共产党都一致认为,苏联共产党自身存在问题是导致苏联解体的一个非常重要因素。对于苏联共产党自身出现的问题,既是它们关注的重点,也是它们深刻剖析的对象。正如俄共纲领所写:20世纪90年代初,"损害苏联社会的危机在很大程度上是由党本身的危机造成的"。苏联共产党自身存在的问题可以归纳为如下几点。

1. 党的队伍丧失了自身的纯洁性

可以说,党的队伍的纯洁性一直是早期布尔什维克领导人关注的一个重点。列宁在1905年的《党的组织和党的出版物》一文中,写道:"党是自愿的联盟,假如它不清洗那些宣传反党观点的党员,它就不可避免地会瓦解,首先在思想上瓦解,然后在物质上瓦解。"② 而在苏联共产党的发展历程中,由于各种各样的原因,党内混入投机分子和小资产阶级思想的代表。

俄共指出:"不少假革命分子和没有任何思想的投机钻营分子混入了执政的共产党内。"

白共指出:"不少缺乏思想的投机分子和小资产阶级思想的代表混进执政的共产党内,对社会主义造成严重危害。"单纯"追求党员队伍数量,缺乏领导干部的更替和年轻化机制削弱了苏联共产党。政治上成熟的党员不能对领导层的活

---

① 相关资料参见俄共、乌共、摩共、白共、白俄共网站:http://kprf.ru/;http://www.kpu.net.ua/;http://www.alegeri.md/ru/;http://www.comparty.by/。中文资料参见:戴隆斌译:《俄罗斯联邦共产党纲领》,《当代世界与社会主义》,2009年第2期,第83-87页;孙凌齐译:《白俄罗斯两个共产党纲领》,《国外理论动态》2009年第1期,第51-56页;2009年第2期,第52-56页。

② 《列宁全集》,中文第二版,第12卷,第95页。

动进行必要的影响，也没能防止越来越多的阶级敌对分子混入党内。对已经发生的进程的危险性估计不足、对权力和意识形态的垄断以及一部分党的领导人的蜕化变质，使苏联共产党变成了'骄傲自大的党'。党的领导人与千百万党员和劳动者之间的鸿沟越来越深。"

乌共指出："苏联共产党内对构成其组成成分的阶级原则形成了一种形式主义的态度，列宁坚持清党，以防蜕化变质分子、不忠诚的人、立场不坚定的人钻入党内，列宁的这一要求未被重视。党的生活的基本原则——民主集中制的原则被歪曲。党的高层中断了列宁的民主传统。在不需要的时候，坚持严格的集中制，限制了共产党员的权力，领导党的机关及其工作人员摆脱了监督，党机关的影响过大，实际上，不仅排在选举出来的党的机构之上，而且排在整个管理机关之上。合理的更迭机制和领导干部年轻化机制的缺乏，不容许健康的党的组成部分行使自己对党内高层的监督权并战胜追名逐利者向党内的不断钻入。"在这样的情况下，混入党内的投机分子和敌对阶级的代表，在苏联存在的这些年间，"努力营造一种社会政治和思想氛围，以便损害社会主义的声誉并促使取消社会主义。借口'改革'破坏国民经济管理体制。在伪善的'各种所有制形式平等'的话语背后，实质上弱化了全民和集体所有制的作用。在复兴'合作社'的掩盖下，为'影子'资本的合法化和发展创造条件。""它能够在我们的体制核心产生，是由于社会主义的基本原理被歪曲，借口'改革'在社会主义经济中使用资本主义市场经济原理，削弱计划方法的作用，弱化对劳动手段和消费方式的监督。社会主义准则的破坏导致的劳动人民生活水平的降低突出证明了社会主义经济制度的无效性，而劳动人民的不满也指向了反对社会主义和共产党。想法设法地煽动民族矛盾和民族冲突。在上面的支持下，产生了复辟资本主义的政党和运动。为逍遥法外的反社会主义力量的活动、分离主义运动和瓦解苏维埃国家的活动打开了闸门。"

正是党内成分的复杂化，导致了党自身性质的改变。成为最终促成苏联解体和苏共败亡的重要因素之一。

2. 党内严重的官僚主义现象

列宁在其生前所写的最后几篇文章中，就对官僚主义深感忧虑。列宁病逝后，以托洛茨基为代表的布尔什维克党内高层领导同党内的官僚主义趋势和官僚

国外马克思主义研究专题

主义现象进行了不可调和的斗争，谱写了 20 世纪 20、30 年代最复杂、最惊心动魄的反官僚主义、争取党内更多民主的斗争历史。但是，官僚主义依然没有被遏制住。苏联解体之后，当代的共产党人在反思时，深感官僚主义依然是苏联共产党自身存在的一个顽疾，是不能不汲取的一个深刻的教训。俄共指出：随着苏联社会的发展，党内的"官僚主义增长了，人民的自治组织受到压制，劳动人民的社会积极性和首创精神下降。" 20 世纪 60 年代"摆在社会面前的主要任务是，从过去很多方面尚不完善的社会主义形式向较为成熟的形式过渡，保证现实社会主义按其自身原则在苏联发展。……苏联人民意识到了变革的必要性，但是国家的领导者们拖延通过必要的决议，对决议的实施没有表现出必要的坚定决心。因此，困难、问题和敌对的趋势在社会中积聚了下来。它们妨碍了社会主义制度优越性的发挥，扭曲了社会主义制度，抑制了发展。这引起了许多人的失望和困惑"。

白俄共指出："国内战争、外国干涉、法西斯入侵欧洲等极端严重的情况以及在实践中庸俗化和简单化地运用阶级斗争和无产阶级专政理论，致使国家政权的关键部门集中在共产党少数高层领导人的手里。由于在国内粗暴地取消了政治监督、在各级苏维埃代表选举中实行无差额选举，结果导致政权官僚主义化，降低了政权的效率。"

乌共指出：苏联由于"被推翻的剥削阶级的强烈反抗和因他们而导致的阶级斗争的极端尖锐性，处于资本主义包围下的持续不断的军事进攻的威胁，必需尽快地消除国家的经济和文化落后性，客观上都要求严厉的中央集权制的、动员型的社会管理体制，特别是在社会主义建设的初级阶段。正是借助于这样的体制，在极短的时间里实现了国家的工业化，战胜了法西斯主义，振兴了被战争破坏的经济。同时，全面实现了生产资料国有化，政治和社会生活超集中化，权力集中在一个人数不多的领导集团、乃至一个人的手中，他们不受党和人民的监督，对苏维埃作用的贬低及其工作的形式主义促使劳动人民对当局和生产方式产生某种疏远，促使官僚主义影响过度增长，导致了权力的滥用"。

摩共指出："当到达政权高层的共产党员，自己变成了思想上的法官，并借用该名义把自己的同事和同志推离权力。当打着共产党的招牌，有时，就本质而言，起反动政治集团的作用，其发展方向是某个永不复返的过去，是推行孤立主义并压制自由，今天做到这一点也是非常复杂的。当一些教条的共产主义者，昨天的党的领导者热心地领导着对共产主义思想的生硬破坏，在这种条件下很难评价思想政治传统。"

尽管五个共产党都认为，党内严重的官僚主义是党自身存在的严重问题之一，但是，对于斯大林时期的社会主义建设，俄共、白共、白俄共和乌共都是进行了辨证的分析和评价，指出了其取得的社会主义建设成就，同时，又指出了其中存在着一些严重的问题。在该问题的认识上，惟独摩共明确表态，认为30年代建立的是一种与社会主义完全不相干的极权制度。摩共纲领明确指出："是的，我们记得，30年代极权制度是怎样根除并消灭了那个具有创造力的，在三次俄国革命的逼攻下，挣脱了沙皇帝国深深束缚的社会、政治和文化自由。我们记得，在停滞时代，以口是心非的党的在册干部为代表的新统治阶级厚颜无耻地压制平等思想，把自己置身于规则之外，但是却让贝阿干线工程的建设者、集体农庄庄员、矿工、工程师及所有的劳动者遵守规则。我们记得，在80年代，还是那些在册干部想方设法地靠自己民族的不动产及奉献主权发财致富，损害兄弟情谊，昨天还忠实于国际主义理想的人，全都加入了民族之间的混战。我们看到，正是这个权力和镇压金字塔的最令人讨厌的部分在后苏联空间占主要地位，他们不断地对财产再分配，培植排外性、民族仇恨并挥舞着同共产主义和共产党人斗争的大旗。"

3. 党内教条主义思想严重

教条主义的一个表现就是理论脱离实践。五个共产党在反思苏联解体时，都关注到了苏联共产党内严重的教条主义思想。对此，俄共指出："苏联共产党在理论上长期停滞不前。"

白俄共指出，苏联"没有在建立起来的社会主义模式框架内解决好大多数劳动者同所有制和权力的异化问题以及经常用往往是错误的观点为苏联领导人进行辩护取代对理论和实践问题的科学研究"。"伟大的十月社会主义革命提出并得到人民支持的'工厂——归工人，土地——归农民'的口号实际上变成了生产资料极端国有化，在这种情况下，劳动人民事实上成为雇佣劳动者，而不是生产资料和自己劳动成果的主人。也没有实现'全部政权归苏维埃！'这个革命口号所体现的思想——把全部国家政权交给劳动人民选举出来的代表"。

国外马克思主义研究专题

乌共提到:"对革命理论的鄙视态度给社会主义事业带来了巨大的损失,对革命理论漠不关心的态度,对马克思列宁主义学说的教条化,把革命理论归纳为一套无可争议的规律和真理,庸俗化,以及资产阶级自由主义对马克思列宁主义本质的曲解。党的思想理论基础被冲毁,革命理论能够提供并生成的力量消失了。很多党的工作人员逃避对意识形态工作的直接参与,把自己的活动限制在纯经济和行政领域,同时对国家干部和经济干部进行偷换。党不能果断地回击国外反社会主义力量鼓动并引导的破坏行动,他们向人们的思想意识展开了疯狂的进攻。"

摩共谈到:"当客观的科学分析在伪科学的教条主义面前退缩的时候,社会解放理论家提出的理论假说就会变成干涩的教条,——那时,宗教专制和暴力就会庆祝胜利,不给共产党人留下变成本质上是为自由服务的人的机会。""为保住政权,共产党人在原来剥削制度的废墟上建立起以党的在册干部——官僚为代表的新的统治阶级的金字塔的时候,——那么,我们的政治世界观的客观性就会受到足以阉割掉任何革命和进步性的粗俗的政治文化和残酷的国家机器的压制而被摧毁。"

4. 党的部分领导人背叛了共产主义事业

五个共产党一致指出,党的部分高层领导人的背叛导致了苏联的解体。在社会主义建设出现问题,需要进行改革和变革的关键时刻,背叛的领导人将国家引向了资本主义复辟。俄共指出,党内"为争取列宁主义方针和真正的社会主义而进行的斗争从来也没有停止过。……党内的列宁主义者渴望解决最终已经成熟的问题,抑制社会中积聚起来的负面倾向,迈入新的领域。但是,这个愿望被社会主义的叛徒以欺骗的手段利用了"。"80年代下半叶,他们口头上假惺惺地宣布了'更多的民主,更多的社会主义!'这一口号,但实际上却展开了消灭它的工作。千方百计损害社会主义基础——公有制的作用,歪曲劳动集体和合作社的作用。在杜绝'影子经济'方面没有采取任何必要的措施。削弱国家的作用、放弃计划原则,导致国民经济和消费市场的混乱。人为制造的商品'短缺'引发了居民的抗议,大众传媒工具被有意地交给了持资产阶级观点的代表手中。他们使用心理战的方法,向群众灌输大量恶意中伤苏联和俄罗斯历史的信息,对反苏维埃政权和统一的联盟国家的'影子资本家'、民族主义者、反人民的力量听之任

俄罗斯、白俄罗斯、乌克兰、摩尔多瓦共产党反思苏联解体

之。""政治上层乐意利用其地位以攫取全民的财产。当他们的行动遭到要求保存社会主义制度和苏联的真正的共产党员的反抗时,蜕化变质分子就于1991年8——12月实行了反革命政变,禁止了共产党活动。"

白共指出:"苏联社会先进阶层在国内开展酝酿成熟的变革和迈进新阶段的尝试被反社会主义的力量出于反人民的、反国家的目的加以利用。他们口是心非地宣布各种所有制形式是平等的,但实际上破坏了最有生命力的公有制的作用,歪曲了合作社的实质和形式。落入诽谤者和挑拨者手中的大众传媒工具对社会主义和苏联历史大肆污蔑,为影子资本和反对苏维埃政权及联盟国家的力量开辟道路,于1991年8——12月实现了反革命的国家政变。"苏联"社会注意到建设中出现的失误,尝试用资本主义方式解决某些问题,党和国家一部分领导人的叛卖行为以及私有化和自由化的方针毁了苏联,使苏联各族人民经受了民族灾难"。

乌共指出,官僚主义化了的苏联共产党"歪曲列宁同干部的工作原则,在选拔干部时忽视他们的思想政治和道德品质更是对此进行的促进。结果形成了脱离人民、脱离普通党员的在册干部精英。没有原则的人、口是心非的人、不少直接仇视党的人攫取了最重要的岗位,包括苏联共产党中央委员会政治局中的岗位,甚至于中央总书记的岗位。在祖国命运最困难的时刻,显贵的'在册干部们'背叛了培养他们的党,投身到社会主义的凶恶敌人的阵营,没有经过战斗就把国家出卖给了贪婪成性的、犯罪的资本,使劳动人民注定遭受赤贫和苦难。一部分'党的精英'巴结'新权贵',寄希望它的'仁慈',参与洗劫社会主义的财产,深深地陷入商业等机构。""同其他国家一样,乌克兰的反社会主义转折是在党和国家机构中占领导地位的叛徒和胆小鬼的直接活动和参与下完成的,这一转折导致反人民的力量掌权,开辟了资本主义复辟的道路,这一转折毁掉了社会生活所有领域的社会主义基础,摧毁了苏维埃的人民政权形式,推行资本主义、民族沙文主义思想。"接着,乌共指出:"事件的这一转变不是不可避免的,也不符合历史规律。它能够发生,首先是因为在世界社会主义面临着重大问题的转折时刻,需要勇敢的、创新性决议的时候,导致资本主义复辟的灭亡性方针打着'改革'和'完善社会主义'的幌子被强加给党和人民。"

摩共指出:当苏联"社会主义的精神、科学、政治方向与政治优越性没有同新时代产生矛盾以前,它是具有现实意义的。对新时代而言,没有最广泛的公民

国外马克思主义研究专题

自由、没有公开性和竞争,则社会和文化需求的进一步实现就是不可思议的、不能实现的。重要的是理解——这既是社会主义自身的危机——又是某种不同于西方发展模式的、跳跃型的、跳过客观进化阶段的、以赶超的速度进行发展并实现现代化的工业社会模式的危机。对社会财富、教育、文化、科学进行的巨额投资最终导致苏联产生了一个无论是对当局低水平的管理,还是政治生活的调节及与外界的隔绝都不满意,也不可能满意的积极的社会阶层。这是一场危机,在这场危机中,苏联社会内部客观形成的价值——个人的创作自由、多元论、个人生活自主性、民族文化同一性、信息权等等——与确立起来的社会经济、政治和意识形态体制相矛盾。情况使显而易见的局势变得复杂,处于制度性意识形态危机和制度性经济危机条件下的社会,提议把民主化的目标同大量的社会成就、文明的市场和团结一致精神进行有机结合之后,却不具有能够及时防止灾难的发展方案。这是我们可以战胜、但却没有被战胜的发展危机,自然而然,以垮台告终。国家官僚们充分地利用了这种情况。作为最有组织的、团结一致的等级结构,它厚颜无耻地、没有任何的理论和观点也能够实现自己的历史性纲领——保障给自己的积极分子分割国有财产之后,实现自己享有的特权地位的合法化。本质上,这是一场真正的政变,没有伴随任何的经济崩溃和民主危象,但是,相反,它牢牢地巩固了最没有原则并行动迅速的行政命令制度代表们的政权——并且是在已有的可控民主框架下,在重新分配私有财产、崩溃的经济遭到破坏并且全民赤贫的情况下。正是他们,典型的过时体制的代表,成了那些行政命令社会主义所特有的,而原本意义上的社会主义所没有的恶的关系的化身。正是他们曾经是、现在是、将来也会是我们的政治论敌,我们所面临的是同他们进行不妥协的斗争。"

鉴于以上的诸多因素,作为劳动人民政治先锋队的苏联共产党丧失了其先锋队的作用,其灭亡变得不可避免。白俄共指出:"苏联共产党逐渐丧失了劳动人民政治先锋队的作用,在很多情况下变成了某些人实现生活目标的工具。这就使大量为了捞取个人的私利、而不是为了思想信念的人混入党内。这导致党的队伍中不仅有毫无用处的人,还有不怀好意的人,结果这在很大程度上损害了党的威信和影响。"乌共指出:"很多党的领导人'专横跋扈',他们没有能力批判地评价国家仅有的一个政党的垄断地位,导致苏联共产党逐渐地失去了作为一个政治组织的'形式',变成了一个'自高自大的党',从一个有战斗力的、充满活力的政治力量，公认的人民的先锋队变成了成员上千万，但政治和思想松散、无组织的机构，这个机构在各种政治力量尖锐对抗的条件下，不能保住政治领导地位。领导高层越来越和普通党员相脱离。"

二、经济层面上：苏联经济自身的落后性问题

在这些共产党的党纲中，可以发现，对苏联经济自身的落后性在苏联解体中的作用，也给予了很大的关注。众所周知，十月革命是在一个小农经济占主导地位的落后的俄国取得胜利的。当时俄国的工人阶级仅占总人口的2.5%。其经济状况相对于建设社会主义制度的落后性是毋庸置疑的。经济落后性问题解决得好不好，自然是苏联的社会主义建设的关键问题。

俄共认为，在经济方面，苏联"没有及时地使经济结构与生产力的要求相适应"。

白共认为：苏联社会主义发展过程中，"没有充分发挥人民自由首创的组织的作用以及人民的社会能量和主动性。没有全部实现'一切都是为了在科技革命基础上更加全面地满足劳动人民日益增长的需求'这个完全正确的口号，没有把科技革命的成就同社会主义的潜力结合在一起。这样就无法解决社会主义的主要任务：为人民创造比资本主义更高的生活质量，发展生产力，劳动集体实行自我管理，利用更有效的劳动生产率的激励和刺激因素"。

白俄共认为："由于党的理论保障工作水平不高，对自身能力的估计过高，结果通过了一些不现实的政治决定，动摇了苏联人民对实现预定目标可能性的信念。1961年第二十二次党代表大会通过的苏联共产党党纲提出了20年内完成建设共产主义物质技术基础的任务，这个党纲产生了极其不良的影响。然而30年后，当初预定的目标并没有实现。现实的结果同预定的目标不相适应，这败坏了共产主义思想的声誉，给社会主义的敌人提供了有力的武器。"

乌共认为：苏联"所经历的现实的历史条件使社会主义的确立和发展变得复杂化。社会主义革命是在一个相对落后的国家取得胜利的，整个70年的苏联政权全部打上了这一烙印。列宁承认，社会主义革命较容易在一个落后的国家里取得胜利，但是，随后进行的社会主义建设意味着更大的困难。尽管具有很高的发展速度，苏联还是不能保障在经济上超越最发达的资本主义国家，尽管两者之间

的裂缝不容置疑地缩小了。出现了一个紧张时期，该时期的历史任务就是消除经济落后性，解决因战争而造成的巨大损失并恢复被破坏的经济，但是，由于必需划拨很大一部分经济潜力用来保障国防，并支撑同敌对的帝国主义世界的军事战略平衡，以及没能充分地利用世界科技革命的成就，苏联和最发达的资本主义国家之间在居民生活水平上的差距没被缩减，还变得比它们之间的经济潜力更大了。而这一点被社会主义的敌对力量用来损害社会主义的声誉并对其进行破坏。因国家的落后而产生的小资产阶级思潮对社会主义建设的进程和结果产生了重要影响。它在从内部提供支持的同时，滋养着异化于社会主义的趋势，对共产党和国家的结构起到分解的作用"。

三、思想文化层面上：西方的反社会主义和平演变起了推波助澜的作用

对社会主义主义制度的敌对势力——西方在苏联解体中的重要作用，有三个共产党在纲领中进行了分析。俄共指出："美国及其盟友、西方的特务机关是我国反苏维埃力量的鼓舞者。在他们的庇护下在我国建立了'第五纵队'，在它的领导参与下，完成了反革命的转变，使强加给俄罗斯人民的资本主义得到了巩固并暂时有了稳定的保障。"

白俄共指出："由于国外社会主义的敌人利用大量信息手段对社会意识进行心理战，致使大量苏联公民，其中包括共产党员，在20世纪80年代末——90年代初被解除了意识形态武装，不准备在思想上捍卫当时存在的社会经济体制。而且大多数劳动者当时错误地认为，只要把共产党员从政权中清理出去，实行市场改革，他们就会生活得更好。"

乌共指出：苏联的解体正是"在西方情报机构的参与下，在国际资本、反动流亡人士的全面支持下，详细地计划并组织了反对苏联和苏联共产党，反对整个的社会主义和睦共处的全面进攻。它刺激国内的社会主义敌人实施破坏活动。在党内高层叛徒的帮助下，被资产阶级复辟分子控制的大众传媒在这方面起了非常具有破坏性的作用。流言污蔑、反共产主义宣传猛地砸向劳动人民，其目的是在居民中形成苏联共产党应对所有的消极面承担'罪责'的体系，败坏党的名声，

把党同人民隔绝开来"。因为，"资本主义世界的统治集团在谋求世界主导地位的同时，从来没有停止弱化社会主义、最终——破坏社会主义、消灭社会主义的努力。正是出于这样的目的，在第二次世界大战结束之后，他们立刻发动'冷战'，强迫我们接受繁重的军备竞赛。资本主义利用社会主义建设过程中的错误和允许的一些变形、新社会建设的客观困难、苏联共产党一些领导人物的背叛，培育了在社会主义国家复辟资本主义秩序的土壤。用犯罪的方式，违背1991年3月17日全民公决表述的人民的意志，毁掉了伟大的苏维埃国家——苏维埃社会主义共和国联盟。社会主义共同体瓦解。继续坚持走社会主义道路的中华人民共和国、朝鲜人民民主主义共和国、越南社会主义共和国和古巴共和国遭受的政治和经济压力增强。我们的政治敌人非常清楚这一点。同样，就像19世纪中叶，旧世界所有的反动力量团结起来进行反对'共产主义幽灵'的斗争一样，今天，在20、21世纪之交，国家资本将自己的全部力量和资源都用于疯狂迫害社会主义的追随者、共产主义的拥护者。制造出所需效果的同时，其领导集团及投靠他们的背叛共产主义的叛徒，害怕无法遏止的历史发展进程和社会主义的必然胜利，宣布社会主义是'人类发展的死胡同'，宣告社会主义已经'死去'"。

四、失败的是过时的社会主义形式，而不是社会主义本身

五个共产党都一致肯定了伟大的十月革命在开启人类历史上的社会主义新时代中的重要作用。俄共指出："没有列宁及其所领导的布尔什维克党的活动，人类奔向原则上不同的社会制度的理想就不会实现，群众历史性创造出来的新的政权形式——苏维埃共和国就不会得到巩固。"白共指出，"伟大的十月社会主义革命是20世纪具有划时代意义的事件。它开创了转向社会主义的进程，为人类指出了通往社会和民族平等的道路，揭示了工人阶级、农民和劳动知识分子的创造能力，使苏联人民在最短的历史时期内，在教育、科学和文化、工农业生产领域跃居先进行列，把人类送上了太空。"白俄共指出："给俄罗斯帝国人民带来自由和自决权的伟大的十月社会主义革命使白俄罗斯成为世界版图中一个独立的主权国家。"乌共指出："伟大的十月社会主义革命是20世纪的一个主要历史事件，

国外马克思主义研究专题

它开启了一个新纪元,两种社会制度——资本主义和社会主义的历史竞赛由此展开。"摩共指出:"马克思、恩格斯、列宁、布哈林、葛兰西的理论著作中的概念和范畴,……直到现在仍然是经济学家、社会学家、政治学家最有效的分析工具。"可见,对十月革命,这些共产党都一致给予肯定的评价。

苏联解体只是原有的社会主义形式的失败,并不代表社会主义的失败,资本主义和社会主义两种制度的角逐远未结束。俄共指出:苏联解体是"通过欺骗和暴力,使国家回到了资本主义。这是一条导致民族灾难和我国文明毁灭的社会倒退之路""在苏联和其他一系列国家已经发生的资本主义复辟意味着社会主义暂时的退却。但是,失败的并非作为社会制度的社会主义,而只是以前的社会主义形式"。乌共也明确指出:"一系列欧、亚国家社会主义的暂时失败并不意味着社会主义的崩溃。两种体制历史上的原则性角逐并没有结束,它只是在质上过渡到了一个新的阶段。"

联共（布）中央同以布哈林、李可夫为首的"右派"的争论及选择

陈爱茹

内容提要：1927年秋，苏联出现了粮食收购危机。粮食收购危机对国家的政治、经济生活都产生了重大影响，开启了以斯大林为首的联共（布）中央多数派同以布哈林、李可夫为首的"右倾反对派"之间围绕国家发展道路问题展开的争论。在争论过程中，布哈林、李可夫等坚持要继续执行新经济政策，而以斯大林为首的联共（布）中央多数派看到，由于国内外形势发生的变化，继续执行新经济政策会放缓国家的工业化进程，可能导致联共（布）丧失国家领导权，并进而使人类历史上第一个社会主义国家的建设遭到失败。在这种背景下，联共（布）中央多数派与布哈林、李可夫等"右倾反对派"进行了争论并取得了争论的胜利，苏联终止了新经济政策，开始了斯大林模式的社会主义建设时代。

关键词：新经济政策、党内斗争、斯大林模式

列宁逝世后，联共（布）中央围绕社会主义发展道路问题出现不同认识，与权力斗争搅杂在一起，联共（布）内部开始出现反对派。从1923年10月开始到1927年底，联共（布）先后同托洛茨基反对派、季诺维也夫和加米涅夫新反对派、托季联合反对派进行了争论，在这些争论中，斯大林和布哈林基本上站在一致的立场上。但是，1928年初到1929年底，布哈林、李可夫等被联共（布）中央指责为"右倾"，开始作为"右倾反对派"同以斯大林为首的中央多数派进行争论，他们之间争论的历史源起是什么？争论涉及了哪些具体问题？争论导致国家的发展方向发生了怎样的变化？本文尝试对此进行一些粗浅研究。

| 国外马克思主义研究专题 |

一、十五大前后的苏联的困境与选择

1927年12月的联共（布）第十五次代表大会击溃了左翼的托季联合反对派，使新经济政策得以继续。但党的第十五次代表大会刚通过五年计划的指标，新经济政策又引出了新的问题。

由于不利的气候条件，乌克兰、北高加索和克里木的越冬作物全部死掉，加上粮食价格降低，粮食计划收购的总价值1927年9月份还是1926年收购价值的103%（8000万卢布），而到了12月份，也就是党的十五大召开时就下跌到1926年12月份7500万卢布的42%（3100万卢布）①。这导致1927—1928年冬季爆发了粮食收购危机。1927年7月至9月的粮食收购高于前一年的同期水平，10月至12月，粮食的收购水平急剧下降，只达到了去年的一半。② 1927年年底，粮食收购量为3亿普特，而1926年底的粮食收购量为42800万普特，1927年的粮食收购量比1926年减少了12800万普特。

粮食收购量的减少，不仅影响到国内的粮食供应，也会影响到工业化资金的积累③。即工人区的供应发生危机，这些地区的粮价上涨，工人的实际工资下降；红军的供应发生危机，红军战士中产生不满情绪；产麻区和产棉区的供应发生危机，这些地区出现投机的粮价，麻农和棉农改种粮食，因而棉、麻生产缩小，纺织工业有关部门也随之缩小；国家手中缺乏粮食储备，既不能满足国内需

---

① 王丽华主编：《历史性飞跃——俄罗斯学者论新经济政策》，人民出版社2005年版，第216页。

② ［俄］В. П. 丹尼洛夫、О. В. 赫列瓦田克、А. Ю. 瓦特林主编：《新经济政策是如何被断送的》，李方仲等译，人民出版社2007年版，第6页。

③ 苏联的工业化是在资金极为短缺的情况下启动的。出口粮食是工业化的主要资金来源之一。当时为了筹集工业化资金，还经常大量地出售艺术品。从1927年开始贸易人民委员经常要定出每年的出口古董计划。1928年1月23日人民委员会作出了加紧向国外出口和销售古玩和艺术品的决议。结果是大量的古董、油画被出售。如1929年4月4日的柏林艺术品拍卖会上，售出伦勃朗的《老人头像》138000马克；朱尔斯·凡·克莱夫的《老人肖像》100000马克；小卢卡斯·克拉纳赫的《男子肖像》28500马克；提香的《圣哲罗姆像》26000马克；提香的《圣母子》25000马克。另外还有24件法国18世纪宫廷银器，还有16世纪巴黎的手工艺家具，共售54150英镑。（详见齐彬、任兰新：《苏联秘密出售世界名画始末》，见《读书》2010年第1期。另俄罗斯学者近年也有这方面的著作问世。如Юрий Жуков Сталин: операция "Эрмитаж". Москва, 2005.）。而粮食出口是工业化的主要资金来源。

联共（布）中央同以布哈林、李可夫为首的"右派"的争论及选择

要（逢歉收时），也不能满足为输入设备和农业机器所必须的出口的需要；全部价格政策遭到破坏，稳定粮价的政策遭受破坏，不断减低工业品价格的政策遭到破坏。为了解决粮食收购问题，联共（布）中央从1927年12月14日到24日十天内连发两道指令，要求加紧收购工作，都无成效。

在这种情况下1928年1月5日中央政治局成立了以斯大林为首的负责粮食收购的特别委员会，1月6日发布了由该委员会起草、斯大林签署的《联共（布）中央就粮食收购给各地方党组织的指令》。该指令明确提出了纯粹行政性的收购粮食的办法："地方组织的工作速度缓慢得不能容忍，还在处于冬眠状态，基层机构还没有动起来……政权和党的杠杆还没有启动……农民共产党员、苏维埃和合作社积极分子没有把自己所有余粮都卖出来，国营农场和集体农庄也没有把所有商品粮都运出来。所有这些正像已经证实的那样，证明地方组织忘记了'对党和无产阶级承担的基本义务'。"指令要求"在一个星期的期限内做到粮食收购的决定性转折……而且无论是提出什么借口或者拿节日做理由，中央都将认为是在粗暴违反党的纪律"。要求地方党组织"坚决完成商业人民委员部的年度和月度任务"，它的所有"日常指令，不得迟缓"，"……最严格地准确按时完成"。为了"从农村汲取货币积累"，建议"规定期限，让农民最大限度地加速向国库支付所有的一切……争取提前交付所有的付款……依据捐献的法律快速确定对地方的额外征税。""在征收各种付款的欠款时要立即采取严厉的惩罚，首先是对富农。需要对富农和破坏农业价格的投机分子采取特别的镇压措施。""如果拖延完成这个指令和在一个星期的期限内不能取得实际成果，坚决扭转粮食收购状况，中央可能就不得不更换目前的党组织领导人了"。[①] 1月14日又向地方上发出了斯大林的指令，要求"无论如何也要"完成粮食收购任务，也就是要不惜采用任何强制手段。指令中指出："共产党员中有许多人想，不能触动收购者和富农，因为这样会把中农吓跑。这是一些共产党员头脑中的所有腐朽思想中最腐朽的思想了。情况正好相反。为了恢复我们的价格政策和取得重大的转折，现在就应该打击收购者和富农，应该逮捕投机者、富农和破坏市场及政策的人。只有

[①] ［俄］В. П. 丹尼洛夫、О. В. 赫列瓦田克、А. Ю. 瓦特林主编：《新经济政策是如何被断送的（一）》，李方仲等译，人民出版社2007年版，第6页。

| 国外马克思主义研究专题 |

在这样的政策下,中农才能明白……投机者和富农是苏维埃政权的敌人,把自己的命运和投机者、富农的命运联系在一起是危险的,他,中农,应该在工人阶级面前履行同盟者的义务。"① 从这个指令中可以看出斯大林农村政策的实质。

1月15日到2月6日斯大林本人亲赴西伯利亚巡察,向所到各地的粮食收购组织施加压力,要它们按俄罗斯联邦刑法第107条惩办那些不愿按国家价格交出全部余粮的富农和其他投机分子。非常措施的实施引发了余粮征集制时期的过火行为。这种措施虽暂时解决了粮食供应不足问题,但确严重挫伤了农民的积极性,使国内大部分地区最有生产能力的殷实农户,特别是产粮区都减少播种面积,大量屠宰牲畜,试图脱离被加倍课税的高级农户的圈子。因而在秋季播种运动中扩大秋播的原计划没有实现,全国反而普遍减少播种面积近3%。1928年底城市实行了粮食和其他一系列食品配给证,1928年对粮食收购价格的少许提高,降低纳税额和对1929年新开垦的土地免税两年的做法都没有使形势好转。而迅速发展的工业却增加了对粮食的购买力。在这种形势下,1929年再次在农村采取非常措施收购粮食。

两次采用非常措施向农民征收粮食,极大地破坏了市场对劳动的刺激。国家对农业经济的直接干预的不断扩大,缩小了农村的商品货币关系范围,要恢复正常的市场关系需要很多年。而当时急需粮食,能马上提供相当数量粮食的只有大农户,只能靠集体农庄和国营农场。因为1927年集体农庄的粮食生产的商品率是34%,个体农户的平均商品率是17%—18%,也就是说集体农庄的商品率是个体农户的两倍,同一年国营农场粮食产品商品率是50.5%,几乎是个体农户商品率的3倍。② 在这种情况下1929年11月采取了加速集体化的方针,引发了党内的最后一次关于发展道路的大争论。

就当时的国际环境来看,1927年在国际上掀起了反苏、反共浪潮。在苏联的东部,1927年4月6日发生了北京政府搜查苏联驻华大使馆事件;在苏联的西部,1927年5月12日,英国内务大臣策划了英国警察部队搜查破坏英苏贸易公

---

① [俄] В. П. 丹尼洛夫、О. В. 赫列瓦田克、А. Ю. 瓦特林主编:《新经济政策是如何被断送的(一)》,李方仲等译,人民出版社2007年版,第7页。

② 王丽华主编:《历史性突破——俄罗斯学者论新经济政策》,人民出版社2005年版,第124—125页。

司和苏联驻英商务代表团大楼事件；5月23日英苏断交；1927年6月7日，苏联驻波兰大使 П. Л. 沃伊科夫遇刺。国际反苏、反共浪潮的出现为联共（布）终止新经济政策，加快工业化的步伐提供了借口。

二、斯大林思想的转变及同以布哈林、李可夫为首的"右派"的争论

在同左翼反对派的争论中，斯大林基本支持布哈林的主张，比如在俄共（布）第十三次代表大会以后的一次报告中，斯大林也像布哈林一样强调："我国社会主义工业所赖以生存的是国内市场，首先是农民市场，即农民经济。因此结合问题是我国工业的生存问题，是无产阶级的生存问题，是我们共和国的存亡问题，是我国社会主义的胜利问题。"[①] 1925年4月30日俄共（布）中央委员会通过了一项重要决议，指出："目前党和苏维埃政权在农村中的基本经济任务是：在进一步发展国内商业流转的基础上提高和恢复国民经济。"决议特别要求取消农村中与国内市场关系相抵触的"战时共产主义"残余。决议继续提出要通过发展农村合作化的办法全力促进劳动农户的联合。关于集体农庄只是有条件地支持农民完全自愿地参加。这次中央全会还通过了减轻农业税、改变对粮食和农业原料的限价政策、容许农民有广泛地享有出租土地的权利、进一步确认农业中使用雇佣劳动的政策、撤消限制自由贸易的各种障碍等决定。[②] 斯大林在当年5月9日的一次报告中也说："现在的问题不是挑起农村的阶级斗争，而是要提高农民群众的物质和文化生活水平，并和他们一道建设社会主义。"[③]

而布哈林在布列斯特和约时期是"左派共产主义者"的领袖人物，在农民问题上，他持极左观点。认为，农民是一个"有财产的集团"，在革命开始阶段可以为土地而战斗，革命再深入，他们就会背弃革命。在商品——货币关系方面，他也站在传统的马克思主义立场，坚持立即用产品交换代替商品流通。1921年

---

① 《斯大林全集》卷6，第211页。
② 参见《苏联共产党代表大会、代表会议和中央全会决议汇编》（第二分册），人民出版社1964年版，第538—548页。
③ 《斯大林全集》卷7，第105页。

国外马克思主义研究专题

后逐渐转向了列宁的新经济政策思想。在反对左翼反对派的论战中他是主要理论家。在1928年以前他与斯大林没有太大分歧。正是布哈林在1927年10月12—20日的莫斯科省工会第八次代表大会上宣布了加强向资本主义分子首先是农村的富农分子进攻的方针。1927年12月2—19日由联共（布）第十五次代表大会一致通过的关于制定国民经济五年计划的指示的主要思想是：必须加快国民经济的平衡发展，即把积累和消费两者的需求以及重工业和轻工业、工业和农业的发展以最佳的方式迅速地结合起来。①

斯大林在十五大的政治报告中总结国民经济发展情况时说，工业得到了空前的发展，农业产值增长缓慢，农业比国有化的农业发展速度缓慢的原因，一是农业技术落后，农村文化水平低，二是分散的农业生产不是国有化的，不能像国有化工业那样按计划经营。他认为农业的出路就在于："把分散的小农户转变为以公共耕种制为基础的联合起来的大农庄，就在于转变到以高度新经济为基础的集体耕种制。"当时斯大林还明确指出这是要"逐步地然而一往直前地不用强迫手段而用示范和说服的方法"来进行。关于富农问题，斯大林在报告中说："在农村中富农有一定程度的增长。"但对富农要尽量采取经济措施，不应当用行政手段代替经济措施。② 斯大林的这些主张与布哈林是没有分歧的。

在1928年2月9日的政治局会议上开始出现分歧。在当时制订的指令中，有布哈林和李可夫坚持补充的内容，如"有议论说我们好像要取消新经济政策，采用粮食征集制，剥夺富农，等等，这是反革命的胡言乱语，必须与之进行坚决斗争。新经济政策是经济政策的基础，而且在很长一段历史时期里依然如此"。在谈到继续对富农，确实掌握了剩余商品粮的大户施压，完全根据苏维埃法制施加这种压力之时，在布哈林和李可夫的坚持下补充了"但是无论如何也不得用这些或类似措施触及中农"。③ 布哈林和李可夫坚持做的这些补充说明当时斯大林与右翼已经有分歧了。

---

① 王丽华主编：《历史性突破——俄罗斯学者论新经济政策》，人民出版社2005年版，第125页。

② 《斯大林全集》卷10，第266页。

③ ［俄］В. П. 丹尼洛夫、О. В. 赫列瓦田克、А. Ю. 瓦特林主编：《新经济政策是如何被断送的（一）》，李方仲等译，人民出版社2007年版，人民出版社2007年版，第4页。

联共（布）中央同以布哈林、李可夫为首的"右派"的争论及选择

三周后，斯大林等人与后来的"右派"之间发生了更为激烈的冲突。1928年3月7日，为了确定1927—1928年的工业财政计划，李可夫把相应的建议提交给了政治局批准，但由于计划草案中提出的冶金企业的建设速度不够快而遭到了斯大林支持的莫洛托夫的批评。李可夫当时在会上向斯大林、莫洛托夫和布哈林写了一个辞职的条子："最近有一系列迹象表明，政治局的大多数人对人民委员会和劳动国防委员会的领导不满。今天爆发的分歧针对的是一个极其重大的问题——关于今年工业计划的决议问题。从这一切应该得出结论。只有在重大的基本问题上人民委员会及劳动国防委员会的领导和政治局的意见没有分歧的情况下，工作才能进行下去。我不能再继续担任人民委员会和劳动国防委员会主席的工作了。建议这样来分配力量，以便在最近的全会和中央执行委员会上进行必要的人员调整，把我派到乌拉尔去。"莫洛托夫首先对李可夫的辞职要求表示反对："我认为李可夫同志提出的问题是根本不正确的。我认为没有人能够提出撤换李可夫同志的问题"，"李可夫同志担任人民委员会主席比任何人都更好。但是我认为自己的发言无疑是合法的。无论在任何情况下，我都不可能放弃在政治局里发言和严厉批评各人民委员部和人民委员会的决定的权利。分歧不在于基本问题上（在这方面是需要有统一思想的），而是在个别的、虽然是重大的具体问题上。这是不可避免的，而且我认为这没有什么不好。所以李可夫同志对整个问题的提法是不正确的。"布哈林当时没有直接支持李可夫，但是提出了一个程序问题："我认为关于工业以及其他一些这样的问题最好事先列入日程。不然我们就日程进行的争论会是各种（相对来说的）无稽之谈了，却不能防止出现今天这样的场面。我自己不能说在大众场合不搞争斗，但是我认为，更正确的做法是根据基本投入，而不是根据总产量来计算工业化及其速度。"斯大林表示赞同莫洛托夫和布哈林的意见，认为"错误在于没有在政治局开会之前先通通气"。[①] 但李可夫并没有接受他们的建议，又写了个条子坚持要辞掉人民委员会—劳动国防委员会的工作，不准备参加将要召开的中央全会，要求向所有成员散发他的声明。[②] 这次

---

① ［俄］В. П. 丹尼洛夫、О. В. 赫列瓦田克、А. Ю. 瓦特林主编：《新经济政策是如何被断送的（一）》，李方仲等译，人民出版社2007年版，第5页。
② ［俄］В. П. 丹尼洛夫、О. В. 赫列瓦田克、А. Ю. 瓦特林主编：前引书，第6页。

斯大林首先表示："应该这样来办：我们大家应该聚一下，稍喝上一点，谈谈心。这样也就能解决所有误会了。否则，我宁肯同意调整政治局而不是在人民委员会里做什么变动。"布哈林也劝李可夫撤回最后通牒。莫洛托夫也表示支持。但李可夫仍旧坚持。最后是如何说服李可夫的，还不清楚。

不过，可能正是由于这次会议上的冲突，会后通过了一系列"反紧急状态"的文件：3月28日，俄联邦司法人民委员部向地方下发了题为《关于粮食收购案件的司法处理》的秘密公文，其中解释说："罚款应该严格考虑该农户的经济实力。作为一种社会保护措施，它应该是很能起作用的，但是无论如何也不应该导致农户的破产。"此外还提出了"已经没收的农户财产"——家庭用品，靠自己的力量从事耕种所必需的"牲畜和农具"——"应该归还"。在"与从事农活有关的"财产范围内，这个要求甚至也适用于"农村中的富农阶层"。3月31日，向国家政治保卫总局的地方机关下发了该总局系统中的主要局之一——秘密行动局——的公文《关于对苏维埃机构在农村推行大规模运动时歪曲阶级路线的情况采取措施》。该文件中指出："许多下层苏维埃机关曾采取了不正确的、往往带有专横性质的行动（殴打、动用武器威胁、驱逐和国家政治保卫总局进行逮捕等等），采用暴力逼迫缴出粮食和借债。"建议"特别注意所有类似的情况"和"追究犯有上述非法行为的人员的责任"，直至"在特别严重的情况下"实行逮捕。①

为了审议粮食收购工作和处理沙赫特事件，联共（布）于1928年4月6—11日举行的中央委员会和中央监察委员会的联席会议。在这次会议上，米高扬做了题为《今年的粮食收购和组织明年的粮食收购运动》的报告。在这次会议上，无论是斯大林还是布哈林，而且当时党的领导人中任何一个人，都没有在全会上就粮食收购问题发言。②最后通过的《关于今年的粮食收购和组织1928—1929年度的粮食收购运动》的决议实际上是个妥协的文件，文件中既赞同了采取非常措施，包括采用第107条，又谴责了过火行为，包括"没收余粮（完全不

---

① ［俄］В. П. 丹尼洛夫、О. В. 赫列瓦田克、А. Ю. 瓦特林主编：《新经济政策是如何被断送的（一）》，李方仲等译，人民出版社2007年版，第6—7页。

② ［俄］В. П. 丹尼洛夫、О. В. 赫列瓦田克、А. Ю. 瓦特林主编：前引书，第7页。

联共（布）中央同以布哈林、李可夫为首的"右派"的争论及选择

按照司法手续地运用第 107 条）"。宣布了"在加强粮食收购工作方面保证了极大的胜利"，同时又让"各级党组织注意"4—6 月"为了完成计划，还要比上两个年度同期收购更多的粮食和油料"，他们还应该"毫不放松地坚持不懈地继续进行收购运动"。①

在米高扬的报告中也谈到了新经济政策的命运问题。他在报告中指出："我认为，甚至我们采取的最非常的措施，它们也不是意味着要取消新经济政策。是的，它们在很大程度上限制了资本主义，有很大的压力，但是如果认为新经济政策就是市场自发性和经济发展的完全自由，这样想就不对了；如果想是我们在这个发展中应该保持中立，那也是不对的。无产阶级的国家在沿着完全正确和惟一正确的新经济政策路线前进，农民也将沿着这个路线和我们一起前进，随着自己力量和条件的增长，应该限制资本主义的法则和富农、私人资本的倾向。新经济政策意味着发展资本主义的可能性，但是新经济政策也规定了，要在我国国民经济的社会主义成分增长的基础上取消新经济政策，新经济政策不是回到资本主义的道路上去，而是要走上向社会主义前进的道路。""问题是要限制这个新经济政策的比例，要限制新经济政策的调节措施，使新经济政策服从于无产阶级国家，让分散的农民经济和私人资本就范。"②

在四月中央全会上斯大林和布哈林为了"不当众打架"没有发言，但四月全会一结束，他们的分歧马上就暴露了出来。4 月 13 日斯大林在莫斯科、布哈林在列宁格勒党的积极分子大会上就这次全会工作结果作报告。两个报告在 4 月 18 日和 19 日的《真理报》上接连发表，从此开始了斯大林与布哈林关于社会主义发展道路的争论。

从他们报告的内容来看，主要分歧表现在对粮食收购危机及沙赫特事件原因的分析上。斯大林认为，在新经济政策条件下，已经成长和强健起来的富农在反对苏维埃政权，而"沙赫特案件"证明了技术知识分子是世界资本主义的代理人，他们是反对苏维埃政权的。按斯大林的观点，所有困难都不过是敌人造成

---

① ［俄］В. П. 丹尼洛夫、О. В. 赫列瓦田克、А. Ю. 瓦特林主编：《新经济政策是如何被断送的（一）》，李方仲等译，人民出版社 2007 年版，第 338—344 页。
② ［俄］В. П. 丹尼洛夫、О. В. 赫列瓦田克、А. Ю. 瓦特林主编：前引书，第 19—20 页。

的。"我们有国内敌人,也有国外敌人。同志们,这一点是一分钟也不能忘记的。"正是因为如此,斯大林提出的克服困难的手段便是无情地消灭"阶级敌人",其中首当其冲是富农。

而布哈林在分析粮食收购危机和沙赫特案件的原因时,重点强调苏维埃政权工作中存在的缺点和错误:"我们知道,经济影响的一些最大杠杆掌握在我们手中,只要我们将来不犯大错误,占有这些杠杆就会使我们在国内关系方面是不可战胜的。富农首先是当它能利用我们的错误的时候才是一支危险的力量。"布哈林也承认阶级斗争仍然是向社会主义过渡时期社会生活的一个因素,但是他看到了社会发展的"一般经济"基础,看到了社会的调节必须通过经济:"通过经济形式,通过市场,通过商品量,通过对这些商品量的调节,通过对这些商品量的占有,通过生产关系以及通过市场关系。"①

本来在1928年4月的中央委员会和中央监察委员会的联席会议上提出了"取消党的措施中带有非常性质的部分",但4—6月粮食收购发生新的困难时,又恢复了非常措施,引起了农村矛盾的尖锐。在这种情况下布哈林于1928年6月1—2日致信斯大林,谈的是重新考虑农村政策的总方针问题:"我认为国内外局势非常严重。我想,我们需要考虑出一个完整的计划,特别是关于销售新收成的时间……如果我们进入一个新收获期却同农民的关系极其尖锐,我们就会在新的运动中又有失败的危险……我们的非常措施……在思想上已经失败了,变成了一种新的、与十五次代表大会的路线不同的政治路线……"布哈林在信中问道:"如果一切问题在于富农的话,那么,现在已经承认是神话的9亿又该怎么办?而如果我们的粮食压根就很少的话,那么,富农怎么来为我们'调节'呢?如果所有的生路在于集体农庄的话,那么,哪儿来钱去搞它们的机械化呢?总之,说我们的集体农庄应该在贫困和分散的情况下成长是否正确呢?吸引小额存款的方针是否还有效或是已经过时了呢?鼓励个体经济的方针是否还有效或者已经过时了呢?你过去批评过的伊万·尼基托耶维奇·斯米尔诺夫(1925年他提出关于开始农民经济集体化,但不是采用后来的斯大林式的方法,当时受到了激烈的批

---

① [俄] B. П. 丹尼洛夫、O. B. 赫列瓦田克、A. Ю. 瓦特林主编:《新经济政策是如何被断送的(一)》,李方仲等译,人民出版社2007年版,第439—480页。

联共（布）中央同以布哈林、李可夫为首的"右派"的争论及选择

评——引者注）的错误，那么在有了新的事实的情况下，他又错在哪里呢？等等，等等。"① 6月15日，苏联副财政人民委员弗鲁姆金也致信政治局全体委员及候补委员，要求他们注意农村的非常政策造成的紧急局势。信中说："最近采取的方针导致中农群众感到暗无天日和没有前途。由于担心被划为富农，对改善牲畜和农具都失去了任何兴趣。农村中是一片压抑，这不可能不反映到经济的发展上来。"②

斯大林对布哈林的信没有答复，对弗鲁姆金的信却大加批判，指控他保护富农，政治上"右倾"。正是在这种情况下联共（布）中央委员会在7月4—12日召开了全体会议。在这次会议上斯大林与布哈林、李可夫等人的分歧更为明显。

在这次全会上，斯大林提出了两个很有名的思想。一个是"贡税论"。斯大林指出苏联的工业化主要靠内部来积累，工业化的积累主要有两个源泉，第一个是创造价值并把工业向前推进的工人阶级，第二个是农民。"农民不仅向国家缴纳一般的税，即直接税和间接税，而且他们在购买工业品时还要因为价格较高而多付一些钱，这是第一；而在出卖农产品时多少要少得一些钱，这是第二"。"这是向农民征收的一种额外税。这是一种类似'贡税'的东西，是一种类似超额税的东西"。③ 第二个思想就是说在走向社会主义的道路上，社会上的阶级斗争会越来越更加尖锐："随着我们的前进，资本主义成分的反抗将会越来越大，阶级斗争将会更尖锐，而苏维埃政权的力量也会越来越大，它将推行孤立这些分子的政策，镇压剥削者反抗的政策，为工人阶级和农民基本群众的进一步前进创造基础。"④ 这一思想实际上为采取行政、非常、紧急措施提供了理论依据。

在这次会议上，李可夫、布哈林、托姆斯基、奥新斯基、克鲁普斯卡娅、索科利尼科夫等人都反对非常措施。李可夫强调了党的最高领导及自己对"过火行为"和对"扭曲"负有责任。他在发言中指出："我们中间的任何人都不可能推

---

① ［俄］В. П. 丹尼洛夫、О. В. 赫列瓦田克、А. Ю. 瓦特林主编：《新经济政策是如何被断送的（二）》，李方仲等译，人民出版社2007年版，第4页。
② ［俄］В. П. 丹尼洛夫、О. В. 赫列瓦田克、А. Ю. 瓦特林主编：前引书，第8页。
③ 《斯大林全集》卷11，第139—140页。
④ ［俄］В. П. 丹尼洛夫、О. В. 赫列瓦田克、А. Ю. 瓦特林主编：前引书，第17页。

国外马克思主义研究专题

卸掉对我们称为扭曲的那些东西应该承担的责任。我们是党的中央委员会，是要为自己的地方组织负责。"① 同时他也承认了自己对"过火行为"所负的责任，"我不能夸口说，我们采用非常措施完全达到了我们想要的一切。我个人曾相信，行政措施将会导致消除粮食危机。遗憾的是，这种情况并没有发生，就像我们和贫农及中农的关系没有受到破坏的状况没有发生一样。应该完全开诚布公地承认这一点"。② "我是发生过的各种事件的主要责任人之一，至少我不会用什么东西把自己和党所做的一切分割开来。我们集合到这里来就是为了可以批评自己也批评别人，照我的看法，这中间不可能有什么可耻的和会引起反感的东西。非常措施有自己好的一面，也有不好的一面。如果我们没有采用这些措施的话，我们面临的状况就会更糟了，因为如果在工人地区发不出粮食的话，那很清楚，是会引起更大的复杂情况，会是一场总危机的。有必要采用非常措施是肯定的。但是我在这里不能像发言人中的某一位那样，成为一个盲目的崇拜者"。③ "在任何一个其他的国家里，把国家引导到这种状态的政府是要受到猛烈攻击的，会出现要更换它的问题的。在我们这里没有，也不可能有这种情况，但是我们应该有更多的批评，更多的活思想和更少的心安理得和装点门面的一切正常"。④

布哈林要求"取消历史上被证明是对的、我们完全正确地起作用的非常措施。我国应该取消这些非常措施是因为它们已经成长得超出自己了，它们从历史上说已经耗尽了自己的能力了，在经济上它们已经几乎不能给我们更多的任何东西了，如果说在经济上它们有什么结果的话，那么这个结果就是加强了那些还不是非常强大的、但是在发展着的趋势，这些趋势是在引向战时共产主义方面去的（引向过渡到票证，食品在市场上消失和一系列其他的会自动发展起来的现象）"。⑤ 他预言不断采取非常措施就是导致"富农穷追不舍的、组织起来的和有领导的农民起义。小资产阶级的自发性会起来反对无产阶级，打它的脑袋，由于

---

① ［俄］В. П. 丹尼洛夫、О. В. 赫列瓦田克、А. Ю. 瓦特林主编：《新经济政策是如何被断送的（二）》，李方仲等译，人民出版社 2007 年版，第 337 页。
② ［俄］В. П. 丹尼洛夫、О. В. 赫列瓦田克、А. Ю. 瓦特林主编：前引书，第 339 页。
③ ［俄］В. П. 丹尼洛夫、О. В. 赫列瓦田克、А. Ю. 瓦特林主编：前引书，第 339 页。
④ ［俄］В. П. 丹尼洛夫、О. В. 赫列瓦田克、А. Ю. 瓦特林主编：前引书，第 348 页。
⑤ ［俄］В. П. 丹尼洛夫、О. В. 赫列瓦田克、А. Ю. 瓦特林主编：前引书，第 417 页。

联共（布）中央同以布哈林、李可夫为首的"右派"的争论及选择

残酷的阶级斗争的结果，无产阶级专政会消失。"① 布哈林认为富农是生产力发展的结果，主张通过市场、价格及税收政策等经济手段来进攻富农。他在发言中指出："我们的状况是矛盾的，生产力的增长带动的是富农的增长，而且我们如果没有生产力的增长是不行的。这种客观的矛盾是在采用不打击中农的措施的情况下能够排除的。譬如，我们有税收政策这样的杠杆，它能够让我们几乎在不触动中农的情况下剥夺富农，但是我们只是很少想到，该是通过怎样的计算和怎样把这个杠杆使用起来，才能经常地把富农积累中坐享其成的那部分剥离下来，把它们变成为社会主义的建设事业所用，而同时又不得罪中农。所以我觉得，这里并没有什么走投无路的状况，所以我们主要的任务，我们主要的、决定性的任务，是用这样的方法，这样来进攻富农，要让中农不会因此而受害。"②

七月中央全会后，由于非常措施没有停止，布哈林开始集中对斯大林的建设路线进行批判。9月30日他在《真理报》上发表《一个经济学家的札记》，借批评普列奥布拉任斯基及托洛茨基的"抽取"政策，实际上不指名地批判了斯大林的路线。在文章中指出粮食收购危机不是由于生产下降、农民的农业劳动收入增加等客观原因造成的，而是由于不正确的价格政策，由于粮食和其他农产品的价格严重脱节等原因造成的。指出工业和建设中的唯意志论计划对经济发展，尤其是对工业进程也产生了很大的负面影响。例如，任务的"不协调"造成工厂需要用"明天"制成的砖和金属构件来搞"今天"的建设的局面。③

10月8日政治局在布哈林缺席的情况下针对布哈林的文章通过一个决定，指出由于文章的一系列论点存有争议，《真理报》不应该未经中央委员会许可就予以发表。此后报刊上出现了没有点布哈林的名但对他的文章大张挞伐的文字。斯大林也曾准备亲自答复布哈林的文章。最近在档案中发现一篇斯大林没有写完的《对布哈林同志〈一个经济学家的札记〉一文的批评意见》的手稿。斯大林

---

① ［俄］В. П. 丹尼洛夫、О. В. 赫列瓦田克、А. Ю. 瓦特林主编：《新经济政策是如何被断送的（二）》，李方仲等译，人民出版社2007年版，第417页。
② ［俄］В. П. 丹尼洛夫、О. В. 赫列瓦田克、А. Ю. 瓦特林主编：前引书，第428页。
③ ［俄］В. П. 丹尼洛夫、О. В. 赫列瓦田克、А. Ю. 瓦特林主编：《新经济政策是如何被断送的》（三），李方仲等译，人民出版社2007年版，第8页。

| 国外马克思主义研究专题 |

在手稿中批评布哈林的文章是"折衷主义"文章,"不认真对待数字"。

在1929年1月底到2月初的联共（布）中央政治局和中央监察委员会主席团联席会议上，斯大林宣布布哈林、李可夫、托姆斯基组成了特殊的布哈林集团。这个集团提出了和中央相对抗的特殊政纲："第一，它违反党的现行政策，要求降低我国工业发展速度，硬说现在的工业发展速度会'招致灭亡'。第二，它也违反党的政策，要求收缩国营农场和集体农庄的建设，断言集体农庄和国营农场在我国农业中不起也不能起重大作用。第三，它也违反党的政策，要求私人贸易完全自由并放弃国家在贸易方面的调节作用，断言国家的调节作用使贸易不可能发展。"并说"布哈林集团反对对富农采取非常措施，反对向富农征收'过高的'税。放肆地责备党，说党采取这些措施实际上就是'对农民实行军事封建剥削'政策。"

以布哈林为首的"右派"与斯大林关于社会主义发展道路的争论一直持续到1929年4月中央全会，最后以斯大林的胜利而告终。党内"右派"的失败为斯大林的社会主义建设模式的实施扫清了道路。正是在1929年4月中央全会后召开的党的第十六次代表会议上苏联通过了发展国民经济五年计划的最佳方案，为加速工业化而实行的农业集体化运动也大规模地开展起来。

以布哈林为首的"右派"与斯大林争论的实质，不是要不要进行工业化及要不要剥夺农民的问题。而是如何剥夺农民获得工业化资金问题。是通过市场、价格及税务手段剥夺富农还是通过非常措施剥夺富农问题。对工业化本身，对于从农民那里获取工业化资金他们是没有分歧的。比如李可夫在1928年要求"保证工业的资金'给养'，在这样的前提下，在最短的历史时间段内，工业就能够在整个经济制度中占决定性的地位……"换言之，"必须尽最大可能向工业投入……在今后几年的时间里国家工业化的最快速度是完全必须的"。李可夫也指出："在改造的最初阶段，我们不从国民经济的其他部门，尤其是农业向工业抽取资金就应付不过去"。但是，这样做应该遵守一个条件，"即这样的资金抽取不应该对农民的主体——中农的伤害太过分。"[①] 再如1927年苏联与英国断交，苏联的国际环境恶化，作为政府首脑的李可夫也认为："准备战争的任务要求加大

---

① Сост. С. С. Хромов: *Индустриализация Советского Союза Новые документы Новые факты Новые подходы*, Часть1, Москва, 1997, с. 220.

对军事需要的开支，我们国家与资本主义国家的巨大差别就在于，与沙皇时代相比，我们用于国防需要的费用恐怕不及沙皇政府战前供养军队费用的一半。""我们全部工作的出发点应当是坚决推行党的使国家工业化的基本方针，加强整个经济体系中的社会主义因素。只有这才能使我们加强国家的国防能力。"① 但是，在1928年冬、春季，在采取非常措施时，这个主体（中农）受到了过分的伤害。李可夫在1928年7月分的联共（布）中央全会上对此发表的看法是："……使用非常措施是必要的……"② 同时，他对非常措施的绝对化、对这些非常措施的"完全赞扬"进行了批判。布哈林也认为："……我们应该使用非常措施。"但是，布哈林也像李可夫一样反对把非常措施绝对化。在1929年4月的中央全会上，布哈林说："要说多少次，我们拥护工业化，拥护提出的计划？这我们已经说多少次了！强调多少次，我们是赞同工业化的……"③

三、为什么要放弃新经济政策而选择斯大林的社会主义建设模式

首先，新经济政策思想与共产主义学说本身存在矛盾。

列宁晚年提出"我们对社会主义的整个看法根本改变了。"但他并没有进行详细的阐述，而且，从他的最后思想来看，他也并没有否定现行政治制度的基本原则，仍始终坚持无产阶级专政、党的领导作用、国家是改造社会的中坚力量及国家对基本生产资料的垄断、解决经济问题和政治问题的阶级立场等思想。这也就决定了新经济政策不可能走得太远。

正如俄罗斯历史学家德米特连柯所说的，1921年"战时共产主义"制度的危机并不等于共产主义学说本身的危机。在无产阶级革命运动中（其左翼部分）形成的对社会主义的解释依然不可动摇。俄共（布）第八次代表大会通过的、在向新经济政策过渡之后并未修改的纲领和纲领的普及读物（其中包括布哈林的著

---

① Сост. С. С. Хромов: *Индустриализация Советского Союза Новые документы Новые факты Новые подходы*, Часть1, Москва, 1997, с. 164, 166.
② Сост. С. С. Хромов：前引书，第207页。
③ Сост. С. С. Хромов：前引书，第24页。

作），提出了没有阶级、没有国家、没有民族形式、没有商品、只有一种所有制形式（公有化的所有制形式）的未来社会主义前景，为战术机动（如新经济政策）规定了相当有限的范围。新经济政策的思想在理论上和实践上都还非常薄弱，无法同这个庞然大物（广大群众的浪漫主义化意识）一争高下。理论上的个别突破（如号召加强苏维埃的贸易和社会主义的合作社，号召利用国家资本主义等）完全被纳入"暂时退却"、"战术机动"之类的范畴。新经济政策在意识形态上牢牢地同"过渡时期"问题绑在一起，没有任何摆脱这种时间的、题材的框框的可能，从一开始就被"阉割"，失去了丰富未来的社会制度的能力。新经济政策虽然实际是重要的、轰动一时的题目，但毕竟是在基本上一成不变的社会主义构想的背景下的局部的题目。① 俄科学院俄国历史研究所所长、通讯院士 А. Н. 萨哈罗夫也认为："所谓的新经济政策的选择只有在对政权本身的性质进行重大改变、在根本改变整个国家的经济建设模式的情况下才有可能，而对此甚至最优秀的党的理论家布哈林都没有准备。"② 研究新经济政策的著名学者吉姆佩尔松也指出："另一个问题是，'布哈林的选择'是否现实，它是否有机会变成现实？可以一致地认为：布哈林的选择没有任何机会。在党的十四大后，在20年代末前夕，党（以及国家）的领导层的政治力量对比完全有利于斯大林的多数，布哈林的选择必遭失败。""布哈林选择必遭失败不仅是由于'右派'的政治孤立。就本质而言布哈林的选择的基础是乌托邦思想：通过发展商品货币关系、市场自由、投机活动、混合经济可能导致的是社会主义，是根本否定所有这些经济范畴的社会。现在当我们摆脱了旧的陈规，可以用清晰的观点观察全人类的发展时，就很清楚了，按新经济政策的道路进一步发展将导致的不是社会主义，而是资本主义。中国实际上正显示这种不可避免性。"③

其次是经济原因。1927—1928 年工业出现了明显的高涨，工业品的产量超出

---

① 王丽华主编：《历史性突破——俄罗斯学者论新经济政策》，人民出版社 2005 年版，第 244—245 页。

② Под ред. А. Н. Сахарова *История России. с начала* XIX *века до начала* XXI *века.* Москва. 2008. с. 551.

③ НЭП: *экономические, политические и социокультурные аспекты.* Москва, 2006, с. 91.

联共（布）中央同以布哈林、李可夫为首的"右派"的争论及选择

了年度任务，连续两年产品成本下降，利润增加。但是这几年工业发展的高速度是利用了国家以前积累的物质和精神潜力的结果，是利用以前闲置的设备及各个地区之间的经济联系恢复的结果。粮食收购危机说明，在变化了的条件下，随着战后工农业恢复工作的完成，新经济政策的经济机制开始有些行不通了，需要进行改革。

另外，在不放弃加速工业化目标的情况下保留新经济政策的发展模式是否可行？当然保留新经济政策非常符合城乡居民的近期和长远的根本利益，可以在主要靠市场形式实现的城乡联系的基础上使工业和农业两个部门协调平等地发展。这即所谓的"美国方式"。但当时的苏联与美国不同，美国国民经济在类似的工业化时期不用从农业给工业大量抽取资金。而是靠大量的外资流入，如1843年美国的外债是1.5亿美元，而1899年达到33亿。1896年美国9条主要铁路中有5条的大部分股份属于外国人。① 而且美国还有欧洲移民和非洲奴隶为其工业化获得人力资源。革命前的俄国，工业化在很大程度上也是靠外资进行的。1861—1914年仅就铁路建设一项，外资就占了其铁路投资总额的48.16亿卢布的74.5%。② 而革命后外资的可能性消失，把非生产费用降到最低限度，激发工人阶级的劳动热情，从农业给工业抽取资金，实行俄国模式的非经济强制措施在当时的苏联成为几乎完全没有外资流入的"补偿器"。这也是从彼得大帝时期就已经开始的俄国工业发展的传统。这种传统把发展重工业同建立官办工厂和发展军国主义目的结合起来。这也是在短期内完成从农业国向工业国过渡的必然要求。在资本严重缺乏和加速建立自给自足的工业经济体系的方针的情况下，很难使重工业和轻工业平衡发展并迅速消灭商品不足，难以建立以市场形式为主的工业和个体农民经济的相互关系。

布哈林、李可夫等人不反对工业化，也要求高速工业化，要求加强苏联的军事实力。他们拥护工业化而反对斯大林更快获取资金的方式，虽从纯经济的角度来讲具有合理性，但他们提出的方案无法满足加速工业化所需要的大量资金。这

---

① 王丽华主编：《历史性突破——俄罗斯学者论新经济政策》，人民出版社2005年版，第126—127页。

② 详见 Бовыкин В. Н. *К вопросу о роли иностранного капитала в России.* —Вестник Московского университета. серия, 1964. №1. история, с. 71—77.

就使他们的主张无法得到更多人的支持。正如有的学者所说的:"倾向于加速发展重工业的论据愈多,在整个工业化期间保留新经济政策的良好愿望实际上就愈难实现。"① 实际上布哈林后来也认同了集体化的观点。用俄国学者的话说。1930年2月正是布哈林对集体化的新观点作了理论上的论证(首先实现生产社会化,而后采用新技术,而不是像1929年前认为的那样倒过来)。这种观点被布哈林认为是逆向(倒转)发展方针的具体化:1917年十月俄国革命者依靠社会主义建设最基本的物质前提,首先夺取了政权,而后开始为这一政权奠定相应的物质基础;1919—1930年他们先在农村实行新的生产关系,而后再为这一生产关系奠定技术基础。②

第三,斯大林的社会主义建设方式有一定的社会基础。从战时共产主义转向新经济政策,不是轻而易举地进行的。这种政策的转变在农民、工人中间乃至党内都遇到了明显的抵制。比如,根据1925年党的第十四代表会议和全苏苏维埃第三次代表大会的决定放宽对农民的限制,正是在农村中引起了抵制。较为自由的地方苏维埃选举,较为广泛的巩固农民经济的可能性,这些措施使部分基层苏维埃工作人员失去了职务和官僚特权,这些人因为革命得到了职务,在"贫农委员会"同富农斗争的政策下巩固了自己的职位。他们对变革的抵制异常激烈,以致在许多地方破坏1925年第一次举行的苏维埃自由选举(同以前比较而言较为自由),使这些选举不得不再次进行。正是这个阶层后来支持剥夺富农和强制集体化的政策。结果斯大林的"大转变"在农村不仅遭到了多数农民的抵制,同时也得到极少数农民的支持。另一方面,一部分工人坚决反对城乡私有化趋势,准备"剥夺"富农和耐普曼资产阶级。③

中央任命的边疆区和州党委书记们支持斯大林代表的中央的主张。一些比较著名的左派反对派同斯大林和解。1928年2月29日皮达可夫第一个转向了斯大林,接着是克列斯廷斯基和安东诺夫-奥夫谢延科。1929年7月以拉狄克和普列奥布拉任斯基为首的一大批人要求重新入党。这些都扩大了斯大林路线

---

① 王丽华主编:《历史性突破——俄罗斯学者论新经济政策》,人民出版社2005年版,第221页。
② 王丽华主编:前引书,第128页。
③ 王丽华主编:前引书,第229页。

的社会基础。

（陈爱茹，中国社会科学院马克思主义研究院助理研究员，联系电话13261277885）

| 国外马克思主义研究专题 |

自由主义产生的历史条件探源

谭扬芳

内容摘要：2008年爆发的震撼全球的美国次贷危机促使人们对自由主义思潮进行深刻的反思。作为西方世界的一种主流思潮，自由主义的形成和发展受制于各个国家、民族不同的诸如经济、政治、思想等社会历史条件和文化传统。本文将自由主义产生的历史条件概括为三大支柱，一个理念。支柱一：市场经济是产婆；支柱二：民主政治是母腹；支柱三：个人主义是基因，核心理念是个人自由，个性独立。本文认为，对待自由主义，我们要有鲜明立场，坚持马克思主义的指导地位，坚决反对一切形式的教条主义，反对照搬照抄别国经验，反对全盘西化。同时，对待自由主义，我们也要有科学的态度。

关键词：自由主义 市场经济 民主政治 个人主义

自由主义（Liberalism）是用以指称近代西方出现的一种思想潮流与政治运动。自300多年前产生以来，自由主义是西方政治文化中的重要内容，几乎一直是西方国家的主流政治思想，在西方意识形态领域发挥了重要作用，在其社会政治生活中产生了深刻影响，甚至成为大多数西方国家制定国策和统治方略的理论基础。然而，2008年的美国次贷危机却促使人们对自由主义特别是新自由主义思潮进行反思，其中一个重要的问题是，自由主义究竟是在什么历史条件下产生的？为什么会在西方世界居统治地位几百年？本文试图对这些问题作出回答。

一、经济支柱：市场经济是产婆

市场经济作为自由主义产生的经济支柱，充当了助产士的角色。市场经济催生了自由主义。自由的理念可以溯源到古希腊的城邦制，但"作为一种政治思潮与知识传统，作为一种可以辨认的思想要素，自由主义的出现只是十七世纪以后的事情。"① 自由主义是一系列社会变革的产物，特别是近代资本主义市场经济发展的产物。马克思曾这样说道："在十六世纪和十七世纪，由于地理上的发现而在商业上发生的并迅速促进了商人资本发展的大革命，是促使封建生产方式向资本主义生产方式过渡的一个主要因素。"② 商人资本发展的大革命促进了商品交换、市场经济和自由贸易的发展，由此民族和地域的历史转变为世界历史。当自然的狭隘共同体趋于瓦解，个人就有可能占有人的"类"能力，从对自然和群体的依赖中解脱出来，走上个性独立发展的自由之路。而个人自由，个性独立是自由主义的核心理念，可以说，正是市场经济直接催生了自由主义。

其一，市场经济促进了独立个人的生成。

市场经济是独立个人自主活动的经济形式，也是个人走向独立过程中形成的一种适于个人自主活动的社会交往形式。其主要作用在于促进独立个人的生成。当人们处在等级隶属的人身依附关系时，人是以群体形态存在的，在那时，自然性的血缘、地缘关系构成了人与人相互联系并结为一体的天然纽带，那时的人是不具有独立性的，人不但必须依赖于自然和自然性的联系纽带，个人必须依存并附属于狭隘的人群共同体。商品经济和市场竞争制度的产生与发展，冲破了封建经济的自给自足的生产方式对人类社会发展的严重束缚，使人们摆脱了人身依附关系。按照马克思关于人的存在三形态理论③，市场经济所表现的人与人的关系就是人的发展中的第二大形态。

市场经济不仅是一种资源配置的经济形式，而且还是一种社会组织形式。这种社会组织形式是建立在等价交换的价值关系基础之上的，它提倡所有市场主体在进行交易时相互地位平等并公平竞争。在市场中不允许有超越经济范围的特权，市场经济培养出了天生的平等派。身份的平等进一步推动个人走向独立。独立的个人成为自主活动主体，调动了个人的主动性和创造性。这意味着潜藏于个体生命本质的人的无尽创造能力获得了解放和发挥。可以说，市场经济促进独立

---

① John Gray, Liberalism, England: Open University Press, 1986, p. ix.
② 《资本论》第 3 卷，人民出版社 1975 年版，第 371—372 页。
③ ①初期自然形成的"人的依赖关系"的形态；②"以物的依赖性为基础的人的独立性"的形态；③在个人全面发展基础上形成的人的"自由个性"的最高形态。(《马克思恩格斯全集》第 46 卷（上），人民出版社 2003 年版，第 104 页。)

个人的生成是它对自由主义产生所起的根本历史作用。

其二，市场经济保障个人获得经济自由。

马克思认为，在"以物的依赖性为基础的人的独立性"阶段，个人享有市场经济所需的自由行为。市场经济的价值取向允许人们合法地追求自身的物质利益，从而刺激了人的需要，激发了人的主体能动性，使人从停滞、满足、无所作为、听天由命的状态中解脱出来，去竞争、去冒险、去开拓新大陆。市场经济培养了无数独立的经济个体，增强了人们的独立和自主意识。市场经济要求有各自不同的经济主体按照等价交换原则和价值规律相互联系与运作，权益与风险自担。通过竞争机制实现优胜劣汰，从而不断提高总体经济效益。在整个市场经济体系内，经济主体以赢利为目标，追求利润最大化。作为一种机制，市场经济允许每个个体自由选择职业和角色，鼓励个体为争取自身更大的利益去努力工作。

市场机制的自动调节能够在较长时期中保持经济发展的高效率，同时拥有经济自由的社会成员也就拥有了保持个人自由的最重要资源。竞争制度至少已经为每一个工人提供了某种程度的独立和自由的保证。可以说，经济自由是西方自由主义立足的根基，正如当代思想家弗里德曼所说："一方面，经济安排中的自由本身在广泛的意义上可以被理解是自由的一个组成部分。所以经济自由是一个目的。其次，经济自由也是达到政治自由的一个不可缺少的手段。"[1] 经济自由作为自由主义者追求的目的之一，其价值体现在三个方面：一是经济自由将中世纪的农奴从封建枷锁中解放出来，并造就成以出卖劳动力为生的无产者，使资本雇佣劳动成为可能；二是经济自由是实现经济增长和制度创新的重要的激励机制，正是信赖投入成本而产生的收益可以安全取得和享用，劳动、节俭和积累才能持续地发生，而不是尽最大可能消费；三是市场经济是分散决策机制，人的独立主体和相互的平等属性成为必要，自由意志对财产、劳动的处分也借助契约的形式得以实现。

从历史上看，英美自由主义的代表人物都是从经济角度来谈论自由的，他们认为，经济自由是政治自由的前提，在此基础上才能产生真正的政治民主和文化上的个人自由。否则，自由主义就成了玄虚无根的纯粹理念，其价值既无从判断

---

[1] ［美］弗里德曼：《资本主义与自由》，张瑞玉译，商务印书馆，2004年版，第11页。

也无法操作。

其三，市场经济使自由主义获得法治保障。

随着市场经济的发展，生产社会化，交易复杂化，空间的扩大化，经济自由的保护需要政府通过法治介入市场运行。法治是自由的保障，而且也是自由在法律上的体现。正像康德所说的那样："如果一个人不需要服从任何人，只服从法律，那么，他就是自由的。"① 自由主义思想代表人物弗里德里克·哈耶克（Friedrich A. Hayek，1899年~1992年）说得更为透彻，"哪里没有法律，哪里就没有自由"。② 他指出："法治的意思就是指政府在一切行动中都受到事前规定并宣布的规则的约束——这种规则使得一个人有可能十分肯定地预见到当局在某一情况中会怎样使用它的强制权力，和根据对此的了解计划它自己的个人事务。——在已知的竞赛规则之内，个人可以自由地追求他私人的目的和愿望，肯定不会有人有意识地利用政府权力来阻挠他的行动。"③ 人类社会的法律史表明，法律上升为社会关系的主要调节器，是伴随着市场经济的出现而产生的现象。近代以来的法律意识、法律观念等也是这一过程的产物。市场经济对法律规范地位的演变发挥了非常重要的作用。市场经济是法治经济，它限定了政府的职能和权力。市场规则要求政府部门按照法律、法规以及制度来管理经济。政府主要通过指导性和预期性的计划、各种经济杠杆以及财政货币政策来引导、调节和规范企业的生产经营活动，以保护市场的健康运行，而不能随意地直接干预企业的生产经营活动。这样就限定了政府的职能和权力。政府的行动只限于确定那些决定现有资源得以使用的条件，至于使用这些资源于何种目的，则听由个人去决定。

当然，我们在看到市场经济对催生自由主义所起的历史功绩的同时，也应该看到它的负面影响。一方面，市场经济确立了个人本位的利益格局，把单个人变成了自身主体，调动了个人的积极性，发挥出了个人的创造性。另一方面，由于

---

① 转引自［英］哈耶克：《通往奴役之路》王明毅等译，中国社会科学出版社，1997年版，第82页。

② ［英］哈耶克：《自由秩序原理》，邓正来译，生活·读书·新知三联书店，1997年版，第203页。

③ ［英］哈耶克：《通往奴役之路》王明毅等译，中国社会科学出版社，1997年版，第73页。

市场经济强化了社会分工、加深了利益分割，也就会促使个人向片面化方向发展，并在个人之间造成以往所没有过的紧张关系和矛盾冲突。正因为市场经济的双重性，马克思把"以物的依赖性为基础的人的独立性"看作仅属人的发展的"第二大形态"，而没有规定为最高形态。在马克思所倡导的人的发展的第三形态中，"社会化的人，联合起来的生产者，将合理地调节他们和自然之间的物质交换，把它置于他们的共同控制之下，而不让它作为盲目的力量来统治自己；靠消耗最小的力量，在最无愧于和最适合于他们的人类本性的条件下来进行这种物质变换。——这个自由王国只有建立在必然王国的基础上，才能繁荣起来"。①

二、政治支柱：民主政治是母腹

民主是人类文明的科学成果。民主是与专制制度相对称的，其核心是多数人掌权的意思。作为自由主义产生的政治支柱，民主政治孕育了自由主义，是其产生的母腹。理由如下：

其一，古代希腊、罗马的民主法治思想是自由主义产生的源头活水。

在古代希腊，民主是指一种由自由民掌握国家主权，实行公民直接选举国家官吏和直接进行民主决策的国家形态。民主的国家，以多数人民的意志作为国家政权的基础，承认公民权利平等，承认全体公民是国家统治权力的最高和最后的控制者。古希腊的城邦由奴隶、无公民权利的自由人和自由公民组成。奴隶从属于主人，没有独立人格，被排除在政治生活之外。无公民权利的自由人包括妇女和自由的外邦人，没有政治权利，但有独立人格和自由身份。自由公民有独立人格、自由身份，更重要的是享有政治权利。城邦是自由公民的自治团体，实行直接民主，公民在法律支配下分享权利义务，通过公民大会或陪审法庭等机构直接参与城邦重大事务讨论和决策。尽管古代希腊人所创造的城邦民主政治制度是有缺陷的，往往成为煽动公众进行派别斗争的工具，成为造成雅典没落的一种原因。但是，它却使人认识到自身的力量，相信人的理性和智慧能够使人达到完美，认识到人的自由、个人的权利和义务的重要意义，为欧洲人的理性、自由、民主和法治的传统提供了最初的信念。

---

① 《资本论》第3卷，人民出版社2004年版，第928—929页。

自由主义产生的历史条件探源

古代希腊的传统和日尔曼人的法治传统又使罗马帝国产生了最先进的罗马法,要求在罗马帝国统治下的所有人,包括她所征服的民族的人民,都成为罗马的公民,都享有平等的公民的权利。以及保护私有财产,把人与人的关系都规定为契约关系等等,从而使得罗马法成为现代欧洲法律的起点。马克思高度评价道,罗马法是"以私有制为基础的法律的最完备形式,"是"纯粹私有制占统治的社会的生活条件和冲突的十分经典性的法律表现。以致一切后来的法律都不能对它作任何实质性的修改"①。事实上,罗马法所有这些平等、保护私有财产以及契约关系等等概念都是自由主义产生的的基础。没有平等,就不可能有自由。在西罗马帝国崩溃,中央权利瓦解之后,并没有重新产生中央集权的专制制度,而是产生了与东方完全不同的权利层层分散、以契约为基础的政治制度。这种制度对农奴是没有契约关系的,但也有一定的权利和义务的约束,以保障他们所获得的部分人身自由和一定限度的私有财产的权利。罗马法强调了人的精神自由、人人平等,进而奠定了法治基础上的自由理念。

尽管城邦制是少数自由公民的民主,罗马法也有诸多缺陷,但它们将个人自由与服从法律结合起来,体现了民主与平等的自由理念,成为自由主义产生的源头活水。

其二,近代西方的民主政治理论是自由主义产生的政治母体。

近代西方的民主政治理论,是在反对封建专制制度的斗争中产生的。自然法学派的代表人物斯宾诺莎认为民主政体是最理想的政治制度。英国自由主义的奠基人近代思想家约翰·洛克(1632-1704年)针对封建君主专制的弊端,最早提出了分权学说,他主张国家权力划分为立法权、执行权和对外权。每一种权力应交给特殊的机关掌握,国会是立法机关,而执行权交政府行使。继洛克之后,法国的政治思想家孟德斯鸠进一步发展了分权学说,他把国家的权力分为立法权、行政权和司法权。这三种权力应分别属于三个不同的国家机关,使它们互相平衡、互相牵制。他认为,只有划分权力的国家,才能保障人民的自由。哪里的权力不划分,哪里的国家就必然倾向专制制度。在法国大革命爆发前,法国政治思想家卢梭提出著名的"社会契约论",主张建立以社会契约为基础的国家制度。

---

① 《马克思恩格斯全集》第21卷,人民出版社1965年版,第454页。

国外马克思主义研究专题

他提出国家的"主权在民"的学说,主张立法权必须属于人民,立法权的最终目标是维护全体人民的最大幸福,只有在全体人民参加立法的国家里,自由才能保持。

马克思在《共产党宣言》中对资本主义民主制度在历史上所起的作用,给予了充分的肯定和高度评价,指出:"资产阶级在历史上曾经起过非常革命的作用。资产阶级创造了这样大的经济成果,超过了以往人类世界的总和,是和它的政治制度进步有关系的。"资产阶级民主制度,反作用于它的经济,使得它的经济有了很快的发展。资本主义社会,商品经济大发展,自由买卖,自由贸易,自由契约等等,冲破了封建的自给自足经济,于是,从政治上来说,专制制度就不适应了,要求有民主制度与其相适应。民主制度的建立、发展和完善,不但反过来促进了资本主义市场经济的发展,更重要的是促进了自由主义的产生。

其三,民主为自由主义的产生提供了和平的社会环境。

新自由主义思想家卡尔·波普尔(Karl Popper, 1902 – 1994)是一个和平主义者,他认为消除暴力,保持和平的社会环境构成了自由主义存在的主要理由。如果说民主制仍是至今弊端最少的政治制度,那是因为它倾向于使暴力的手段失去作用。波普尔对传统政治哲学复杂的分类给予了忽略,只区分了两种政体,"一种是人们不用流血就能摆脱的政体"(民主制);"一种是被统治者只能通过胜利的革命才能摆脱的政体"(专制)①。民主的原则并不意味着我们就可以发展出完善无缺的制度,而是在民主制度下,即使是坏的政治,人们能够努力而和平地去修正它,从而不至于产生暴力去破坏自由。

另一位自由主义思想家斯蒂芬也有类似看法,他认为民主是实现和平变革的方法:"如果在几个相互冲突的意见之中必定要有一种意见占上风,并且在必要的条件下不得不用强力使一种意见占上风的话,那么,通过计算人数比通过战斗来确定那种意见有更强大的支持者会更加减少浪费。民主是迄今发现的和平变革之惟一方法。"②路德维希·冯·米瑟斯(Ludwig Von Mises, 1881 – 1973)认为:

---

① K. R. Popper, "Prediction and Prophecy and Their Significance for Social Theory", Proceedings of the 10th International Congress of Philosophy, I Amsterdam, 1948, p90.

② [英]哈耶克:《自由宪章》,杨玉生等译,中国社会科学出版社,1998年版,第152页。

"民主不是一个革命的制度。相反，它恰恰是防止革命和内战的手段。它提供了一种使政府和平地去适应多数人意志的手段。"①从而为多数人获得自由营造了和平的社会环境。

只有在和平时期，一位自由的人才有可能减少社团的整体的共同目标的束缚。又由于市场经济有助于划定明确的个人权力（如财产权），并指定一些领域，每个人在这个领域的范围内完成自己的目标，从而有可能实现个人决策的自由。

三、思想支柱：个人主义是基因

个人主义是自由主义产生的思想基因，是其产生的理论前提和精神基础。文艺复兴时期，个人主义成为人文主义一个重要组成部分和基本内容。由于文艺复兴时期人文主义者所说的人不仅是指人的全体，而更多的是指人的个体，因此，对个体的重视自然成为人文主义关心的焦点和核心。个人的自由、个人的意志、个人的喜好成为他们思考的问题和进行选择的出发点。实际上，个人主义还为人人平等的思想的进一步提出奠定了基础。中世纪的社会是建立在封建等级制度基础上的，人文主义则以个人主义思想为武器宣扬了人的平等。自由主义倡导个性的发展和个人的独立，维护法律面前和政治地位上的人人平等，强调国家的政治进步和经济发展。可以说，个人主义是自由主义产生的基因。

其一，个人主义是自由主义产生的思想基石。

自由主义理论体系处处都浸润着个人主义精神，个人是它的出发点和归宿，个人主义是自由主义产生的思想基石，其典型特征在于自由主义将个人的权利视为不证自明的，而国家（政府）的权力则是需要证明的；政治哲学需要为国家权力提出根据，发现其权利何在，但却不需要为个人权利提供依据。个人权利是政治秩序和政治权力的原因，但它本身却没有原因。17—18世纪的自由主义者都把作为国家基础的个人权利视为"自然的"，其含义在于，它们是人的本性所固有的，与生俱来的，先于国家而存在的。在当代自由主义思想家诺齐克（Robert Nozick，1938 - 2002）那里，古典自由主义认为个人权利先于国家的特征已经表现得更为清晰和鲜明。他在《无政府、国家与乌托邦》一书开篇即以"个人拥

---

① L. von Mises, Human Action [mew Haven: Yale University Press, 1949, p150。

有权利。"的命题为他整个政治哲学大厦奠基。

作为一名坚定的自由主义者，哈耶克所主张的"个人主义"等价于"自由主义"，二者可以"互换使用"①。哈耶克将自己主张的自由主义价值原则明确谓之"个人主义"并以此为标准来"鉴定"西方的各种个人主义学说。为此，哈耶克首先区分了真伪两种个人主义。哈耶克认为，"真个人主义"智识传统始于洛克，尤其是孟德维尔和休谟，经弗格森和亚当·斯密以及他们伟大的同时代人埃德蒙·伯克的努力而首次达致了其鼎盛时期，而以卢梭和重农主义者为代表的笛卡儿式的唯理个人主义却始终隐含着"一种演变成个人主义敌对面的趋向"②。这种个人主义就是"伪个人主义"。

哈耶克的真个人主义的基本特征，就是把个人当作人来尊重；就是在他自己的范围内承认他的看法和趣味是至高无上的。他所说的自由是个人自由，他所谓的个人，从肯定方面看，具有四大特征：一是具有独立目标；二是能够自主行动；三是拥有分散的知识；四是能够与他人和社会进行调适和互助，即个人在性质上乃是社会的。哈耶克还从否定方面对其个人的特征做出区分，他所谓的个人不具有以下四个特征：一不具有个人至上和自由放任的特点；二不是那种孤立的、自足的、原子式的，总之缺乏人的社会性的个人；三不是集体和组织"机器"中的"螺丝钉"；四不是那种完全服从组织和集体的强制，缺乏真正的人性的个人。

无论是诺齐克还是哈耶克，他们的自由主义思想无不浸染着个人主义精神。

其二，个人主义的形而上原则是自由主义的逻辑起点。

个人与社会的关系问题是个人主义的形而上原则，自由主义思想家都是从个人出发，论述社会权力的起源、性质、范围及其权利依据。无论他们在个人与社会关系上得出什么结论，其运思逻辑是一致的：个人是社会的基础，社会是个人的集合。

罗尔斯（John Rawls）在西方自由主义传统里的成就斐然，堪称接续了密尔，

---

① 邓正来：规则·秩序·知识——关于哈耶克自由主义的研究 [J]，三联书店，2004年版，第21页。

② [英] 哈耶克. 个人主义与经济秩序 [M]. [邓正来译]. 北京：生活·读书·新知三联书店，2003. 第9页。

甚至于康德的地位。在个人与社会的关系问题上，罗尔斯认为，社会由个人组成，并按照一定的规范和制度原则，突出个人利益。人们彼此之间的关系或多或少带有某种偶然性。他在《正义论》正文第一页上的宣示是——每个人都拥有一种奠基在正义之上的不容侵犯的地位，即便社会整体的福祉，也不能凌驾。"社会是由一些个人组成的多少自足的联合体，这些人在他们的相互关系中都承认某些行为规范具有约束力，并且使自己的大部分行为都遵循他们。我们在进一步假定这些规范标志着一个旨在推进所有参加者利益的合作体系"。① 显然，个人主义的形而上原则是罗尔斯阐述其自由主义思想的逻辑起点。

　　个人与社会的关系问题同样是自命为"真个人主义"的哈耶克自由主义理论的思想脉络。他认为，个人行动及其客体在意义序列上优先于社会。社会科学中的事物乃是人们认为的事物。认识者和被认识者所具有的意见或意图对人们认识和理解个人行动及其客体起决定作用。个人行动及其客体都不具有本体论上的实在地位，因为这些构成要素并不是由所谓的物理特性或某一终极原因决定的，而是由种种不确定的主观因素所导致的结果。因而，人们只有通过理解那些指向其他人并受预期行为所指导的个人行动，同时通过类推的认识方式，才能达到对社会现象和社会秩序的认识和理解。同时，他认为，个人认知作为个人有目的的行动的一部分，具有明显的社会性质。他的一贯主张是理性有限和理性不及，个人理性应被理解为一种人与人之间相互作用的过程，在这个过程中，任何人的贡献都要受到其他人的检验和纠正，任何人都没有资格对另一个人所具有的利益或被允许实施的能力做出最终的判断。

　　其三，个人主义的个人原则是自由主义的理想目标。

　　个人主义者认为，在限定的范围内，应该允许个人遵循自己的而不是别人的价值和偏好，个人的目标体系应该至高无上而不屈从于他人的指令。就是这种对个人作为其目标的最终决断者的承认，对个人应尽可能以自己的意图支配自己的行动的信念，构成了个人主义立场的实质。

　　建构论的理性主义倾向于把一些完全不适用于非人为设计过程的东西归之于社会，注重建构论传统的个人主义的个人原则立足于每个个人都倾向于理性行动

---

① [美]罗尔斯：《正义论》，中国社会科学出版社，1988年，第4页。

和个人具有的理智和追求善的假设，认为凭籍个人理性，个人足以知道并能根据社会成员的偏好而考虑到建构社会制度所必需的境况的所有细节。与此传统相应的自由主义认为，个人权利（或自由）是优先的和基本的，但是对它的社会保障却不是绝对唯一的。换言之，要保证每个人的权利不受侵损，就必须建立一种平等的社会基础和相应的公平条件，而且更为重要的是，还必须建立一种公平正义的社会分配程序和制度以关照所有人的人权利益，这是因为人的先天秉赋与后天境域不可能完全相同。这种自由主义的理想就是调控和纠正历史的运作，其途径则在于尽可能广泛地再分配使个人完全成为个人的善：自由和机会、收入和财富，以及自尊的基础。

进化论的理性主义则把社会看成是一个非人工设计的过程。注重进化论传统的个人主义的个人原则他把个人看成是社会进程的产物，个人成其为个人乃是因为这样的事实，即他拥有才能，拥有独特的容貌，存在于特定的环境之中，在这种环境中他保有自己的兴趣、忠诚和义务。这样的个人所要求的那种理想社会秩序，是一种能够与源自他们不同目标的不同行为相协调的秩序。

无论是遵循建构论传统还是进化论传统，个人主义的个人原则都是自由主义的理想目标。

四、核心理念：个人自由、个性独立

自由主义的核心理念就是个人自由和个性独立，高度强调自由的优先性和保障个人权利。在自由主义者看来，自由主义的根本价值在于真正实现个人的自由选择，特别是在一个公正的社会环境中实现这种选择。自由主义者是政治权利论者，他们把个人权利视为生命，个人权利尤其是个人的自由权利是神圣不可侵犯的。只有充分地、自由地实现个人价值，社会的价值和公共的利益才能获得足够的保证。自由主义把个人作为观察、分析、判断一切社会政治问题的出发点，把社会历史事件、政治经济制度的动因都最终归结为个人行为。

其一，人是目的，不是工具。

康德（Immanuel Kant，1724－1804）"人是目的，不是工具"。的命题高度概括了自由主义的一个基本信念："这样行动，无论是对你自己或对别的人，在任何情况下把人当作目的，决不只当作工具。"① 这里所说的"人"是指独立、自由和平等的个人，是与社会整体或国家相区分相对立的个人。"人是目的，不是工具"。这一命题，确认了人是终极价值，最集中地表达了自由主义的信仰。

哈耶克认为，自由主义实际上是一种"以个人为中心的体系"②，是一种"认为个人至高无上的学说"③。"自由主义者对社会的态度，像一个照顾植物的园丁，为了创造最适宜于它成长的条件，必须尽可能了解它们的结构以及这些结构是如何起作用的"。④ 对于社会而言，其自由主义注重社会的结构或组成即个人，个人是第一位的，而把社会整体置于第二位甚至漂离于其视野之外的地位。

既然人不是工具，那么人只有借助国家这个工具来达到其目的。自由主义思想家从以下几方面阐述了国家的工具性：一是从国家产生而言，托马斯·霍布斯（Thomas Hobbes, 1588－1679）的看法比较有代表性，他认为，国家并非由神意创造，而是人们通过社会契约让予自然权利建成的，其本质目的在于人们理性和幸福生活的需要以增进所有人的和平、安全与便利。法国革命家罗伯斯比尔（Maximilien de Robespierre, 1758－1794）也认为："人民是主权者，政府是人民的创造物和所有物，社会服务人员是人民的公仆。"⑤ 二是在对待国家和人民关系方面，洛克的观点颇有影响，他认为，国家或政府在本质上是工具性的。国家自身没有目的，不过是人们为安全和福利而创造出来的工具，国家的权力与活动以实现这个目的为限度，超出就为非法，就要被解体。三是就国家的作用来看，潘恩认为，国家是一种必不可少的恶，在可以不需要国家的场合，就尽可能通过其他途径来解决。杰斐逊指出，掌握国家权力的人并不必然具有超人的智慧，权力并不等于真理，因此存在权力被滥用的可能性，而无论权力是为少数人掌握还是由多数人掌握，即相信人民自身才是唯一可靠的保护者。他的这一思想渗透在美国1776年的《独立宣言》中："我们认为这些真理是不言而喻的：人人生而

---

① [德]康德：《德形而上学探本》，钱译，商务印书馆，1957年版，第43页。
② LawrenceC·Becker. Encyclopedia ofEthicsVolume II [M]. Inc. New York：Garland Publishing, 1992. p 608.
③ Pierre Birnbaum. individualism [M]. Oxford：ClarendonPress, 1990. 31.
④ [英]哈耶克：《通往奴役之路》，明毅等译，中国社会科学出版社，1997年版，第25页。
⑤ [法]罗伯斯比尔：《革命法制和审判》，商务印书馆，1965年版，第138页。

平等，他们都从他们的'造物主'那边被赋予了某些不可转让的权利，其中包括生命权、自由权和追求幸福的权利。为了保障这些权利，所以才在人们中间成立政府"，"如果遇有任何一种形式的政府变成损害这些目的，那么，人民就有权利来改变它或废除它，以建立新的政府。"四是就国家权利的使用而言，孟德斯鸠的论述很有代表性，他认为，国家权力作为一种重要的社会资源可能为掌握这种权力的人带来其他的利益，即权力本身就有走向腐败的倾向，绝对权力导致绝对腐败，民主政体也不例外。

正是上述种种关于国家是工具的理论解除了人们思想上的束缚，为个人追求平等的自由权利提供了强大的精神动力和智力支持。

其二，高度强调自由的优先性。

自由主义把个人作为思想出发点，所有的政治手段首先要从对个人价值的态度来判断，社会中的个人自由本身就是终极价值。自由至高无上是自由主义的基本信念。自由主义认为，自由是个人幸福的条件，也是社会进步的前提，自由只能为了自由的缘故而被限制。

纵观自由主义的发展史，要在政治实践中践行人是目的，国家只是工具的理想是一件艰难的事情。但是自由主义思想家始终都没有放弃过从理论上对自由优先性的强调。例如，18世纪末，出现了一种新的政治趋向——国家对人的终极目标漠不关心，力图把人变成"机器"，期望个人完全彻底地认同自己的任务，成为一种没有任何个人特征的、毫无独立意志的工具。为了保护个人自由，抵制国家发展的危险趋向，自由主义思想家洪堡勇敢地站了出来，写出了《国家的作用》一书，该书产生很大的社会影响，被誉为"德国自由主义大宪章"，贯穿于该书的中心思想，就是如何使国家不会侵犯和妨碍个人自由和权利。19世纪初，法国思想家邦雅曼·贡斯当（176 – 1830年）是一位自由主义斗士，他把个人自由作为其政治学说的出发点。他阐述了两种自由之间的区别：现代人的自由是个人生活独立性的自由，古代人的自由则是参与集体决定的自由。他相信，个人独立是现代人的第一需要，个人自由是惟一真实的自由，是真正的现代自由。密尔在《论自由》中阐释保护个人自由的重要性，他认为，自由乃人的本性，自由与发展是一回事，没有个性自由也就没有个人的进步或社会的发展。

哈耶克从人类知识增长的角度提出了个人自由优先性的观点，他认为，人类智识的获得是无数个人在不断试错的过程中累积起来的结果,除非在极为特定的个别事件上人类是不可预知社会未来状况的,人绝对不可能攀登得比他不知道要去的地方高。所以,应该给予个人充分的自由。不期望国家无理干预个人自由。

其三,高度强调尊重和保障个人权利。

在西方自由主义者那里,民主政治的价值主要不在于集体目标的实现,而在于其对个人自由的保障。自由主义从个人本位出发,以保障个人自由为至高无上的价值追求,高度强调尊重和保障个人权利。

保障个人自由,首先在于保护个人的私有财产权利和竞争的市场经济规则。在自由主义思想家看来,受到严格保护的私有财产是个人自由的基础,在此之上发展起来的市场机制虽然有种种缺失,却构成了政治民主的必要条件。正是经济自由,才形成了政治自由的基础。英国1688年革命的原则就是"无财产即无自由"。洛克在《政府论》(下篇)、《论宗教的宽容》这两部著作中明确提出并论证了生命、自由和财产是人人应有的不可剥夺、不可转让的自然权利,特别强调了个人的财产权是人权的核心,是个人对自己财产的排他性占有、使用、转让、继承等权利,是人类谋求生存、发展、建立和拥有家园的权利,是生命权的延伸,是人类自由与尊严的保障。洛克的思想集中体现了一切形式的新兴资产阶级的自由、民主的要求和愿望。大卫·休谟(David Hume,1711年~1776年)说:"哪里没有财产权,哪里就没有自由。"他认为,财产总是会增加我们选择的自由,"个人占有的财产"是个人创造幸福的主要手段。休谟把"财产占有的稳定、根据同意的转让、承诺必须兑现"视为人类社会最基本的三项自然法。休谟还认为,一个稳定社会秩序,最重要的就是一个稳定的个人财产制度。

洛克等人关于保障个人权利的思想,经过美国1776年的《独立宣言》、法国1789年《人权宣言》和1793年宪法,以法律的形式确定下来,成了资产阶级的法律原则。法国大革命的成果《人权宣言(1789年)》第17条说,"财产是神圣不可侵犯的权利,除非当合法认定的公共需要所显然必需时,且在公平而预先赔偿的条件下,任何人的财产不得受到剥夺"。因此,马克思恩格斯在谈到法国的自由思想时指出:法国革命时的"自由思想正是从英国输入法国的。洛克是这种自由思想的始祖。"①

哈耶克在著作《致命的自负》中发展了洛克的观点,"哪里没有财产权,哪里就没有正义"。他认为,如果人们想要自由、共存、相互帮助、不妨碍彼此的发展,那么唯一的方式是承认人与人之间看不见的边界,在边界以内每个人得到有保障的一块自由空间。这就是个人的财产权利,哈耶克称为"权利的分立",并声称"分立的权利是一切先进文明的道德核心","是个体自由不可分离的部分"。他还认为,有了财产权利的分立,才有了个人自由和尊重他人自由的道德观念,进而培养了一种对超越任何个人及多数或少数的集团利益的规则(规则的核心部分是"分立的财产权")的尊重,即"法治精神",这是社会稳定和经济繁荣的基础。

保障个人自由,还需要从制度上保障。贡斯当认为,无论是现代人的个人生活独立性的自由,还是古代人的参与集体决定的自由,都不能放弃,需要通过制度建设将两者结合起来。他指出:"假如立法者仅仅给人民带来和平,其工作是不完全的。即当人民感到满意时,仍有许多未竟之业。制度须实现公民的道德教育。一方面,制度必须尊重公民的个人权利,保障他们的独立,避免干扰他们的工作;另一方面,制度又必须尊重公民影响公共事务的神圣权利,号召公民以投票的方式参与行使权力,赋予他们表达意见的权利,并由其实行控制与监督。这样,通过履行这些崇高职责的熏陶,公民会既有欲望又有权利来完成这些职责。"②

总之,自由主义思想家认为,保护私人财产权,就是保护人权,维护正义与公理。缺乏对私人财产权的保护等同于人的自然权利得不到保护。财产权限制了政府的行动范围,为个人创造了一个不受国家控制的私人领域,保护个人财产权也就保护了个人的财产不因多数人的意志被侵害和剥夺。

五、几点启示

自由主义作为西方世界的一种主流思潮,它的形成和发展受制于各个国家、

---

① 《马克思恩格斯全集》,第7卷,第249页,人民出版社,1959年版.
② [法]贡斯当:《古代人的自由与现代人的自由之比较》,李强译,三联书店《公共论丛》第4期,1997年版.

民族不同的诸如经济、政治、思想等社会历史条件和文化传统。试图将西方国家自由主义的一整套做法全盘照搬到中国，在思想方法上，犯了教条主义与形而上学的错误。而实际上，作为一种政治上的事业或活动，自由主义的那一套做法在中国是行不通的，中国近代自由主义的失败即是明证。

其一，对待自由主义，我们要立场鲜明。

对待自由主义，我们要有鲜明立场，坚持马克思主义的指导地位，坚决反对一切形式的教条主义，反对照搬照抄别国经验，反对全盘西化。经济上，坚决打破"私有制是自由的最重要的保障"（哈耶克）的神话，那种以西方新自由主义的"经济人假设"为理论依据，认为公有制违反人的自私本性，在公有制基础上不能建立市场经济，搞市场经济必须实行私有化的主张，在实践中，只会把中国特色的社会主义市场经济建设拖入死胡同；政治上，坚决反击那种打着"人权先于主权"的幌子到处干涉别国内政的霸权主义行径，那种以政府的角色最小化，人民的利益就能最大化为理论依据，推行"华盛顿共识"的主张，在实践中，已经使拉丁美洲一些国家、俄罗斯和其他东欧国家政局动荡；思想上，坚决反对那种抛弃传统，全盘西化的错误倾向。在思想理论领域，如果不批评那些公然反对、攻击、诽谤马克思主义和社会主义的言论，让鼓吹资产阶级自由化的东西自由泛滥，让迷信西方思想理论的倾向发展下去，客观上势必会造成马克思主义被边缘化，使正确的理论难以确立。邓小平同志曾经批评一种不正常的现象，就是"对错误倾向不敢批评，而一批评有人就说是打棍子"。[①]

其二，对待自由主义，我们要有科学的态度。

我们党历来主张学习、借鉴一切有利于中国发展进步的知识和经验。学习和吸收人类文明的一切优秀成果，是发展马克思主义的一个重要条件。我国正处于并将长期处于社会主义初级阶段，经济、文化还相对比较落后，更加需要积极研究和借鉴世界各国一切科学的新经验、新思想、新成果。同时，对待自由主义，我们也要有科学的态度。从自由主义对个人权利强调的极端言论中，从自由主义泛滥的重灾区的惨况中，我们也可以发掘出某些正面的东西，汲取某些教训，更加促进我们坚定地建设中国特色社会主义的市场经济、民主政治和法治国家。

---

① 《邓小平文选》第2卷第389页。

国外马克思主义研究专题

一是发展生产力,为人权保障提供足够的物质基础。我们反对私有制是自由最重要的保障,但我们确实需要不断加强和完善社会主义市场经济条件下的人权保障,需要特别强调生存权和发展权这一首要的基本的人权。这是符合唯物史观的,恩格斯曾经指出:"人们首先必须吃、喝、住、穿,然后才能从事政治、科学、艺术、宗教等等,所以,直接的物质的生活资料的生产,一个民族或一个时代的经济发展阶段,便构成为基础,国家制度、法的观点、艺术以至宗教观念,就是从这个基础上发展起来的,因而,也必须由这个基础来解释,而不是象过去那样做得相反。"① 恩格斯的这一思想正是对人的生存权和发展权的高度概括和深刻阐述。这也是符合国情的,中国的现实国情仍然是一个有十三亿人口的发展中国家,这一国情决定了生存权、发展权在中国是最基本最重要的人权。不首先解决温饱问题,其他一切权利都难以实现。中外历史表明,只有充分实现人民的生存权和发展权,才能为其他人权的享有和实现提供必要的物质基础和前提。经济的发展不仅为其他人权提供物质基础,而且为人权的全面实现提供必需的人文和文化环境。因为一般说来,经济发展的过程必然是人们积极参与并在其中发挥主动性的过程,也必然是他们行使权利的过程。只有发展生产力,解决了生存权和发展权,才能为所有人权的完全实现提供必要的物质基础。没有物质基础,许多关于人权保障的美好期待都是画饼。

二是坚定不移地发展社会主义民主政治,积极推进党内民主建设,以扩大党内民主带动人民民主,扩大人民民主,保证人民当家作主,为保障人权提供政治支持。我们反对自由主义关于人权先于主权的观点,自由主义的价值观认为,人权的正当性是先在的,国家和政府是衍生的,换句话说,西方认为人权高于主权,而我国则奉行主权高于人权的理念。在人权的目的性价值与工具性价值的关系问题上,自由主义认为目的性价值是第一位的,人权是终极性的,人权本身就是目的,国家、政府对于人权是工具性的;而在我国宪法体系中,人权的工具性价值是第一位的,更多地强调人权作为工具、作为强大国家的一种手段的价值。相应的,在自由主义看来,民主本质上是一种手段,一种保障国内安定和个人自由的实用手段。民主很可能是实现某些目的的最佳方法,但其本身

---

① 《马克思恩格斯全集》第 3 卷,人民出版社 1960 年版,第 31 页。

却不是目的。

在社会主义的原则下，党内民主充分实现了其目的的功能和手段的功能，是两者的完美统一。在民主问题上，我们必须坚持阶级观点和阶级分析法，站在无产阶级立场上看，民主既是目的又是手段。说民主是目的，是因为革命的首要问题就是夺取国家政权，并在夺得政权之后全力巩固它发展它，如果丧失了政权，那就丧失了一切。说民主是手段，因为作为上层建筑的民主应该而且必须为经济基础服务，无产阶级利用民主、利用国家政权组织经济建设、文化建设，推进社会主义事业。人民当家作主是社会主义民主政治的本质和核心。要健全民主制度，丰富民主形式，拓宽民主渠道，依法实行民主选举、民主决策、民主管理、民主监督，保障人民的知情权、参与权、表达权、监督权。人民民主是社会主义的生命。发展社会主义民主政治是我们党始终不渝的奋斗目标。

三是完善人权立法，为人权保障奠定制度基础。人权立法是一个随着时间推移还需要不断完善的问题。改革开放30年来，中国的人权事业有了长足的发展。在经济社会全面发展，人民生活不断得到改善的同时，1991年11月1日，国务院新闻办公室发表《中国人权状况》白皮书，这是中国政府向世界公布的第一份以人权为专题的官方文件。白皮书首次以政府文件形式正面肯定了人权概念在中国社会主义政治发展中的地位，理直气壮地举起了人权旗帜。1997年党的十五大首次将"人权"概念写入党的全国代表大会的主题报告中，尊重和保障人权被明确作为共产党执政的基本目标纳入党的行动纲领之中。2002年党的十六大再次在主题报告中将"尊重和保障人权"确立为新世纪新阶段党和国家发展的重要目标。2004年3月14日，十届人大第二次全体会议通过的第四次宪法修正案，在宪法第33条中增加了"国家尊重和保障人权"的条款，这是中国宪法史上的一大盛事，也是人权发展史上的一个重要里程碑。在我国，"人权"终于由一个政治概念提升为宪法概念。2007年10月1日实施的《中华人民共和国物权法》第四条规定，"国家、集体、私人的物权和其他权利人的物权受法律保护，任何单位和个人不得侵犯"。这基本体现了国家对私人财产权实行平等保护的原则，这是伟大的历史进步。在某种意义上，《物权法》不只是一部保护财产权的法律，它还是现行宪法基础上的"人权宣言"。从发布《中国的人权状况》白皮书、把"尊重和保障人权"写入宪法和执政党党章到《物权法》的颁布实施，都标志着尊重和保障人权已成为党和政府治国理政的一项重要原则，成为国家建设和社会发展的重要主题。

当然，中国在人权事业发展中也存在着问题。就现实的情况来说，我国的人权立法还存在着立法数量不足等问题。许多本应建立的法律制度或应该设立的法律规范，还没有建立和设立。在已经制定的法律法规上也还存在着诸多方面的缺陷，甚至还很不完善。为此，我们更需要有加强人权立法的决断和行动，切实地加快和完善人权立法，为人权保障事业提供更好的客观条件和制度基础，使人权立法为人权保障开辟道路，成为人权保障社会实践的先导。例如，目前我国法律关于公民经济、社会权利的立法主要认定了公民享有私有财产权和私有财产继承权、劳动权、退休权、退休人员生活保障权、年老人员从社会获得物质帮助权，而对诸如迁徙自由这样的基本权利等至今没有加以认定。迁徙自由是市场经济的必然要求，社会主义市场经济也不例外。市场经济条件下商品的大规模流通必然伴随人员的大规模流动，在法律上便产生了迁徙自由，与营业自由和职业自由相提并论，以保障市场机制配置人力资源，形成自由的劳动力市场。随着改革的深入，我国人口的大量迁移已成为不可逆转之势，严格的户籍制度所带来的消极影响越来越大，诸如升学、就业，甚至在人身损害的赔偿金额上都有所差别。立法的缺陷就会导致人民群众对法律的误解、对平等权利的怀疑，容易产生对社会的不满情绪，导致社会的不稳定、不和谐。因此，迁徙自由入宪应该是有现实基础的，也应该是我国的发展趋势和目标，也是与《世界人权宣言》、《公民权和政治权利公约》关于迁徙自由的规定相一致的。当然也应有相应措施处理好我国城乡之间、地区之间的经济发展和生活状况很不平衡的现实问题，以确保社会稳定。

总之，对待自由主义以及他国家的经验，我们应该坚持江泽民同志提倡的"两点论"，一方面，"我们要大胆学习和借鉴资本主义国家的一切好东西"。另一方面，"又要坚决抑制各种腐朽的东西和反映资本主义本质属性的东西。掌握了'两点论'，我们的学习和借鉴工作就会广泛正确地开展起来和长期坚持下去。"他告诫全党："我们在学习和借鉴资本主义国家一切好的东西时，当然不能妄自菲薄，不能对社会主义事业缺乏信心。""如果因为要向外国学习，就以为自己什么也不行了，变成盲目崇外，那同样是一种片面性。至于极少数人，认为中国对西方国家的政治制度、经济制度，如议会制、多党制、私有制等，也应照搬过来，对于这种错误倾向，我们任何时候都要警惕和防止，不能让它们干扰我们的改革开放事业。"①

---

① 《江泽民论有中国特色社会主义（专题摘编）》，中央文献出版社，2002年版，第207页。

| 国外马克思主义研究专题 |

生态马克思主义
关于资本主义制度批判的研究

张 剑

中国社科院马克思主义研究院国外马克思主义研究部西方马克思主义研究室

内容摘要：本文分别研究了生态马克思主义主要代表人物关于资本主义制度批判思想的主要观点，受其启示，本文在生态殖民主义和消费主义两方面，依据经典马克思主义的理论要旨，援引进生态元素，展开了资本主义制度批判的当代视野。同时，本文还对围绕生态马克思主义的几个理论关系进行了梳理和分析，以有助于更准确地把握生态马克思主义的资本主义批判思想。

关键词：生态马克思主义 资本主义制度批判 生态殖民主义 消费主义

生态马克思主义的理论魅力很大一部分源自其资本主义制度批判思想。学界一般将生态马克思主义的资本主义制度批判思想归纳为三方面，即：资本主义生产方式的反生态性质批判、资本主义制度造成的生态殖民主义批判、以及作为晚期资本主义一大文化征兆的消费主义批判。这种分类法比较明晰简便，具有一定的合理性。但是仔细探究，就会发现其内部隐含着不可克服的矛盾。在这三大批判中，资本主义生产方式的反生态性质是其根本，生态殖民主义和消费主义是其衍生品，三大批判不是一个层面上的问题。所以，根据经典马克思主义的理论要旨，我们在对待生态马克思主义的资本主义制度批判思想时，要有一个宏观的眼光，同时需要作具体的分析和研究。

一、生态马克思主义代表人物批判资本主义制度的主要观点

生态马克思主义理论产生于20世纪70年代，创始人为莱斯和阿格尔。莱斯

以法兰克福学派对资本主义技术理性、工具理性的批判为基础,认为资本主义生态环境问题的根源不在于科学技术的应用,而直接导源于人们控制自然的观念。"征服自然被看作是人对自然权利的扩张,科学和技术是作为这种趋势的工具,目的是满足物质需要。这样实行的结果,对自然的控制不可避免地转变为对人的控制以及社会冲突的加剧。这样便产生了恶性循环,把科学和技术束缚在日益增长的控制和日益增长的冲突的致命的辩证法中"[1]。莱斯看来,在资本主义社会,控制自然作为一种意识形态,将科学技术作为它施加影响的工具,在无限制的向自然索取资源、无限制的扩张生产机构与生产能力、无限制的迫使人们消费的过程中,最终引向了人类的自我毁灭。在《自然的控制》发表4年后的1976年,莱斯在《满足的极限》中阐释了生态危机及其解决,并试图以生态学理论来补充与完善马克思主义,提出了生态社会主义的主张,包括缩减生产能力,减少物质需求,改变人们的消费模式,实行新的"稳态经济",从而调整人与自然之间的关系。莱斯的理论已经包含了生态马克思主义的基本论题,即对资本主义生产方式、科学技术的资本主义应用、消费主义、生态殖民主义等反生态的批判。

在阿格尔1978年的《西方马克思主义概论》中,介绍了莱斯的观点,并进一步以生态危机取代资本主义的经济危机理论,对消费主义的反生态性进行批判,并在此基础上形成了所谓的"期望破灭的辩证法"。在生态马克思主义发展史上,莱斯与阿格尔是创始人也是奠基者,他们的理论主张为其他的生态马克思主义者——安德烈·高兹、瑞尼尔·格伦德曼、大卫·佩珀、詹姆斯·奥康纳、约翰·贝拉米·福斯特以及保尔·伯克特等人——奠定了理论基调。虽然第二三代生态马克思主义在理论深度及其与马克思主义的关系上,作了更多的发挥与阐释,但我们仍然可以看到创始者的影响。

安德烈·高兹被公认为生态马克思主义的著名代表人物。高兹是萨特的学生,以1980年《作为政治学的生态学》为开端,他开始由一个存在主义的马克思主义者转变为生态马克思主义者。在1989年的《经济理性批判》与1991年的

---

[1] 威廉·莱斯著,岳长岭、李建华译:《自然的控制》,重庆出版社1993年版,第169页。

| 国外马克思主义研究专题 |

《资本主义、社会主义与生态学》中，他以经济理性为核心，阐释了资本主义经济理性对人的异化、劳动的异化、生态危机的产生的影响。高兹认为，资本主义社会是一个经济理性统摄一切领域的社会。关于什么是经济理性，高兹在这里借用了哈贝马斯的"认识—工具合理性"概念，他说："经济理性，作为'认识——工具理性'的一种特殊形式，它不仅仅扩充到其并不适合的制度的行为，而且使社会的统一、教育和个人的社会化赖以存在的关系结构'殖民化'、异化和支离破碎。"① 关于生活世界的殖民化，高兹论述到："思维的一种（数学的）形式化，把思维编入技术的程序，使思维孤立于任何一种反思性的自我考察的可能性，孤立于活生生的体验的确定性。种种关系的技术化、异化和货币化在这样一种思维的技术中有其文化的锚地，这种思维的运作是在没有主体的参与下进行的，但这种思维由于没有主体的参与就无法说明自己。欲知这种严酷的殖民化是如何组织自己的，请看：它的严酷的、功能性的、核算化的和形式化的关系使活生生的个人面对这个物化的世界成了陌路人，而这个异化的世界只不过是他们的产品，与其威力无比的技术发明相伴的则是生活艺术、交往和自发性的衰落。"②在资本主义社会，经济理性主导下的社会生活必然是追逐无限生产、无度消费、无限浪费自然资源的恶性循环，从而消费不是服从于人的直接的、真实的需要，而成为"消费不得不服从于生产"③。

高兹认为，在大众消费与精英消费之间存在事实上的鸿沟，通过广告等手段，精英消费"将其他社会阶层的欲望提高到一个较高的水平，并且根据不断变化的时尚趋势来塑造他们的品味"。④ 从而新的需求与新的消费不断的为了生产而被创造出来，这样的结果就是"通过加速的创新与淘汰，通过制造更高水平上的不平等，新形式的匮乏不断的在丰饶的中心被制造出来，这就是 Ivan Illich 所

---

① Andre Gorz, Translated by Gillian Handyside and Chris Turner, *Critique of Economic Reason*, Verso, 1989, p. 107.

② Andre Gorz, Translated by Gillian Handyside and Chris Turner, *Critique of Economic Reason*, Verso, 1989, p. 124.

③ Andre Gorz, Translated by Gillian Handyside and Chris Turner, *Critique of Economic Reason*, Verso, 1989, p. 114.

④ Andre Gorz, Translated by Gillian Handyside and Chris Turner, *Critique of Economic Reason*, Verso, 1989, p. 115.

谓的'贫穷的现代化'。"① 这个过程导致了人的异化与生态危机，比如休闲也变成了"产业"，并创造利润。在经济理性的统摄下，自然与人力都被毫无意义的浪费与消耗，要克服这种状况，就要提倡一种"更少的生产，更好的生活"的生态社会主义，这也是高兹所谓的"生态理性"的目标，在这样一个社会里，人们虽然工作与消费的更少，但生活质量却更高。关于生态理性，高兹认为，生态理性要求满足需要的商品是数量尽可能的少，而其使用价值与耐用性则尽可能高的东西，因此生产这种商品仅需要最小的工作、资本与自然资源，这与经济理性主导下的社会生活更多的生产、更多的消耗、更大的浪费是截然不同的。高兹说："从生态的观点看是自然资源浪费与破坏的行为，在经济的观点看起来则是增长的源泉：企业间的竞争加速了创新，销售规模与资本周转速度增加了作为结果的淘汰与产品更为迅速的更新。从生态的观点看起来是节约的行为（产品的耐用性、疾病与事故的预防、较低的能源与资源消费）都降低了以国民生产总值为形式的经济上可计算财富的生产，从而在宏观经济水平上显现为一种损失的源泉。"②

毫无疑问，资本主义是经济理性主导的社会，但高兹主张的社会主义社会是否就是生态理性代替经济理性的社会？经济理性是否在社会主义社会完全消失？对此问题的解答，我们必须回到高兹的文本。在《资本主义、社会主义和生态学》中，高兹说："在资本主义与社会主义冲突中，危险并非经济理性本身，而是经济理性在多大程度上施加影响的领域。"即"在企业与国民经济中，经济理性在多大程度上保持对其他类型的理性的优越性，资本主义者与社会主义者将给出不同的答案。"高兹接着解释说，只要经济理性塑造与统摄个人生活和社会生活，统摄全社会的价值观和文化观，那么这个社会就是资本主义社会，而"当资本经济理性仅是一个塑造社会关系的从属（次要）因素时，从而作为结果，在社会生活与个人生活中，经济上合理性的工作仅是其他许多重要性活动之一时，那

---

① Andre Gorz, Translated by Gillian Handyside and Chris Turner, *Critique of Economic Reason*, Verso, 1989, p. 114 – 115.

② Andre Gorz, Translated by Chris Turner, *Capital, Socialism, Ecology*, Verso, 1994, p. 32 – 33.

这个社会就变成社会主义的了。"① 从而看见，在高兹设想的社会主义社会中，并没有将经济理性完全驱逐，而是给它留了一席之地，只是这个位置是次要的、从属性的。社会主义是生态理性占据主导地位的社会，我们不能简单地用"生态理性代替经济理性"的说法来概括高兹的思想。

在高兹设想的生态社会主义社会中，同样存在着文化的变革与生活方式的革命，人真正享有闲暇与自主的、多元的发展权利，过上真正人的生活，这与他早在1980年写作的《作为政治学的生态学》中设想的是一致的，在那里，高兹说道："作为当今社会特征的消费模式与生活方式的匀质化将伴随着社会不平等的消失而消失，个体与社群将超出今日所能想象的令自己个性化以及使生活方式多样化。但这种差异将只是人们不同的利用时间与资源的结果，而非不平等的获取权力与社会荣誉的结果。适用于每个人的闲暇时间里自主活动的发展，将是特性与财富的唯一源泉。"② 高兹从资本主义社会工人——劳动异化与生态危机的现象出发，从马克思主义的资本主义批判中汲取灵感，试图以一种生态理性主导的生态社会主义实现对资本主义的超越，是在新的历史条件下对马克思主义经典理论的进一步发挥，但却在理论视野与思考深度上均未达到马克思的高度。可以说，高兹的理论创新大致源于在新的历史时期、对新的时代问题——生态问题——的引入。

佩珀在1993年发表的《生态社会主义：从深生态学到社会正义》是生态马克思主义研究中的一部重要作品。在此书中，他着重从马克思主义与无政府主义的区分入手，研究当代的生态环境问题。他在很有可能导向无政府主义的生态主义中，主张用马克思主义方法分析生态环境问题，提出建立生态社会主义的设想，此一设想建立在反对生态主义的无政府主义因素及其后现代主义倾向的基础之上，具有现代主义的特性，具体包括："（1）一种人类中心主义的形式；（2）生态危机原因的一种以马克思主义为根据的分析（物质主义和结构主义）；（3）社会变革的一个冲突性和集体的方法；（4）关于一个绿色社会的社会主义处方与

---

① Andre Gorz, Translated by Chris Turner, *Capital, Socialism, Ecology*, Verso, 1994, p. 30 – 31.

② Andre Gorz, Translated by Patsy Vigderman and Jonathan Cloud, *Ecology as Politics*, Boston, South End Press, 1980, p. 42.

视点。"① 佩珀的观点可以概括如下：

第一，他反对生态主义的生态中心主义以及作为资本主义的改良者环境主义提出的技术中心主义，而主张人类中心主义。他说："生态社会主义的人类中心主义是一种长期的集体的人类中心主义，而不是新古典经济学的短期的个人主义的人类中心主义。因而，它将致力于实现可持续的发展，既是由于现实的物质原因，也是因为它希望用非物质的方式评价自然。但从根本上说，后者将是为了人类的精神福利。"②

第二，环境运动的兴起及其理论形态之一的生态主义，是作为反对资本主义的体制外批判力量而进入历史舞台的，而在佩珀反资本主义的生态社会主义理论视野中，虽与生态主义一同对资本主义持批判立场，但对生态主义亦有一个自身的批判，主要是针对它的无政府主义因素而展开的。同时佩珀还将马克思主义的资本主义批判方法与观点应用于当代的生态环境问题，比如他对生态环境问题引发的社会不平等、不公正的批判。"从全球的角度说，自由放任的资本主义正在产生诸如全球变暖、生物多样性减少、水资源短缺和造成严重污染的大量废弃物等不利后果。不仅如此，这些难题显然并不是不分阶级的——它们不平等的影响每一个人。富人比穷人更容易免除这些影响，而且更能够在面临危险时采取减缓策略以确保他们自己的生存"③。他明确提出："社会正义或它在全球范围内的日益缺乏是所有环境问题中最为紧迫的……实现更多的社会公正是与臭氧层耗尽、全球变暖以及其他全球难题作斗争的前提条件。"④ 在他的一个更具体的生态社会主义版本中，民主、平等、公正与环境正义的主张则是主题。

第三，佩珀主张在建立反对资本主义的生态社会主义征程中推进红绿结盟，即便这存在诸多困难。在环境运动的主体力量方面，佩珀主张工人运动与新社会

---

① ［英］大卫·佩珀著，刘颖译：《生态社会主义：从深生态学到社会正义》，山东大学出版社2005年版，第83页。
② ［英］大卫·佩珀著，刘颖译：《生态社会主义：从深生态学到社会正义》，山东大学出版社2005年版，第340页。
③ ［英］大卫·佩珀著，刘颖译：《生态社会主义：从深生态学到社会正义》，山东大学出版社2005年版，第2页序言。
④ ［英］大卫·佩珀著，刘颖译：《生态社会主义：从深生态学到社会正义》，山东大学出版社2005年版，第2页—版前言。

国外马克思主义研究专题

运动的阶级联合,这部分的体现了马克思主义的阶级观点,但也受到了来自生态主义的批评。虽然前景也许并非总是那样乐观,但佩珀还是执着的认为:"用马克思主义观点分析绿色难题至少可以持续地为可能侵入主流和无政府主义绿色话语的模糊性、不连贯性、头脑糊涂和偶尔的枯燥提供一个矫正的方法。"①佩珀的生态社会主义理论相对于理论自身即内部的建设而言,更多的侧重于理论外围关系的廓清与联结。在他 2004 年为此书的中文版所写的序言中,他称生态社会主义是一种既不同于资本主义、又有别于传统社会主义的"真正的社会主义",是需要"把动物、植物和星球生态系统的其他要素组成的共同体带入一种兄妹关系,而人类只是其中一部分的社会主义。"② 这个结语给人们以如此印象——身处后工业社会、在后现代主义光芒照射之下,佩珀的生态社会主义折射出一种朦胧的后现代色彩。不只如此,这是否也是对佩珀自己在二十世纪 90 年代初为之辩护的人类中心主义的一种暧昧的修正呢?

奥康纳发表于 1997 年的《自然的理由——生态学马克思主义研究》或可称之为"全球生态学",他以二十世纪以来全球政治、经济、社会领域的新变化为基础,以日益凸显的生态环境问题为核心,运用历史唯物主义的方法与观点,对全球生态危机作了一个更接近于马克思主义真精神的思考与分析。在一定程度上,《自然的理由》为马克思主义经典理论在新时代的发展开拓了疆域,即便他对马克思主义基本理论的解读存在偏差。20 世纪以来,全球社会发生了许多深刻的变化,在西方发达国家内部,由于社会福利、自由民主的实行,在一定程度上产生了阶级和解;社会主义阵营由强入衰,在九十年代由于苏东剧变而瓦解,而在第三世界,经济的持续不振以致衰退与无法改变的贫穷、环境退化、各种各样的灾难一起折磨着人们,美国失去了强有力的竞争对手苏联,在它主导下的全球化愈益呈现出肆无忌惮的意识形态霸权主义的面目——新自由主义在世界范围内泛滥成灾,这些过程"加快了一种国际性的统治阶级的发展以及催生出了一种国际性的政治精英及资本主义化的国家。它们成倍地增加了全球性的社会和环境

---

① [英]大卫·佩珀著,刘颖译:《生态社会主义:从深生态学到社会正义》,山东大学出版社 2005 年版,第 376 页。

② [英]大卫·佩珀著,刘颖译:《生态社会主义:从深生态学到社会正义》,山东大学出版社 2005 年版,中文版序言。

/生态问题,同时也促进了一种新的劳动力的国际化,以及环境主义和生态学、女权主义、城市运动和人权运动的发展。"① 生态马克思主义就在此过程中应运而生。综观奥康纳的主要观点,可以归纳如下,

第一,即双重危机理论,即以生态危机补充或发展马克思的经济危机理论。在本·阿格尔的生态学马克思主义主题中,"消费"而不是"生产"成为其关注的焦点,那些由资本主义生产方式带来的以及新形成的消费行为,成为破坏环境的首要因素,所以生态危机取代了经济危机而成为资本主义社会的首要问题。奥康纳立足于马克思,试图在批判阿格尔中实现一种超越,其具体的路径就是将生态学马克思主义与传统马克思主义的危机理论相结合,将生态危机理论与经济危机理论综合起来,并通过阐明二者之间相互影响、互为因果的关系,建构起他的资本主义"双重危机"理论。

奥康纳认为,传统马克思主义的经济危机理论建立在生产力与生产关系的矛盾运动之上,而生态学马克思主义的生态危机理论则立足于资本主义生产力、生产关系与生产条件之间的矛盾分析。对所谓的资本主义生产的生产条件,奥康纳给出了三种界定,第一种是外在的物质条件,即进入到不变资本与可变资本之中的自然要素,第二种是生产的个人条件,即劳动者个人的劳动力,第三种是社会生产的公共的、一般性的条件,比如运输工具。② 它的意义在于,为全面分析马克思关于资本主义生产方式对自然——包括人自身的自然与人周围的自然③——的破坏,提供了一个科学的基础。

传统马克思主义的经济危机通过生产相对过剩与有效需求不足的形式表现出来,即奥康纳所谓的"第一重危机",从而是从"需求"的角度造成对资本的冲击。而生态学马克思主义的生态危机则是通过个体资本为追逐利润、降低成本而将成本外在化,表现在加剧对自然界的掠夺与污染,加强对工人的剥削程度,以及对城市空间的侵占等方面,但这却导致资本总体的成本被抬高的后果,奥康纳

---

① [美] 詹姆斯·奥康纳著,唐正东、臧佩洪译:《自然的理由》,南京大学出版社2003年版,第5页。

② [美] 詹姆斯·奥康纳著,唐正东、臧佩洪译:《自然的理由》,南京大学出版社2003年版,第257页。

③ 《资本论》第一卷,人民出版社1975年版,第560页。

国外马克思主义研究专题

称之为"第二重危机",这是从"成本"的角度对资本造成的冲击。第一重危机是一种实质性危机,第二重危机是一种流动性危机,二者在资本积累的过程中不断的互为因果表现出来。举例而言,在个体资本追求成本外在化的过程中,破坏了社会的生态环境,但是"对社会环境的修复与重建需要一大笔信用货币,这无疑会把矛盾移置到金融与财政领域,其移置的方式在或多或少的程度上与资本的生产与流通之间的传统性矛盾被移置到今天的金融与财政领域中去的方式是相同的。"[①]

许多人认为,奥康纳的双重危机理论补充和发展了马克思的危机理论,虽然他也遭到了福斯特等人的批评。[②] 奥康纳认为,虽然马克思在许多方面论及了资本主义生产方式对自然的破坏,但没能把多方面因素综合起来,从而导向一种典型意义上的生态学理论——即资本主义的矛盾有可能导致的、在危机与社会转型问题上的"生态学"理论,因此马克思的理论没有触底。资本主义生产方式的自我扩张由于在经济维度上没有严格的自我限制,[③] 但资本低估了自然界的存在价值,因此,它只有通过经济危机的形式来触及生态维度上的局限性。[④] 但笔者认为,由于奥康纳对资本主义经济危机的实质在根本上把握不够,所以他的双重危机理论虽然形式上发展马克思的危机理论,但却在精神实质上偏离了马克思。在对资本主义生产力与生产关系的矛盾,即第一重矛盾的理解上过于抽象化与一般化,是造成这个偏离的重要因素。资本主义生产方式导致的生产力与生产关系的矛盾一定要置于不断发展的社会生产力与生产资料的资本主义私有制这个具体的、历史的维度上来理解,才能从根本上说明资本主义生产方式的内在矛盾。随着工厂协作的发展,生产、交换、需求也不断的被社会化的发展了。产品愈益成为社会化的产品。而劳动也愈益成为社会化的劳动,生产的社会化呼吁所有权的社会化演变,但是,生产资料的私人所有制却日益集中与加强,活劳动、自然力

---

① [美]詹姆斯·奥康纳著,唐正东、臧佩洪译:《自然的理由》,南京大学出版社2003年版,第274页。

② 郭剑仁:《探寻生态危机的社会根源——美国生态学马克思主义及其内部争论析评》,《马克思主义研究》2007年第10期。

③ 事实上,资本本身具有不可克服的自我限制与自我矛盾,《资本论》中有精彩的解析。

④ [美]詹姆斯·奥康纳著,唐正东、臧佩洪译:《自然的理由》,南京大学出版社2003年版,第289页。

以及机器、原材料等生产要素日益向个体资本集中，并成为个体资本占有劳动与自然创造物的前提。在这个矛盾中，不仅包含着生产相对过剩与有效需求相对不足的矛盾，也同样存在着利润降低的运动趋势，因为个体资本通过新技术、新机器的使用，加强对工人的剥削程度，无偿利用肥沃的土地或瀑布等劳动资料的自然富源等措施，在开始时期确实起到了降低成本提高利润的作用，但随着新技术等的普及发展，马克思指出，利润率下降是一个普遍的趋势。资本主义就在这样一个无休止的恶性循环中走向危机。所以，马克思的理论并不需要导向一种典型意义上的生态学理论。实质上，马克思的分析——危机理论及其作出的结论——历史唯物主义，必须不只在经济学的界限内，更应该在一种哲学的原则高度上被理解与运用，在这个基础性的理论框架中，已经足够解释资本主义生产方式导致的种种矛盾、问题与危机了，包括它对自然的毁灭性利用与破坏。

第二，奥康纳关于资本主义是不平衡的发展与联合的发展的思想。所谓的不平衡发展，指资本主义在其自身发展中，由于其本性使然，造成了城市与乡村、帝国主义与殖民地、中心地区与周边地区之间的剥削与被剥削关系，在这种关系中永远表现为低级的、次等的、不发展的地区在社会与环境方面去滋养高级的、优等的、发达的地区，从而表现为一种不平衡的发展。所谓的联合的发展，指资本主义发展日益越出国界的地区化与全球化趋势，它将发达的技术、管理、雄厚的资金与低工资的廉价劳动力、低成本的自然资源环境条件相结合，实现了资本主义在全球范围内的联合发展。不平衡发展与联合发展都是在资本主义全球化过程中形成的，二者互为表里、相互依赖，造成权力、资本、利益向发达国家集中，同时贫困、环境灾难向欠发达地区的集中。奥康纳着重讲了不平衡与联合发展带来的环境污染问题以及自然资源的耗尽与衰竭。"当资本的不平衡发展和联合发展实现了自身联合的时候，工业化地区的超污染现象与原料供应地区的土地和资源的超破坏现象之间就会构成一种互为因果的关系。资源的耗尽和枯竭与污染之间也构成了一种相辅相成的关系。这是资本'用外在的方式拯救自身'这一普遍化过程的一个必然结果"。[1] 这可以作为生态帝国主义批判的理论基础，在

---

[1] [美]詹姆斯·奥康纳著，唐正东、臧佩洪译：《自然的理由》，南京大学出版社，2003年版，第318页。

生态帝国主义框架中,"北部国家的高生活水准在很大程度上源自于全球不可再生性自然资源的衰竭、可再生性资源的减少以及对全球民众生存权利的掠夺。"①

第三,奥康纳从需求危机、成本危机以及南部国家不断恶化的经济、环境、社会条件等方面,批判了"可持续发展的资本主义"这一观点。由于资本的本性就决定了它既害怕危机又依赖于危机,在本质上它是一种嗜血的经济制度,是一种不断扩张与自我复制的经济政治结构,所以这使全球环境调节优化的前景与全球经济调整的前景一样黯淡。奥康纳甚至颇具幽默感的说:"虽说某些生态社会主义的前景仍不明朗(因为争论仍在继续),但是某种可持续发展的资本主义的前景可能更遥远。"② 在此基础上,奥康纳提出了代际可持续的问题,认为资本主义制度无法实现代际可持续发展。生态社会主义就是要确保现在以及将来的人不致沦为物质上和环境上的贫穷者③。奥康纳认为生态社会主义在理论与实践上都是对资本主义生产关系的批判,它"严格说来并不是一种规范性的主张,而是对社会经济条件和日益逼近的危机的一种实证分析"。④ 但奥康纳仍然给生态社会主义下了一个不十分严谨的定义,即认为生态社会主义应该包含这样一些理论和实践:它们希求使交换价值从属于使用价值,使抽象劳动从属于具体劳动,这也就是说,按照需要(包括工人的自我发展的需要)而不是利润来组织生产。⑤但无论如何,生态社会主义不仅是对资本主义的批判,同时也是对传统社会主义的批判,这一点倒是与佩珀不谋而合。

福斯特通过分析认为,马克思具有唯物主义自然观,即反对一切关于人的目的论存在以及宗教神学的思想,认为人是现实的、感性的存在物,而且人只有

---

① [美]詹姆斯·奥康纳著,唐正东、臧佩洪译:《自然的理由》,南京大学出版社,2003年版,第13页。
② [美]詹姆斯·奥康纳著,唐正东、臧佩洪译:《自然的理由》,南京大学出版社,2003年版,第378页。
③ [美]詹姆斯·奥康纳著,唐正东、臧佩洪译:《自然的理由》,南京大学出版社,2003年版,第17页。
④ [美]詹姆斯·奥康纳著,唐正东、臧佩洪译:《自然的理由》,南京大学出版社2003年版,第527页。
⑤ [美]詹姆斯·奥康纳著,唐正东、臧佩洪译:《自然的理由》,南京大学出版社2003年版,第525-526页。

"凭借现实的、感性的对象才能表现自己的生命"存在,"一个存在物如果在自身之外没有自己的自然界,就不是自然存在物,就不能参加自然界的生活"。福斯特对马克思生态学的解读中最核心的概念是"新陈代谢"断裂,这要从马克思关于土地异化的思想谈起。福斯特认为,根据马克思早期思想中"自然异化"的概念,统治土地"既意味着那些垄断地产因而也垄断了自然基础力量的人对土地的统治,也意味着土地和死的事物(代表着地主和资本家的权力)对大多数人的统治"。①所以土地的异化成为私有财产的重要组成部分,虽然它在资本主义之前就已经发生,但是对于资本主义制度而言,土地的异化就成为一个必要条件。"资本主义的前提是把大量的人口从土地上转移出来,这使资本自身的历史发展成为可能。这就形成了富人和穷人之间日益加深的阶级分化,以及城乡之间日益加深的敌对分离"。②所以在福斯特对马克思的解读中,两极分化造成的新陈代谢断裂就成为资本主义的一个根本特征。福斯特认为,在马克思那里,新陈代谢具有两个层面的含义,第一个层面是指自然和社会之间通过劳动而进行的实际的新陈代谢的相互作用,第二个层面是指"一系列已经形成的但是在资本主义条件下总是被异化地再生产出来的复杂的、动态的、相互依赖的需求和关系,以及由此而引起的人类自由问题",③这种新陈代谢通过人类具体的劳动组织表现出来,同时也与人类和自然之间的新陈代谢相联系。所以福斯特认为,马克思的新陈代谢概念同时具有生态意义与社会意义。资本主义新陈代谢的断裂具体表现为,以食物和纤维的形式从土壤中移走的养料无法返还土壤,从而一方面造成土地的贫瘠,一方面造成城市的污染。而且对于马克思而言,"在社会层面上与城乡分工相联系的新陈代谢断裂,也是全球层面上新陈代谢断裂的一个证据:所有的殖民地国家眼看着它们的领土、资源和土壤被掠夺,用于支持殖民国家的工业化"。④

---

① [美]约翰·贝拉米·福斯特著,刘仁胜、肖峰译,刘庸安校:《马克思的生态学——唯物主义与自然》,高等教育出版社2006年版,第83页。
② [美]约翰·贝拉米·福斯特著,刘仁胜、肖峰译,刘庸安校:《马克思的生态学——唯物主义与自然》,高等教育出版社2006年版,第193页。
③ [美]约翰·贝拉米·福斯特著,刘仁胜、肖峰译,刘庸安校:《马克思的生态学——唯物主义与自然》,高等教育出版社2006年版,第175页。
④ [美]约翰·贝拉米·福斯特著,刘仁胜、肖峰译,刘庸安校:《马克思的生态学——唯物主义与自然》,高等教育出版社2006年版,第182页。

| 国外马克思主义研究专题 |

但同时,马克思也发现,资本主义为一种更高级的综合,即"农业和工业在它们对立发展的形式的基础上的联合,创造了物质前提"。所以,共产主义就不仅消除资本主义对劳动进行剥削的特定关系,同时还要超越资本主义对土地的异化,消除资本主义统治的基础和前提,达到合理的调节人类社会与自然之间的物质变换。福斯特坚定地认为,只有在此意义上,马克思号召的"废除雇佣劳动"才有意义①。

除了以上典型意义上的生态马克思主义者之外,印裔学者萨兰·萨卡仍值得一提。萨兰·萨卡是一个非生态马克思主义的激进生态社会主义者,他并未借用或沿袭马克思主义关于资本主义批判的理论与方法——但他显然也是主张人类中心主义而非深生态学——而是实现了他所谓的"范式的转换"。在萨兰·萨卡看来,当前资本主义的深层危机已经由经济问题转移到环境破坏、全球范围的资源耗竭以及种族冲突、各种国内国际的战争等方面,而这是在马克思主义范式内不能解释的。② 所以他主张,对资本主义的批判范式要从马克思主义的转换为"增长极限"的,这成为他所有批判与立论的基础。在增长极限的范式下,萨卡先批判了传统社会主义的代表苏联在生态环境与社会公正方面失败的教训,接下来批判了生态资本主义、稳态资本主义以及市场社会主义的不可行,证明任何对资本主义的生态改造或者想在资本主义与社会主义之间寻求第三条道路的努力终归是不可能的和失败的,进而提出他主张的生态社会主义的目标,包括新经济、新人、新的道德文化的构建等等,认为只有在这种生态社会主义社会——即萨卡所谓的 21 世纪的科学社会主义——中,才能实现真正可持续的绿色社会与社会主义的经典传统(社会正义与民主)的结合,当然,这个生态社会主义在实践中可以具有多种样态。在《生态社会主义还是生态资本主义》一书的末尾,萨卡以无可争辩的语气指出:"要么生态社会主义,要么蛮荒主义",③ 此外别无选择,为

---

① [美] 约翰·贝拉米·福斯特著,刘仁胜、肖峰译,刘庸安校:《马克思的生态学——唯物主义与自然》,高等教育出版社 2006 年版,第 196 页。
② [印] 萨兰·萨卡著,张淑兰译:《生态社会主义还是生态资本主义》,山东大学出版社 2008 年版,第 22 页。
③ [印] 萨兰·萨卡著,张淑兰译:《生态社会主义还是生态资本主义》,山东大学出版社 2008 年版,第 340 页。

了生存，人们只有选择生态社会主义。萨卡对传统社会主义与资本主义的生态批判激烈而犀利，其锋芒已经大大超出了许多生态马克思主义者，其中深刻之处俯拾皆是。但需要指出的是，马克思主义关于资本主义的危机理论包括经济危机、政治社会危机、文化危机以及生态危机等等，马克思主义关于资本主义是一个充满危机的制度的分析与批判是全面、科学而彻底的，而萨卡则只是挑出部分危机的表现形式来置换作为整体的马克思主义批判理论是不适当的。萨卡自认为离开了马克思，实际上仍然没有走出马克思。《生态社会主义还是生态资本主义》的批判理论犀利有余而厚度不足，并未超越马克思主义的资本主义批判理论。

二、关于生态马克思主义的几个理论关系的廓清

我们对生态马克思主义的总体评价将从搞清楚生态马克思主义内部与外部的几个关系入手。在生态马克思主义内部，必须澄清生态马克思主义与生态社会主义的关系。在生态马克思主义的外部，需要澄清生态马克思主义与经典马克思主义、西方马克思主义、后现代主义以及后马克思主义之间的关系。

什么是生态马克思主义？生态马克思主义与生态社会主义之间存在着怎样的关系？我们上述的一些代表作者都给出了各自的答案，但却很难将它们统摄在一起。生态马克思主义明显呈现出对资本主义批判有余而对未来目标及其实现途径建构不足的状态，每个人从不同的角度、不同的侧重点运用或借用了马克思主义的批判理论，比如阿格尔对消费主义的批判，奥康纳、佩珀对生态帝国主义的批判、奥康纳的双重危机理论等等，在这个意义上，我们只能这样定义生态马克思主义，即它围绕着资本主义引发的生态环境问题，运用或借用马克思主义的社会批判、政治经济批判与文化批判理论与方法，对资本主义、同时也对传统社会主义进行双重批判的理论。指出后者是必要的，生态马克思主义的敌人不只资本主义一个——虽然它是最重要的一个——同时还有传统社会主义，因为后者在经济社会发展以及政治生活中同样存在环境退化、资源浪费以及社会不正义等问题。

在此基础上，我们再来看生态马克思主义与生态社会主义的关系，有的主张二者是一致的、重合的，但萨兰·萨卡的例子给此观点提供了反证。有的认为，生态社会主义重实践，生态马克思主义重理论，或者说，生态社会主义实践是生

| 国外马克思主义研究专题 |

态马克思主义理论的目标所在,比如奥康纳就持此观点。① 国内有学者认为,生态社会主义的概念外延比生态马克思主义要大,比如陈学明认为,生态社会主义包含生态学的马克思主义,在生态社会主义阵营中,唯有那些带有强烈的马克思主义倾向的人才是生态学的马克思主义者。② 郇庆治在区分了广义与狭义生态社会主义的基础上,认为生态社会主义比生态马克思主义外延大,"生态社会主义是一种与生态自治主义相对应的生态政治理论流派与运动,指的是马克思恩格斯之后、特别是当代马克思主义者和社会主义理论家依据生态环境问题政治意义日渐突出的事实逐渐形成的、在社会主义视角下对生态环境问题的政治理论分析与实践应对。据此,广义的生态社会主义研究可以概括为三个密切关联的组成部分:生态马克思主义、生态社会主义(狭义)和'红绿'政治运动理论。"③ 但也有不同的观点,比如刘仁胜就认为,生态马克思主义从产生至今,大致经历了三个发展阶段:生态马克思主义、生态社会主义、马克思的生态学。刘仁胜的《生态马克思主义概论》一书也是按照这个逻辑展开布局的。最早将生态马克思主义与生态社会主义介绍至国内来的王谨认为,二者是不同的两种思潮,"生态学马克思主义"是绿色运动所引发的第一种思潮,由北美的西方马克思主义者所提出,它的基本出发点是用生态学理论去补充马克思主义,企图为发达资本主义国家的人民找到一条既能消除生态危机又能走向社会主义的道路。"生态社会主义"是绿色运动所引发的第二种思潮,以联邦德国绿党为代表的欧洲绿色运动提出来的"生态社会主义"是欧洲绿党的行动纲领。④ 笔者认为,生态马克思主义与生态社会主义既是不同的,但在特定的学者那里又有相互重合的地方,比如奥康纳是生态马克思主义者,又主张实行生态社会主义,而萨兰·萨卡则只是一个生态社会主义者,而非生态马克思主义者,所以要具体情况具体分析。从总体上说,生态马克思主义重理论、生态社会主义重实践,二者都将资本主义与传统社

---

① 奥康纳:《自然的理由》,南京大学出版社,2003年版,第5页。
② 俞吾金:《国外马克思主义哲学流派新编西方马克思主义卷》(下),复旦大学出版社2002年版,第575页。转引自余洋《生态学马克思主义和生态学社会主义关系研究述评》,《理论观察》2008年第4期。
③ 郇庆治:《西方生态社会主义研究述评》,《马克思主义与现实》2005年第4期。
④ 王谨:《"生态学马克思主义"和"生态社会主义"——评介绿色运动引发的两种思潮》,《教学与研究》1986年第6期。

会主义作为批判的矛头。总之,二者既密切相关,又相互区别。而对于福斯特、伯克特而言,着重挖掘马克思理论中的生态因子,则又只能将其划归生态马克思主义(广义)——而非生态社会主义——的阵营,他们属于生态马克思主义阵营中的学理派,而非实践派。

生态马克思主义与经典马克思主义和西方马克思主义之间的关系要综合起来进行考虑。对于西方马克思主义而言,如果葛兰西、卢卡奇的理论还算得上是坚持了马克思主义的立场与观点,而法兰克福学派对马克思主义经典理论的批判则甚于对它的传承。生态马克思主义的创始的确从西方马克思主义那里获取了灵感,比如《启蒙辩证法》中对启蒙的批判(认为启蒙代替了神学成为新的神话),马尔库塞对工具理性、技术理性的批判,都成为生态马克思主义的思想源泉。阿格尔作为生态马克思主义的创始人之一,直接承续了西方马克思主义的理论传统,所不同的是,他将西方马克思主义的社会文化哲学批判与经典马克思主义的危机理论结合起来,以现时代的生态问题作为突破口,认为资本主义必然导致消费主义,而消费主义又必然造成生态危机,只能以期望破灭的辩证法形成对生态危机的克服,从而以生态危机理论取代了经典马克思主义的经济危机理论。国内学者陈学明、王雨辰都明确表示生态马克思主义是西方马克思主义发展的新阶段[1],而蔡萍、华章琳则在《生态学马克思主义是西方马克思主义吗》一文中指出,生态学马克思主义不属于西方马克思主义,而是马克思主义在当代西方发展的最新理论形态。[2]虽然文中尚有许多地方值得商榷,但毕竟提出了一个新问题,启发我们重新思考生态马克思主义的理论定位。如上所述,如果我们说阿格尔、高兹等生态马克思主义的第一代与第二代还与西方马克思主义存在千丝万缕的联系,而从奥康纳以来,一直到福斯特、伯格特等人如果也划归西方马克思主义[3]的阵营就很难说得通了。奥康纳基于经典马克思主义理论,立足当代生态环

---

[1] 参见陈学明、王凤才《西方马克思主义前言二十讲》,复旦大学出版社,2007年版。王雨辰《西方生态学马克思主义的理论性质与理论定位》,《学术月刊》2008年第10期,《论西方马克思主义的定义域与问题域》,《江汉论坛》2007年第7期。

[2] 蔡萍,华章琳:《生态学马克思主义是西方马克思主义吗》,《学术论坛》2007年第7期。

[3] 我们这里指以法兰克福学派为代表的西方马克思主义,而非泛指所有西方的马克思主义。

国外马克思主义研究专题

境问题、国际不平等的政治经济秩序问题对马克思主义作了进一步的发挥与补充，是与经典马克思主义直接发生关系的，而福斯特、伯克特则是直接向马克思的文本要证据，以证明马克思本人就是一位生态学家，虽然对马克思的生态观有所夸大，但毕竟也不同于西方马克思主义的理论进路。由于生态马克思主义内部各个作者的思想呈现出多重面相，各人与经典马克思主义、西方马克思主义的关系必须具体分析，否则就很容易产生歧义与矛盾。

通过以上的分析，我们看出既要将生态马克思主义作为一个理论流派，即实现了生态学与马克思主义的结合，同时又要正视理论内部的种种多样性。这个悖论的产生直接源于它的核心问题的提出，即生态作为一个问题的出现本身就是后工业社会的产物，产生于后现代主义的语境之下。在通常的情况下，生态问题与种族问题、女权问题一样，被视为一个后现代的问题。那后现代主义是什么？套用福柯关于结构主义的一句话——"结构主义不是一种新方法，而是被唤醒的杂乱无章的现代思想意识"——那后现代主义也不是一种新思潮，而是被唤醒的杂乱无章的反思现代性问题的思想意识。后现代主义是批判现代性的产物，它一般不提供解决的方案，而只是各种批判、反思的涌现。它呈现出空间散播的、分散化、碎片化以及重新个体化的姿态；它反基础主义、反本质主义、反意识形态、反各种霸权。生态问题也在它的反思视野之中。生态中心主义作为绿色运动中极其重要的一支，就在很大程度上反映了后现代主义的种种面相。生态这个后现代的问题与马克思主义这个最彻底的现代性批判理论的结合是有共同的理论背景的，即它们都源自于对资本主义的生产方式批判、社会文化批判，而通常认为，马克思主义虽然是现代性批判的集大成者，但在历史观与方法论上仍然处于现代主义的框架之内，更有偏见认为马克思主义就是普罗米修斯主义、唯生产力发展，在本质上与生态原则不相容，福斯特等已经对这种观点进行了有力的驳斥。生态马克思主义就是将生态这个后现代的问题纳入到马克思主义这个现代主义的解释范式之中。虽然它给出了解决问题的途径，甚至勾勒出生态社会主义这样一幅前景画卷，但毕竟受后现代主义的影响而不能像马克思主义那样彻底，尤其是在环境运动依靠的社会力量方面，认为随着资本主义新变化的出现，传统工人阶级已经不存在或者大大弱化，在很大的可能性上，如果仍然作为一只社会变革的力量，就必须谋求与新社会运动的结合。实质上，生态马克思主义在将阶级力量分散化的过程中，不经意间消解了反对资本主义的社会力量，从而对资本主义的批判仅仅表现为一种话语，缺乏了经典马克思主义的阶级行动理论不是失去了可有可无的一块，而是标志着其理论在实质上已经准备滑向资本主义统治框架之内的一种意图。革命还是改良，仍然是区分真假马克思主义的试金石。

后马克思主义中也有生态政治主张，但与生态马克思主义相比是缺乏系统的、乏力的，属于激进有余、而力度不足的一种。由于时代条件与知识范式的转换，马克思主义流派在西方激增，已经进入人们视野的就已经有后马克思主义、后马克思思潮、后现代马克思主义与晚期马克思主义，他们之间有区别，也有联系，共同构筑了"千面马克思主义"的复杂景观。[①] 生态马克思主义也可算作其中的一面。在这多种面相中，真正的马克思主义是被扭曲、被消解，还是获得重生仍是一个值得期待的问题。

综观以上的分析，我们对生态马克思主义有以下两点基本认识。首先，生态马克思主义是从人出发，以人类为中心的，而不是从他者——自然出发，以生态为中心的生态政治思潮，在这点上，它首先区别于生态中心主义，而与经典马克思主义、西方马克思主义以人为本的思想相一致。其次，生态马克思主义重视社会、文化与政治经济批判，而非哲学批判，在这点上，与经典马克思主义有着理论倾向上的一致性，而不同于西方马克思主义的批判重点，亦区别于生态主义的环境伦理。生态马克思主义是西方生态政治思潮中与马克思主义有着直接或间接联系的一支，它与生态中心主义一起对西方传统政治发挥了深刻的影响力，促使生态环境的考虑成为西方政治中不可或缺的因素之一。虽然生态批判已经由体制外的批判力量逐渐进入体制之内，从而使其批判的角色变的模糊，但是生态马克思主义由于汲取了马克思主义理论的养分，对资本主义的批判仍然具有某种科学性。生态马克思主义也同时成为经典马克思主义当代发展的一个重要理论支持。

三、生态马克思主义的资本主义制度批判思想对我们的启示

在当代世界，消费主义与生态殖民主义成为凸现资本主义反生态性质的两大领域。这也构筑了生态马克思主义批判资本主义的主要理论视野。生态马克思主

[①] 胡大平：《后马克思主义思潮的批判性探讨》，《现代哲学》2004年第1期。

义关于这两大论题的研究给我们很多启示,我们将依据马克思主义的经典理论,对这两个问题进行批判。

(一) 消费主义的生态批判

马克思主义并不一般的反对消费,而是反对那些不是为了实现商品的使用价值,而是出于时尚以及身份象征等意图的异化消费,因为这种异化消费大大缩减了商品的使用寿命,加速了商品的更新换代,从而造成资源能源的浪费,对生态环境产生很大的破坏作用。

第一,消费主义的资本主义性质。

消费主义是晚期资本主义的一大社会文化征兆。在凯恩斯主义实行以来得以迅速扩展。它指的是在一个物质富裕的社会——资本主义高度工业化之后的社会,人们在消费行为与消费意识上,更多地追求物品的符号意义,而非其使用价值。这种消费意识与消费行为逐渐在全社会蔓延开来,直到最后形成主导人们生活方式的基本理念之一。

首先,消费主义是造成资本主义经济危机与生态危机的重要因素。

消费主义是资本主义发展的产物,也是资本的运行逻辑中不可克服的内在矛盾的转移与显现。在资本的逻辑中,资本存在的前提是不断地运动增殖,只有大量的产品被卖出、消费掉,而且对产品产生更快更多的需求,才为资本扩大再生产从而赚取更多的利润提供条件。在这个意义上,消费成为生产的一个环节。马克思在《资本论》中证明,在资本积累的另一极是贫困的积累,有效需求不足之下的生产相对过剩——经济危机——发生了,造成利润的减少与资本的削弱。为了克服这个矛盾,凯恩斯主义实行刺激消费与加强国家控制相结合的政策,所谓的刺激消费,就是对韦伯所讲的新教伦理、节俭禁欲等道德律令的背反,在全社会提倡以信用卡为媒介的超前消费,从而一改有多少钱花多少钱、先工作后消费的、量入为出的消费理念,而成为寅吃卯粮的消费模式,甚至在美国等西方国家,长期以来形成一种没有贷过款就缺乏信用度的根深蒂固的信念。人们的物质生活水平固然是暂时提高了,但经济危机的风险却没有消除,而是被转移了,最显著的例子就是当今正在持续的、以美国为中心的全球金融危机,在某种意义上,认为消费主义是此次危机的价值观的根源不是没有道理的。

但是,消费主义更加严峻的后果还不止于此。由于过度消费而带来的生态环境问题,不只在国家的层面上,而且在全球层面上显现出来。在消费主义价值观之下,地球成为取之不竭的资源库与具有无限消化能力的垃圾场,地球正在被所有生存于之上的人们吃掉、喝掉、用掉、浪费掉。虽然生态系统具有自我修复与自我持存的能力,但在消费主义价值观的笼罩下,人们的消费行为导致的破坏速度远远大于它的修复速度,从而使环境承载能力不断下降。

其次,消费主义中穷者与富者的对立。

事实上,抽象的谈论消费主义给社会造成的文化心理问题与生态环境问题,并非马克思主义的立场。从马克思主义的阶级分析方法看来,在消费主义引发的各种问题上,同样存在穷人与富人的对立。在一个仍然没有彻底消除贫困以及极端贫困的社会,消费主义所谓的欲望消费,只能是富人的意识、富人的消费,以及富人的权利。当然,正在兴起与壮大的中产阶级队伍,为资本家的奢侈消费起到"抬轿子"的功能。由于人数众多的他们,对资本家阶级——所谓的上层人物或上流社会——生活方式以及价值观念的模仿与追捧促进了消费主义文化盛宴的全社会展现,而中产阶级似乎忘记了他们在整个经济体系、社会结构中所处的从属地位,他们的剩余劳动成为资本家榨取剩余价值的对象,可以说他们正是新社会中的有知识的工人阶级。但是,中产阶级似乎更喜欢被称为"中产阶级"而非"工人阶级",前者似乎意味着更体面的、从而也是更接近资本家阶级的经济地位与社会地位,这也可以作为消费主义价值观滥觞的一个证明。事实上,在欲望消费中,是否可以满足欲望,以及在多大程度上满足欲望,成为资本家阶级与中产阶级真正的分野。在中产阶级而言,拼命工作来赚钱,以及每个月必须偿还的银行贷款与购房贷款,成为生活的主要部分。他们绝非像真正富裕的资本家阶级那样,不只在物质领域的欲望可以得到满足,而且拥有大量的闲暇——即自由时间。世界上以及在中国国内,许多富人进行慈善活动、捐款活动,就是明证。在一定程度上,真正的富人成为自由发展的个人,但他成为这种自由人的前提是以百分之九十以上的人的不自由、不富裕甚至是贫困为前提的。而真正消费奢侈品的也正是这一部分人,珍稀动物的毛皮成为他们的披肩、衣服、鞋子,成为他们身份和社会地位的象征。真正的穷人即使身处丰裕社会之中,也仍然是以需求消费为主要的消费模式,不是他们没有欲望——电视、广告对时尚、所谓高质量的"好生活"的渲染与宣传无处不在,这必然刺激所有受众的消费欲望——而是没有实现欲望消费能力。正如美国以世界上百分之二十五的人口消费着世界资源的百分之七十五一样，富国与穷国的消费水平差异在世界范围内的存在，以富人与穷人的消费差别在每个国家内部的存在为缩影。有人这样评价消费主义内在的、不可克服的伦理价值矛盾，认为消费主义"是以世界体系的不平等和不公正为前提的，少数人的奢华和浪费是建立在大多数人的饥饿与贫穷之上；它（消费主义——笔者注）是以人对自然界的掠夺和盘剥为基础的，少数人的享受和挥霍建立在自然生态的破坏和污染之上"。[1]

有人认为：穷人的存在，或社会的不平等，是促进社会发展的动力之源，但是，平等正义作为社会主义的价值追求，不能仅仅停留在乌托邦的幻想层面，由于富国的过度消费，而给全世界造成的生态环境灾难中，穷国和穷人是主要的承受者。社会主义不仅要在实践上消除人对自然行为的不公正，同时，也要消除人对人行为上的不公正，而且，后者是前者的前提所在。除此之外，在消费主义价值观的影响下的穷人可能成为资源环境的更大破坏者，有资料说：穷人每消费1美元，会多消耗1%的资源。[2]

第二，消费主义的克服。

一些生态马克思主义者认为：消费主义价值观的盛行，使人们在对商品的追逐与消费行为得到心理满足，并伴随着快感与自我价值感的实现，从而掩盖甚至消解了资本主义制度导致的异化劳动给人们带来的普遍痛苦与折磨，在此意义上，异化消费与异化劳动一起成为资本主义经济机器持续运转的支柱。这也成为"劳动—闲暇"二元论产生的基础，劳动的痛苦以消费的幸福体验作为补偿，而无度的消费不仅使污染物增长，而且促进了生产的进一步扩张，进而带来了能源与资源更大的耗费。异化劳动与异化消费，在持续的恶性循环中、在不断加剧生态环境的压力中，不断复制自身。本·阿格尔指出："劳动中缺乏自我表达的自由与意图，就会使人逐渐变得越来越柔弱并依附于消费行为。"[3] "人们为闲暇时间而活着，因为只有这时他们可以逃避高度协调的和集中的生产过程（不管蓝领

---

[1] 陈芬：《消费主义的伦理困境》，《伦理学研究》2004年第5期。
[2] 博格：《增长与不平等》，《经济社会体制比较》2008年第5期。
[3] 本·阿格尔著，慎之译：《西方马克思主义概论》，中国人民大学出版社1991年版，第493页。

工人还是白领工人都是如此），而且这时他们可以通过消费实现自己尚处于萌芽状态的创造性。"① 但本·阿格尔认为这种过度消费驱动了过度生产，从而不仅在生态的角度看来是破坏性的、浪费的，而且对于人本身的心理与精神而言，也是有害的，因为它并不能真正补偿人们因异化劳动而遭到的不幸。但是，本·阿格尔认为，人们对于异化消费的期望最终会被生态危机打碎，使人们重新审视生产、消费以及人生存的意义，即他所谓的"期望破灭的辩证法"，促进人们在价值观念和生活方式上产生许多变革，比如吃、穿、住、行等日常生活中奉行更加节俭、有益于生态环境的原则，在自我实现的生产劳动过程中寻求幸福感。期望破灭的辩证法，使人们重新形成自己的价值观与愿望，从而带动整个社会生产领域的变革，这正好反映了消费主义产生自资本主义生产方式，同时它的发展又必然趋向对资本主义生产方式的背反。

鲍法里亚在《消费社会》中指出：消费主义行为消费的不是物，而是符号，是一种象征性的消费。而社会主义价值观要求在生产力高度发展、生产资料社会化所有的前提下，个人的消费更多的体现在自由时间——即闲暇的消费。《德意志意识形态》中说，我不必成为一个渔夫、猎人、牧人或者批判者，我可以上午打猎，下午钓鱼，傍晚畜牧，晚上从事批判，人们在创造性的生产劳动中，获得成就感与幸福感。异化消费伴随异化劳动的消灭而消失，从而为人与自然、社会与自然之间的良性发展创造了条件。在此意义上，我们再重新检视资本主义的所谓闲暇，就可以发现它仍然是在资本主义框架内的、以多数人的受奴役为基础的、少数人的闲暇，其历史局限性昭然若揭。在资本主义社会，"那些思想丰富的人一直认为要享受有价值的、优美的或者甚至是可以过得去的人类生活，首先必须享有相当的余闲，避免跟那些为直接供应人类生活日常需要而进行的生产工作相接触。在一切有教养的人们看来，有闲生活，就其本身来说，就其所产生的后果来说，都是美妙的，高超的"。② 而在社会主义社会，价值观的革命与生态革命同时张扬了人性与自然的本来意义。

---

① 本·阿格尔著，慎之译：《西方马克思主义概论》，中国人民大学出版社1991年版，第495页。

② [美] 凡勃仑著，蔡受百译：《有闲阶级论——关于制度的经济研究》，商务印书馆1964年版，第32页。

从科学社会主义的观点来看，经过扬弃与超越资本主义的过程，共产主义的新人将成为拥有自由时间、可以全面发展的真正的人，他们不是在消费中而是直接在生产过程之中，实现自身的价值、体现自身的存在，劳动成为一种享受，所以才成为生活的第一需要。由于消除了异化劳动与异化消费，消费主义就失去了生存的土壤。在有计划的经济活动中，人们生产生活中消耗资源与能源的行为，将以最合理的方式表现出来，真正实现了作为实现了的人道主义等于自然主义，作为实现了的自然主义等于人道主义。

（二）生态殖民主义批判

生态殖民主义是在不平等的国际政治经济秩序的框架内，西方发达国家针对发展中国家和落后国家的、在生态环境问题上带有明显剥削与掠夺性质的经济、政治行为的总称。发达资本主义社会往往是一个高消费、高污染的社会。"生活在高收入国家的占世界人口 20% 的人消费着全世界 86% 的商品、45% 的肉和鱼、74% 的电话线路和 84% 的纸张"，20 世纪 90 年代"美国、日本、欧洲纸制品消费占世界的 2/3，所用木材几乎全部来自第三世界"[1]，致使许多第三世界国家的生态环境急剧恶化。占世界 5% 人口的美国消耗着世界 25% 的资源，可以说，全球生态危机的始作俑者与最大受益者是以美国为代表的西方资本主义发达国家；而现在，广大发展中国家与落后国家却承担着生态危机带来的大部分恶果。"全世界每年死于空气污染的 270 万人中的 90% 在第三世界，另外每年还有 2500 万人因农药中毒，500 万人死于污水引发的疾病"[2]。这是生态殖民主义的恶果，是不平等的国际政治经济秩序的产物，而生态殖民主义又推动了这种不平等的国际政治经济秩序的强化与泛化。这种不平等是发达资本主义国家所需要的，只要存在这种不平等、不公正，生态殖民主义就有生存的空间，资本主义全球扩张的态势就无法得到遏制。

资本追求利润的本性决定了它无限扩张的逻辑。马克思不止一次地论述过资本全球扩张的本质与表现，马克思说，资本"摧毁一切阻碍发展生产力、扩大需

---

[1] 李慎明：《全球化与第三世界》，《中国社会科学》2000 年第 3 期。
[2] 李慎明：《全球化与第三世界》，《中国社会科学》2000 年第 3 期。

要、使生产多样化、利用和交换自然力量和精神力量的限制。"① "发财致富就是目的本身。资本的合乎目的的活动只能是发财致富，也就是使自身变大或增大……作为财富的一般形式，作为起价值作用的价值而被固定下来的货币，是一种不断要超出自己的量的界限的欲望：是无止境的过程。它自己的生命力只在于此"②。资本所及之处无一不被资本化，看看它对第三世界的所作所为吧。它要求全球的政治、经济、文化的全部社会领域资本主义化，成为自己的翻版，但只有一点不行，即后发国家的生活水平不能成为翻版。试想，如果中国达到美国的人均汽车拥有量、达到美国的人均资源、能源消耗量，那将会是怎样的景象！在美国以人权、生态环境污染等问题攻击中国的时候，我们看到的是一幅多么有趣的悖论图景——既要你向我学习，又不要你向我学习，我的出发点只能是、也仅仅是我自己的国家利益。在本质上，这个矛盾是由资本本身的矛盾所决定的。马克思一针见血的指出，资本无坚不摧、所向披靡，但它遇到的最大限制就是资本本身，它也必将在根源于自身的否定、扬弃与克服的社会大变革中，使劳动和自然获得解放。

正如现代殖民主义必然是帝国主义的伴生物一样，生态殖民主义也同样是生态帝国主义的必然产物。帝国主义的存在需要一种不平等的层级关系，或者说一种剥削与被剥削的关系结构。当代的帝国主义已经不是它最初的意指，即疆域上的、对属地实行殖民统治的帝国主义了，而是一种资本主义生产关系的帝国主义，或者如列宁所说的"资本帝国主义"③。有学者从马克思的"经济殖民地"④概念出发，在"一种经济成分要以其它的经济成分为它提供条件才能生存"的意义上理解世界体系，认为帝国主义已经成为一种特定的生产关系、社会关系、政治关系、文化关系的综合体，当代的"新帝国主义论"即是这个综合体的意识形态。帝国综合体将体系内的所有国家与地区用资本主义的生产生活方式、思维方

---

① 《马克思恩格斯全集》30卷，人民出版社1995版，第390页。
② 《马克思恩格斯全集》30卷，人民出版社1995版，第228页。
③ 《列宁选集》第2卷，人民出版社1995年版，第650页。
④ 即将殖民与土地分割开来，殖民地已经演变成为一种经济关系，即一种经济成分对另一种经济成分的剥削和被剥削关系。具体阐述见王苏颖《从殖民地概念的发展看当代殖民体系》，《复旦学报（社会科学版）》，1995年第5期。

式进行消解与重塑,最后形成一种固定的结构,这种结构得到不平等的交换关系的滋养而不断的固化,从而形成对体系内所有被核心国家所剥削的国家的一种"结构性暴力"。第三世界在政治、经济、文化、生态等领域的局部斗争相对于整个结构的力量还是太弱小了,若想彻底消除这种暴力的存在只有颠覆整个帝国主义。

生态殖民主义与生态帝国主义的关系沿用了上述关于帝国主义的逻辑。美、欧、日等发达资本主义国家在工业化初期和发展期,也造成了本国生态环境的巨大破坏,到了 20 世纪中期,工业化发展到相当程度之后,人们的生态意识、环境意识才开始觉醒,进而环境运动兴起、绿党参政,经过几十年的本国治理再加之向第三世界的生态殖民,已经建立起来一个个"生态帝国"。这个生态帝国的表象就是:一面是美、欧、日发达资本主义国家的经济发展、生活优裕、生态环境良好,另一面则是广大发展中国家经济发展相对滞后和生态环境恶化,尤其是一些落后国家的经济停滞甚至衰退与生态环境急剧恶化的事实。

生态帝国主义的存在必定以生态殖民作为载体,正如伏尔泰所说"一国之赢只能立于他国之失之上",或者像帕累托所言"无他人之情势恶化,决不会有一人之境遇的改善"①。在经济全球化的背景下,生态帝国主义的表现似乎多了一层虚伪的面纱。一些发达国家及其领导人以"地球卫士"、"生态警察"的面目出现,谴责发展中国家以及落后国家的生态环境破坏;一些国际组织向第三世界国家进行环境项目的资金、技术、人员培训等援助;在发达国家的主导下,数次召开了人类环境(发展)大会,通过了一些呼吁性或规范性的文件、约定等等。所有这一切是否可以构成对生态帝国主义的否定呢?对此我们需要具体的分析。首先,发达国家由于历史及现实的原因,对地球生态环境的破坏应付主要责任,而他们对第三世界环境问题的解决更应当承担自己不可推卸的义务,对第三世界环境项目的资金与技术援助不仅是其题中应有之义,而且还应该进一步加大这种援助的力度与范围。其次,无论是联合国、人类环境(发展)大会,还是"世界环境组织",以及在生态环境方面签订的种种国际条约、协定,虽然在解决全

---

① 迪德里齐等著:《全球资本主义的终结:新的历史蓝图》,人民文学出版社 2001 年版,第 9 页。

球共同的环境安全问题上发挥了一定的作用,但是离一种刚性的、具有实质约束力的制度创设还有相当大的距离。正如有的学者指出的,在这些有关世界范围生态环境问题的条约或组织中,始终"存在着发达国家、发展中国家和低发展国家之间的视角与立场冲突"①,而这种冲突势必成为实现环境问题实质性突破的障碍。最后,生态帝国主义在某种意义上可以称之为全球范围的生态剥削和统治的体系。它作为一种结构性的暴力,使所有被纳入其中的国家都染上生态殖民综合症,即在生态帝国主义的层级关系中,始终存在上一层级对其下层级的生态殖民。由于体系的惯性,导致这种生态殖民综合症的无限蔓延,直至全球生态环境无法承受剥削与掠夺之重而走向毁灭为止。所以,只要存在资本主义世界统治体系在全球的扩张,就必然会伴随着生态殖民主义与生态帝国主义在全世界的蔓延。

资本在地域空间上的无限扩张无非是为了追逐利润,满足极少数的垄断资本家和极少数的资本主义发达国家或发达国家集团的利益要求,强调在等级制中的不平等关系。而生态的逻辑却恰恰相反,在生态环境面前,地球上所有的国家、民族、地区都是平等的,反对等级制,反对不平等是它的本性,生态环境的优化与恶化直接与每个人利益攸关,这在资本主义体系下是根本无法解决的。在当代的生态帝国主义中,生态环境的优化只使少数人受益,而以世界上绝大多数人的受损为前提,而实际上,这种状况也不可能长时间存在。因为从生态环境的整体性、系统性、动态性的角度来看,这是不可持续发展的,资本主义性质的全球化模式实质上正是这种不可持续的发展模式②。所以在生态环境问题上,不管是从认识论、价值论,还是从哲学、伦理学的维度上,倡导一种价值观、伦理观以及

---

① 郇庆治:《环境政治国际比较》,山东大学出版社 2007 年版,第 34 页。
② 福斯特与奥康纳都认为可持续发展的资本主义经济是不可能的。福斯特指出,新的发展形式要优先考虑穷人而不是利润,强调满足基本需求和确保长期安全的重要性,这在资本主义框架内是不可能实现的。他还主张:"正是在资本主义世界的体制中心,存在着最尖锐的不可持续发展的问题,因此生态斗争不能与反对资本主义的斗争相分离。"关于这一思想的具体阐述见《生态危机与资本主义》,上海译文出版社,2006 年版,74—76 页。高兹提出,生态理性反对资本主义的经济理性,生态理性主张的"更少的生产,更好的生活",不能在资本主义框架内进行,必然包含着对资本主义的超越与对社会主义的开拓。见陈学明、王凤才著《西方马克思主义前沿问题二十讲》,复旦大学出版社 2008 年版,第 293—299 页。

思维方式的变革确是有益的。但仅仅停留在思想意识的层面还不够，重要的是看到生态殖民主义背后的制度因素，就像许多生态学马克思主义者批评的那样。然而，仅仅批评还不够，批判的目的是为了重建。

我们认为，生态环境问题的解决必须要立足当下，更要有全球视野。这与科学社会主义的理论及其实践具有内在的契合。马克思主义的科学社会主义理论是以辩证唯物主义与历史唯物主义为分析方法，建立在对资本主义生产方式批判基础上的、具有世界解放意义的科学的社会政治理论。它以工人阶级为阶级基础，在马克思主义政党的领导下，带领人民群众在资本主义生产与法的一切领域，开展反抗资本主义剥削与压迫、争取劳动解放的阶级斗争——以暴力的或者和平的方式，推翻资本主义制度，实现社会主义和共产主义在全世界的胜利。在这个意义上，它必将以社会主义的全球化来代替资本主义的全球化。只有这样，社会才能克服资本主义全球化带来的利益只为了少数人、少数集团、少数国家独享的恶果，才能克服世界范围内南北国家间贫富差距拉大的问题，才能克服使贫者愈贫、富者愈富的资本主义逻辑，才能实现利益在全球的公正合理的分配。这与生态的逻辑是一致的。生态环境是显而易见的公共资源，它服务于全人类，更要求全人类为它负责，任何使公共资源服务于私利的行为必然与生态的内在规律相抵触。因此资本主义全球化具有反生态、反民主、反平等、反公正的内在逻辑。与一些生态社会主义者、环保人士所主张的通过技术革新、环保立法以及环境运动等政府或非政府组织的活动、争取在资本主义框架内改善生态环境的基本政治主张不同的是，科学社会主义只将上述行为作为"立足当下"的一种手段，它的目的远远不止于此。科学社会主义认为，只要资本主义制度存在，就必然会产生生态殖民主义，就必然导致全球生态危机，所以必须推翻资本主义制度，建立社会主义的国际联合才能从根本上实现人与人、人与自然的双重和解。这个运动必然以阶级斗争的形式进行，而不管在现阶段看起来由经济发展带来的阶级分化有多么复杂、阶级斗争的含义有多么含混、前进的轨迹有多么曲折，未来经济、社会、政治、文化等领域的矛盾，归根结底还必然会以阶级对立的形式表现出来，实现社会制度的革命性变革也必然要依靠阶级意识、阶级立场与现实的阶级力量①。否则，具有总体意义的社会解放运动的理论与实践，最终只能以乌托邦的结局收场。

中国是一个正在融入世界经济体系中的社会主义大国，如何在当前的国际形势下针对生态殖民主义做出适度而必要的战略回应是一个值得深思和探索的大课题。但其中有两个基本原则是明确的：一是在积极参与经济全球化的过程中，要趋利避害、独立自主地发展壮大自己，并努力通过与世界人民的长期共同奋斗，最终争取以社会主义的全球化替代资本主义的全球化，这是"全球视野"的体现；二是立足当下，在生态环境问题上将国际合作与国际斗争相结合，为缓解全球生态危机做出现实的贡献。

---

① 福斯特通过对美国西北太平洋沿岸原始森林木材业危机的分析，提出生态危机的加剧是"历史上资本主义社会及其阶级斗争在具体积累过程中固有的特性。忽视阶级和其他社会不公而独立开展的生态运动，充其量也只能是成功地转移环境问题……这样的全球运动对构建人类与自然可持续性关系的总体绿色目标毫无意义，甚至会产生相反的效果；由于现存社会力量的分裂，给环境事业造成更多的反对力量。"《生态危机与资本主义》，上海译文出版社 2006 年版，第 97—98 页。

| 国外马克思主义研究专题 |

中西方分享经济理论代表性观点的比较

The comparison of western and Chinese represetative share economic theories

王 珍

【摘要】 我国学者李炳炎提出的中国特色分享经济理论与由美国学者威茨曼教授提出的西方分享经济理论是中西分享经济理论的代表性观点。李炳炎认为，在社会主义制度中，可以建立国家、集体和个人共同分享改革成果的机制。威茨曼则以解决滞涨问题为直接目的，提出改变固定的工资制度，赋予劳动者一定的利润分享权力，有助于经济平稳发展。本文试图对两者进行全面的比较研究。经过客观的比较分析，在指出两者存在共同之处的基础上，着重指出了两者存在的区别。

【关键词】 分享经济 理论 国际比较

Abstract: In this article, two representative share economic theories are analyzed and compared. According to the Socialist Share Economic Theory raised by Li Bingyan, under socialist institution, a new mechanism should be established, so that the state, the collectives and the individuals could all enjoy the achievement of China's open and reform policy together. While in western world, in order to solve the problem of stagnation, Weitzman argues that the fixed-wage system should be replaced by the profit-sharing system, which would provide labor with the right to share part of the profit. These two theories are thoroughly compared in this article. Through the analysis, the six main distinctions are emphasized on the base of some common aspects they share.

Key words: Share Economy, Theory, International Comparison

第一节　中西方分享经济理论代表性观点内容的比较

一、中西分享经济代表性理论

分享经济思想，顾名思义，是与利益独占思想相对立的，指各利益集团共享经济利益的一种经济思想。李炳炎与威茨曼是中西分享经济理论的代表性人物。

目前，西方发达国家最有代表性的分享经济理论，是美国经济学家、麻省理工学院经济学教授马丁·L·威茨曼的理论。威茨曼在其1984年所著的《分享经济》一书中，提出了他的分享经济理论。他认为资本主义"滞涨"的根本原因在于资本主义现存工资制度的不合理。在工资制经济中，利润全部被资本所有者拿走，工资与企业的经营情况无关，而是与某些外在的因素（如货币或者生活费用指数）相联系的。当经济运行健康时，固定工资制度可以作为一种有效手段，刺激劳动力的有效转移，自动地把劳动力从边际价值低的地方转移到高的地方，从而成为在各种不同的职业需要中合理配置劳动力的理想工具。然而，一旦经济状况不景气，随着社会总需求的萎缩，由于工资是固定的，厂商出于利润最大化的考虑，只能维持产品的既定价格并通过裁减员工来降低成本，从而保持劳动成本与劳动收益的平衡，而这种决策势必引发资本主义社会普遍的失业，这反过来又加深了需求的不足，从而进一步恶化经济运行，导致滞胀。为此，"我们要选择一种具有自动抵制失业和通货膨胀功能的报酬机制，即工人的工资与某种能够恰当反映厂商经营的指数（如厂商的收入或利润）相联系"。[①] 因为分享经济旨在提高薪酬的可浮动程度，与传统的薪酬相比，利润分享制下的薪酬水平要随着市场条件的变化而变化，如果薪酬水平能随着经济周期的循环而波动，则就业规模的扰动幅度就会缩小，经济衰退期的失业水平就会下降。首先，在分享经济中，企业的劳动成本与企业的产品价格直接挂钩，任何价格变动都能自动地反馈给劳动成本，因此，分享经济总是有较少提高价格和较多降低价格的倾向，所以分享经济具有内在的反通货膨胀的倾向。其次，在工资制条件下，工资报酬与企

---

① 马丁·威茨曼. 分享经济 [M]. 林青松，译，中国经济出版社，1986.

业的人数无关，劳动的平均成本始终等于劳动的边际成本。这样，企业就会因为雇佣一单位劳动所追加的劳动成本等于追加收入而不会扩大雇员人数。但在分享制条件下，每增加一个工人，其他工人的收入就会稍微下降一点。增加的工人使劳动的边际成本下降，而且一定低于劳动的平均成本。这样，企业追加一小时劳动所带来的收入增加总是大于追加的成本。所以，当劳动力市场上能够找到可资利用的工人时，企业就会扩大生产。正因如此，分享经济必然具有扩大就业和增加生产的偏好。

然而实际上，世界范围内最早提出分享经济理论的是我国著名马克思主义经济学家李炳炎教授。他在《社会主义成本范畴初探》[①]（1981）和《劳动报酬不构成产品成本的内容》[②]（1982）中，于国内外首次提出了社会主义分享经济理论的核心观点，即作为新成本价格的生产资料成本价格、企业净收入概念，工资不算进成本、用净收入分成制取代工资制。否定了传统社会主义经济理论中的工资范畴和利润范畴，突破了旧的理论体系，提出了价值构成新公式：$w = c + (v + m) = c + n = $ 新成本价格 + 净产值。在公式中，n，即净产值，又分为国家收入和企业收入两个部分。1984年南京汽车工业公司七个企业依据李炳炎提出的新成本、净产值范畴制定并试行了"净产值分成制"方案。接下来，李炳炎在论文《关于建立以净产值为中心的企业核算新体系的设想》[③]（1983）中进一步提出将净产值划分为国家收入、企业收入和个人收入三个部分，和"净产值分成制"的概念。用公式表示为：$n = n_1$（国家收入）$+ n_2$（企业收入）$+ n_3$（个人收入）。从而提出了完整的社会主义分享经济的理论公式：

$$W = c + n, \ n = n_1 + n_2 + n_3。$$

公式中，w代表社会主义商品价值，C代表社会主义成本，n代表净收入，n_1代表国家收入，n_2代表企业收入，n_3代表个人收入。在分配过程中，首先将国家收入的部分分离出来，就是从旧价值构成中的剩余价值m中，通过税收等方式，将国家收入的部分，即n_1，先行扣除。旧价值构成中的剩余价值m在扣

[①] 李炳炎．社会主义成本范畴初探[J]．中山大学研究生学刊（文科版）1981（4）．
[②] 李炳炎．劳动报酬不构成产品成本的内容[J]．经济研究，1982（2）．
[③] 李炳炎．关于建立以净产值为中心的企业核算新体系的设想[J]．财政与会计，1983（6）．

除国家收入后，余下的部分，和旧价值构成中的可变成本 v 合并，构成可供企业层面分配的净收入。接下来，通过税收等方式先将国家收入扣除后，剩余的净收入部分，即 $n_2 + n_3$，再在企业层面进行调整后净收入的分配。具体就是从（$n_2 + n_3$）中分别划分出属于企业收入的 n_2 部分，和属于职工收入的 n_3 部分。之后，在总结理论与实践经验之后，1987 年 4 月，李炳炎在云南人民出版社出版了专著：《新成本论——一种新的社会主义经济理论及其实践形式》一书，对 1980 年以来的探索作了总结。"一种新的社会主义经济理论"，就是社会主义分享经济理论。该著作对新理论作了全面总结。提出并界定了社会主义分享经济理论的三个基本范畴："自主联合劳动"、"需要价值"和"社本[①]"。其中"需要价值"，是指社会主义条件下，由于劳动的自主性质，社会主义的必要价值就包括由一般必要价值和一般剩余价值转化来的两个部分，即（v + m）。它们首先是一个整体，而且可以作为一个独立的范畴出现，称为社会主义必要价值，用 n 表示，即"需要价值"。"社本"指生产资料资金的社会主义形式。通过这一论述，进一步明确了作为理论总纲的社会主义价值构成理论，明确了新价值的三部分划分及其次序；发掘了马克思关于社会主义成本范畴是生产资料成本价格的观点[②]；完善了新生产价格和二次按劳分配理论；提出了新的社会主义资金循环公式；应用新成本范畴和净产值范畴建立企业核算体系和新概念成本核算办法和成本控制法。总结了分享经济理论的实践形式，将"企业净收入分成制"作为社会主义公有制分享经济理论的典型形式。

二、中西方分享经济理论的理论来源不同

威茨曼的西方分享经济理论实践来源是利润分享思想。利润分享思想在人类早期的经济生活中就已经存在，威茨曼提出分享经济思想，是从日本的劳工制度得到启发的。日本劳工制度的特点，一是终生雇佣制，二是奖金制度，奖金与工资分开，与利润挂钩。从十九世纪末起，利润分享制度开始在企业管理中应用。二战以后，西方各国政府纷纷从法律的角度规定了工人参加企业管理的权利。在

[①] 李炳炎. 社本论 [M]. 人民出版社，2000.
[②] 马克思. 马克思恩格斯全集第 25 卷 [M]. 人民出版社，1975.

| 国外马克思主义研究专题 |

理论上渊源上，20 世纪 60 年代，"民主的资本主义"者、美国著名的公司和投资金融律师路易斯·凯尔索对员工持股计划的理论和建议作了论述。他的两部著作：《资本家宣言：如何通过借贷使 800 万工人变成资本家》和《两要素理论》①，被公认为是关于利润分享思想的经典之作，对薪酬理论的发展产生了重要的影响。正是在这些理论与实践背景下，威茨曼从日本的劳工制度得到启发，提出了分享经济理论。

中国公有制分享经济观的理论渊源在于《资本论》中关于社会主义商品成本范畴的一个直接论述。在这一段论述中，马克思指出社会主义商品成本的经济实质，是"已经消耗的生产资料的成本价格"②。这一段分析表明，社会主义商品价值由 c 和新价值两部分构成，新价值包括工人的工资和工人为自己占有的剩余价值。公有制分享经济理论的实践来源，是 20 世纪七十年代中国农村实行的联产承包责任制所引发出的新的经济思维。安徽凤阳小岗村联产承包责任制的分配方案规定：生产所得的农产品除了扣除补偿消费掉的生产资料和扣除各项社会基金（包括用于扩大再生产的基金、后备基金、一般管理基金、公共福利基金等）外③，剩下来的那部分产品直接归农户所有。如果由价值构成公式表示，则 $W - c - m = v$，或 $W - c - n_1 - n_2 = n_3$。式中，W 为总产品的价值，c 为已耗费的生产资料的补偿价值，m 为公共需要价值，v 为个人需要价值，n_1 为国家需要价值，n_2 为集体需要价值，n_3 为个人需要价值。这一价值构成公式，是公有制分享经济观的理论核心。农村联产承包制中的这一分配公式在 20 世纪 80 年代初，中国城市集体企业改革中被发展成为"除本分成制"的分配方法，它直接构成了公有制分享经济观的方法论基础。"除本分成制"的具体做法就是从企业每月的实现销售收入中，扣除职工工资以外的一切成本支出以后，剩余部分为企业的纯收入；将纯收入按上级核准的比例分作两部分：一部分为企业分成额（应上缴的所得税和合作事业基金包括在内），另一部分分为职工工资总额。工资不包括在成本中，实行工分制浮动工资，职工收入随企业经营好坏和个人劳动好坏

---

① 路易斯·凯尔索，帕特里希亚·凯尔索. 民主与经济力量——通过双因素经济开展雇员持股计划革命[M]. 南京：南京大学出版社，1986.
② 李炳炎. 李炳炎选集[M]. 山西：山西经济出版社，1997.
③ 这两项就是小岗村农民扣除的上缴国家的与上缴公社和大队的产品部分.

而浮动。两者的共同逻辑是："交够国家的，留足集体的，剩下全是个人的"，这里已含有分成制经济思想，成为企业净收入分成制的思想来源。

三、两者的研究方法不同

威茨曼的理论通过新古典的研究方法展开，可以借用威茨曼的新古典研究方法，根据情况改变其中变量，用以证明自己的观点。首先应该看到的是，各种分析方法都有自己的优势。李炳炎教授通过对《资本论》的研究，运用理论研究的方法和类比的方法，开创与资本相对应的社本理论。威茨曼利用新古典研究方法研究利润分享对总产出、价格水平和就业方面的影响。只要立场和指导思想不变，可以灵活运用各种研究方法。威茨曼分享经济理论的核心是提出基本工资加上利润分享的分配方程：

$$W(L_i) = \omega + \lambda \left(\frac{R_i(L_i) - \omega L_i}{L_i} \right),$$

以 ω 作为基本工资率，λ 作为利润分享系数。在本文中笔者认为李炳炎教授的彻底的分享经济理论，在威茨曼的研究框架中可以体现为基本工资率 $\omega = 0$ 的情况。威茨曼的理论本身还论证到，如果基本工资率为零，将产生无限大的劳动需求，宏观经济实际产能可以达到潜在 GDP 的水平。可见根据威茨曼的理论框架同样可以得出支持李炳炎教授理论的结果。

四、两者的立场不同

中西分享经济代表理论的立场不同，指导思想不同，这也是这两种理论的根本性不同。

公有制分享经济理论以科学的劳动价值论为基础。从社会主义商品的这种特殊的价值构成出发，通过改革分配制度，实现按劳分配以巩固壮大公有制，使劳动者致富，为劳动人民的共同富裕服务。李炳炎的分享经济理论是以社会主义以人为本作为指导思想，以共同富裕为目标，提出需要价值理论，为普通劳动者利益服务。

而威茨曼的分享经济理论，是以维护资本利益为指导思想，西方分享经济理论以资产阶级主流经济学为基础，通过分享制调整资本主义生产关系，为挽救资本主义私有制服务。他的直接目的是解除资本主义经济滞涨危机,甚至把工人对工资的要求当做滞涨产生的原因,因此不可能赋予劳动者应得的收益权,不可能做到彻底的分享。

两者立场的对立主要体现在以下几方面:

(一) 两者的个人与集体关系不同

西方分享经济理论中个人与集体利益是此消彼长的关系。主张分享制度应通过可变的收入和稳定的就业(刚好与工资制相反)来发挥作用,通过降低单个工人收入,来保持厂商收益,从而打消厂商裁员的意愿,保持就业率。威茨曼对分享经济的关键定义与劳动成本的行为有关。威茨曼把分享经济定义为①:随着就业上升,厂商的单位劳动成本下降,即,总薪酬对就业的弹性小于1。分享经济的目的在于把弹性降到1之下,或者使得劳动的边际成本小于劳动的平均成本,在劳动的平均成本等于劳动的边际产品收益时,厂商有增加雇佣劳动的倾向。然而,厂商能获得的利润减少是不争的事实,威茨曼建议对分享收入给以税收优惠(tax break),利润和收益都在此列。另外,他想撤销某些经济组织享受税收优惠的资格。比如,合伙企业通常有分享系统而不需要税收优惠。威茨曼建议限制税收优惠的是那些其所有者不是雇员的情况。他把公众交易公司归入此列。这些公司分享型收入的一半应该免税。根据威茨曼的理论,税收来自于消费者和厂商。因此,如果为使厂商获得利润不变,无异于用公众自己缴纳的税金,透过企业的所谓利润分享制度,以所分得利润的形式重新回流到公众手中。与在工资制度中减税财政政策实际是一样的。

而李炳炎的公有制分享经济理论是基于"利益分享"这样一种新的经济观,即社会主义分享经济观,使个体利益的实现与整体利益的实现紧紧地联系在一起,在它们之间建立起一种共同消长而不是此消彼长的新关系。李炳炎认为中国的充分就业不全是通过市场机制,劳动报酬制度难以对企业就业量起作用的特殊条件,他认为净收入分成制不能引致就业量的变化,而只能通过真正实现按劳分配调节个人劳动收入的变化来起作用。这种"利益分享"的新经济观,突破了"利益独占"的传统经济思维方式的束缚,既不同于资本独享利益的"利益独

---

① 威茨曼,林青松译. 分享经济学 [M]. 北京:中国经济出版社,1986.

占"思想，也不同于国有制的大一统的"整体独占"观，利益分享的新经济观，不仅强调各经济个体有其特殊的经济利益，它还致力于在个体经济利益与整体经济利益之间建立起一种新的协调的利益分配关系。

解决这个问题的关键在于建立这样一种利益分享制度，使个体利益的实现与整体利益的实现紧紧地联系在一起，在它们之间建立起一种共同消长而不是此消彼长的新关系。这种利益分享制度的主要内容是，在一个特定的时期内，由各种经济主体按照一个既定的比率去分享经济发展所取得的成果。每一个体所获利益的绝对量将取决于成果总量的增长和分享比率这两个因素。在这个过程中，各经济主体的任务是如何扩大总量，而政府的责任则是公平地确定这个分享的比率。由于这种分享不是对总量的一次性分享，而是对每一边际增量的逐次分享，它能够使经济个体在其增产的每一个量上均看到自己的利益，从而极大地刺激其增产节约的积极性。这种分享也不只是在整体层次上的分享，它是多层次的。在社会经济活动的每一层次上，各经济主体均可实行利益分享。这种利益分享制度的一个显著特点，就是使每一个经济主体都能与代表国家整体利益的政府和代表局部利益的生产集体分享利益、分担风险。它使每一经济主体都拥有自己的权利、责任和利益。在追求利益的动力和回避风险的压力下，每个主体的活力得到了极大的增强。利益分享通过肯定利益的多元性和对利益追求的多样化，促进经济决策和经济生活的民主化，给社会主义经济发展注入新的活力。

（二）两者对待劳动者的态度不同

威茨曼的理论在处理劳动和资本的关系时，对于劳动者的利益维护不够。威茨曼也承认，在经济繁荣时，固定工资制度也有其有力的一面，它自动地把劳动力从边际价值低的地方转移到高的地方，可以刺激劳动力的有效转移，从而成为在各种不同的职业需要中合理配置劳动力的理想工具，此时厂商自然选择工资制。然而在经济衰退时，根据威茨曼的理论，"滞涨"被归咎为工资的刚性，似乎经济的衰退是由工人的工资太高造成的。工人的人均收入与企业的产量、就业量以及收益之间存在着反相关的关系。因此，在实践中，企业总工资额、总收益、总利润都会因为就业量增加而上升，而工人的人均收入则会下降。在是否选择威茨曼的分享经济理论时，工人面临的选择，要么是冒丢掉工作的风险坚持固定工资制度，要么是实行威茨曼的分享经济制度保住工作但减少收入，不论怎么选都是对工人利益的侵害。

而李炳炎认为，公有制分享经济理论所主张的净收入分成制因为其依据的是"按劳分配"的原则，工人的报酬直接与自己的劳动量和企业的经济效益相联系，多劳多得，少劳少得，不会在现实的分配过程中造成工人收入与企业效益呈反方向变动的情况。而且，不论在经济繁荣或者经济不够景气的时候，李炳炎教授的理论都能够起到保护劳动者利益，调动劳动者积极性的作用。

五、两者对实现公平的作用是不同的

应该看到，威茨曼的分享经济理论是为了继续维护资本主义制度，克服滞胀而提出的一种旨在改变劳动报酬分配制度的一种微观经济理论，虽然它在形式上构成雇员和资本家共同分享利润，但其实质仍然是按资分配，不可能真正实现公平的收入分享。这一点国内学者姚海明教授早已作过分析："威茨曼始终把劳动的边际价值作为确定分享比例的依据，无论是完全分享还是混合分享，工人的收入只能相当于劳动的边际价值。如果增加工资，哪怕是增加一个美元，由于新工人的不断涌入，企业产量的不断增加，在市场经济的作用下，工人的工资也会降下来，直到恢复原来的工资水平；如果减少工人的工资，工人会离开公司，导致在业工人劳动的边际收益增加，迫使公司把工资恢复到原来的水平，否则公司将无法维持它所需要的劳动量。由此可见，威茨曼的分享经济制度仍然是围绕着萨伊的工资铁律展开的，他所提出的分享收入方案，只不过将原来直接按劳动的边际价值确定每个工人的工资额，改为按公司总收入的比例来分发工资。工人没有多得到一分钱，资本家也没有少拿一个子。"[①] 而李炳炎提出的公有制净收入分成制则不同，因为社会主义生产资料公有制的性质和按劳分配的本质要求就是企业劳动者集体决定做了必要的社会扣除以后的新价值的分配，因此实现真正的收入分享是顺理成章的。净收入分成制是在社会主义公有制以及按劳分配条件下对新创造价值的分享，它可使国家、企业和职工三者结成了利益共同体，在追求共同利益的动力驱使下，做大"蛋糕"，实现国家、企业和个人三者之间真正意义上的利益分享，这是威茨曼分享经济理论所无法比拟的。

---

① 姚海明．评威茨曼的分享经济制度［J］．南京政治学院学报，1991，5.

第二节　中西方分享经济理论代表性观点研究目的比较

一、威茨曼分享经济理论的研究目的

威茨曼的理论从解决当代资本主义"滞胀"的经济顽症这一目标出发，以寻找"滞胀"的原因为目的，侧重于分析分享制度对解决就业和通货膨胀问题的缓解作用。可以看出，推广分享经济制度是不得已而为之。从利润分享制度的发展上来看，利润分享计划的实施数量，与罢工事件的数量有着密切的联系（见图3.1），利润分享明显带着抑制工会运动，调节劳资纠纷的目的。

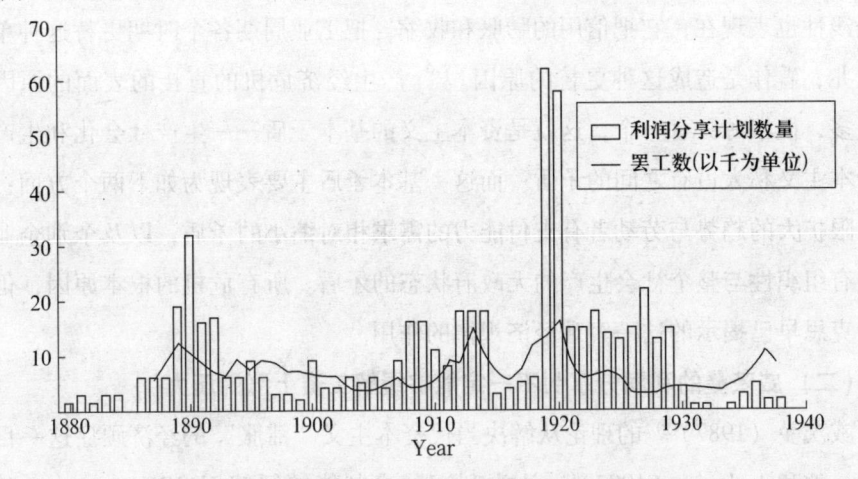

图 3.1　英国利润分享计划实施数量与罢工事件数量①

（一）滞涨的概念和产生原因

滞涨即英文词汇 Stagflation，它由 Stagnation（经济停滞）和 Inflation（持续性物价上涨）两个英文词汇组合而成，用于表述今天资本主义世界经济停滞和物价持续上涨同时并存的经济状况。

从二十世纪50年代末到80年代前半期，整个资本主义世界经济的趋势已经

---

① Derek Matthews. The British Experience of Profit-Sharing [J]. The Economic History Review, New Series, 1989, 42 (4): 439–464.

国外马克思主义研究专题

无可争辩地证明,"滞涨"绝非象某些学者所力图证明的,仅仅是什么石油冲击或货币管理一时出了毛病引起的偶然现象。到了今天,经济学家差不多全都认为"滞涨"是资本主义经济危机的表现形式,只不过有的认为它是一种周期现象,有的认为是一种结构性持续现象,有的认为是周期现象和结构性持续现象相交织的综合现象。

资本过剩积累是"滞涨"产生的基础,"滞涨"是资本过剩积累的现实表现形式,而这种资本过剩积累又靠持续的物价上涨来维持。因此,关于"滞涨"产生原因的种种议论也因对资本过剩积累产生原因的认识不同而有所不同。种观点尽管众说纷纭,但有一点是肯定的,资本主义经济存在着不可克服的矛盾,由此导致了"滞涨",这是资本主义经济危机的表现形式。马克思说:"政治经济学的肤浅性也表现在,它把信用的膨胀和收缩,把工业周期各个时期更替这种单纯的征兆,看作是造成这种更替的原因。[1]"产生经济危机的直接的表面的原因似乎很多,但根源只有一个,这就是资本主义的基本矛盾——生产社会化和生产资料资本主义私人占有之间的矛盾。而这一基本矛盾主要表现为如下两个方面:生产无限扩大的趋势与劳动者有支付能力的需求相对缩小的矛盾;以及个别企业生产的有组织性与整个社会生产的无政府状态的矛盾。所有危机的根本原因,仍然是马克思早已揭示的这一客观经济规律的作用。

(二)威茨曼的利润分享制不一定能够缓解工资上涨的压力

威茨曼(1987)[2] 的理论从解决当代资本主义"滞胀"的经济顽症这一目标出发,他和 Jackman(1987)[3] 认为利润分享制能够缓解 NAIRU(non-accelerating inflation rate of unemployment),这个问题可以理解为利润分享制能够降低失业率。中央财经大学的牛正科,在其博士学位论文中,对威茨曼的利润分享制是否能缓解工资上涨的压力提出了质疑。

牛正科在论文中假设,在谈判中,厂商的目标是 π 所代表利润的最大化,工

---

[1] 马克思. 资本论第 3 卷 [M]. 北京:人民出版社,1975:499.

[2] Weitzman M. L. Steady State Unemployment under Profit-Sharing [J]. Economic Journal, 1987, 97: 86 – 105.

[3] Jackman, R. Profit-Sharing in a Unionsed Economy with Imperfect Competition [J]. International Journal of Industrial Organisation, 1987, 6: 49 – 59.

人的目标是 w 所代表工资的最大化，如果用 b 代表谈判中双方的相对地位。那么，厂商与工人对于工资水平的博弈可以用下列下列纳什谈判函数表示。

$$\varphi = w^b \pi$$

图 3.2① 刻画了目标函数与劳动薪酬之间的关系。w^* 代表竞争均衡工资，即工资经济中的充分就业状态。曲线 BAG 代表工资经济（$\lambda = 0$），当工资等于 w_0 时，φ 达到最大值 A。曲线 BHCJ 代表利润分享经济（$\lambda > 0$），C 代表利润分享经济下 φ 达到最大值。由利润最大化假设可知，实行工资制度的厂商雇工数量满足 $R'(L) = w$，而实行利润分享制度的厂商雇工数量满足 $R'(L) = \theta$，所以当 $w > w^*$ 时，由于边际生产率递减，实行利润分享制度的厂商总是比实行工资制度的厂商雇用劳动数量多。与此同时，实行利润分享制度的厂商利润小于实行工资制度的厂商，这导致分享制度的曲线位于工资制度曲线的下方。

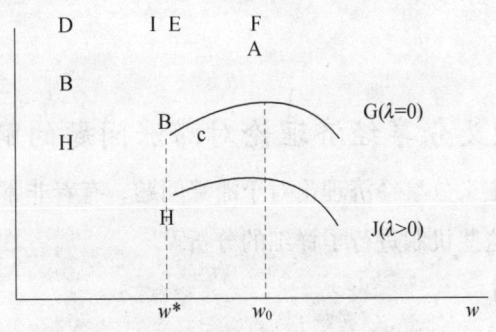

图 3.2 劳动报酬总额的变动趋势

比如，在工资制度下，w^* 对应的 B 点是充分就业点，此时就业量为 L^*。假设在此点转换到分享制度，对于工会和厂商而言，应该满足

$$\hat{\theta} + \lambda \left[\frac{R(L^*)}{L^*} - \hat{\theta} \right] = w^*$$

尽管此时 $R'(L^*) > \hat{\theta}$，厂商有增加劳动要素需求的冲动，但是其支付的薪酬难以吸引劳动，也就难以扩大就业，所以工资经济和分享经济在薪酬和就业量上处于相同地位。

假设厂商提高其底薪至 $\hat{\theta} + \varepsilon$，在就业规模 L^* 处，劳动薪酬变为 $\hat{\theta} + \varepsilon + \lambda$

---

① 牛政科. 西方分享经济理论演进 [D]. 北京：中央财经大学，2008.

$\left[\dfrac{R(L^*)}{L^*} - (\hat{\theta} + \varepsilon)\right] = w^* + (1-\lambda)\varepsilon$。假定其他厂商的薪酬未变，此时该厂商就可以吸引更多的劳动，而且该厂商也愿意这样做，只要 $R'(L^*) > \hat{\theta} + \varepsilon$。因此，在同样的雇工数量上，分享制度的厂商利润必定少于工资制度的厂商。因此，H 必定位于 B 的正下方。

由此可见，对于单个厂商与工会而言，工资经济优于分享经济，尤其是 A 远好于 B。因此，单个厂商和工会对利润分享毫不动心。威茨曼由此提出了激励赋税政策以为补充。

实际上威茨曼的理论有进步的意义，在于它客观的使劳动者获得参与剩余价值分配的途径，因此可以说，在缓解"滞涨"等矛盾方面有很大的作用。但是，威茨曼的理论并没有改变资本主义生产方式，不能从根本上消除物价上涨和失业的滞涨现象。

二、社会主义分享经济理论对滞涨问题的解决

李炳炎的社会主义分享经济理论对于滞涨问题，有着非常好的解决机制。李炳炎在其论文中对这些机制进行了详细的分析①。

（一）动力机制

1. 收入增长动力。按照社会主义分享经济理论，国家、集体、个人三者利益同舟共济，同向增减。个人收入的不断增长，不会成为减少国家收入的威胁，反而成为国家收入和企业集体收入增长的原因。个人收入不断增长，不仅是调动职工积极性的手段，而且由于提高个人生活消费水平，使劳动力扩大再生产，有利于提高劳动力的素质，从而提高工作质量。从长远看，个人收入增长是劳动者全面发展的物质基础，也是社会主义生产的根本目的。

2. 技术进步动力。企业的技术进步分为两个方面，一方面是企业的技术装备的进步；另一方面是企业职工技术素质的提高。企业实行了公有制分享制度，就在制度上形成了一种促进企业更新设备的硬约束，使企业的技术装备随着生产

---

① 李炳炎，刘变叶．"滞涨"：中国经济面临的新难题及其破解对策［J］．经济学家，2009（3）．

的运行而不断进步；另一方面，由于企业职工的个人劳动收入与其技术水平的高低紧密相关，就使每个职工从主观上意识到技术素质的重要性，并促使他们主动地去提高自身的技术水平。这样，就形成了促使职工整体提高技术水平的强大动力，从而为企业的发展注入了生机与活力。

3. 增量积累动力。按照社会主义分享经济理论，企业本身可以按一定比例在企业净收入中获得企业收入，企业再从企业的收入中拿出一部分用于生产发展和技术改造，追加企业的资金投入，扩大企业的生产规模。由于企业收入是按一定的比例在企业净收入中分成所得，因而是一种固定的硬约束，使企业用于发展生产的资金可以随着企业生产经营的运行自行地增长，达到增量积累的目的。从而可有效地克服企业行为短期化问题，破除了企业经营资金不足，发展困难的瓶颈。

（二）调整机制

1. 市场调节机制。按照社会主义分享经济理论，企业以销售收入作为第一级经营目标，废除了以前的产值、产量指标，更加明确了只有被市场承认的劳动才是有效的劳动这一概念，使企业的职工更加关心市场，关心自己生产出来的产品是否能在市场竞争中得到广大消费者的认可和接受，从而形成了自主经营企业的市场导向机制。只有通过市场交换使企业生产的产品转化为货币，实现为企业的销售收入，才达到了企业的第一级经营目标。企业的销售收入（货币）扣除物耗成本（C），就得到企业的净收入，达到企业第二级经营目标。净收入取代利润，成为企业经营的中心指标。

2. 结构自我调整。按照社会主义分享经济理论，由于企业以追求更多的销售收入为第一级经营目标，产品必须及时适应市场需求的变化。当市场需求发生了变化以后，企业就会主动地调整产品结构。在技术自我进步机制形成的条件下，企业就会通过不断开发新产品来适应市场需求的变化。当企业的产品结构不能适应市场变化和国家产业政策时，就会自我调整企业的产品结构。在自我积累机制的支持下，企业可以有实力更换装备，或与其他企业联营，或收购其他企业，达到以新的企业结构自立于市场的目的，在竞争中生存并发展。

（三）约束机制

1. 生产资料费用约束。按照社会主义分享经济理论，企业以净收入作为第二级经营目标。以净收入取代了以往的利润作为企业生产的目的与动机，成为了企业经济效益的指标和经营活动的中心。企业要获得更多的净收入，从公式 $W = c + n$ 中分析得出：第一是提高劳动生产率，增加产量，从而增加净收入；第二是降低物耗成本从而节约生产资料费用。净收入在量上与 W 成正比，与 c 成反比，可以从源头上制约生产资料的浪费，从而形成一种使企业增产与节约相互推进的经济运行机制。

2. 形成消费约束。实行净收入分成制，企业职工的个人消费基金是通过净收入的二次分配取得。第一，职工个人的收入只占净收入的一个事先确定的比率，这个比率远远小于1；第二，职工个人获得的收入是在净收入扣除国家和企业的收入之后才取得的；第三，个人劳动收入与个人劳动支出和企业的劳动效益直接挂钩。从这三点可以看出个人收入的获得和增长一不会超过企业劳动生产率的增长幅度，二不会挤占国家收入和企业收入，防止了所谓"工资侵蚀利润"或"利润侵蚀工资"现象的出现。因此，一方面可以有效、合理地控制住个人消费基金的增长，消除了国民收入超分配的微观基础；另一方面由于个人消费基金的增长与企业经济效益、劳动生产率增长呈同步变化，从而为宏观经济的总供给与总需求动态平衡提供了良好的微观基础。

3. 通过分享比率的事先确定，有效地约束和规范了政府的分配行为。可以彻底摆脱政府在国民收入分配中的自利行为（向政府自身倾斜），扩大居民收入在国民收入中的所占比例。

（四）协调机制

企业通过实行净收入分成，将企业的净收入按一定的比率划分为国家收入、企业收入和个人收入三个部分，理顺了国家、企业和个人三者之间的分配关系，协调了三者的利益关系，克服了原来旧体制下的利益对立的关系。这是因为在原有的分配体制下，工资和利润始终是对立的，若提高职工的工资，则增加了人工费用，从而增加了成本，进而在同等产量下则减少了利润，从而少交了国家。通过实行净收入分成制，按照事先确定的国家、企业和个人三者合理的分成比例，三方各得其所，利益共享，风险共担，规范了三者的经济行为，减少了三者之间互相争利益的"内耗"，协调了三者之间的关系，从而形成了发展生产更大的合力。

（五）冗员排斥机制

实行净收入分成制的企业，废除了传统的工资制，职工的个人收入是通过参与企业的净收入分配形成的。企业的净收入先通过一次分配形成了职工收入的总额，然后再通过对劳动者个人的劳动实绩的考核将整个总额分解到个人。因此，个人劳动收入的大小，与个人劳动实绩成正比，与参加净收入二次分配的人数成反比。也就是说，某一期间企业全部职工劳动收入总额是既定的，参加分配的人数愈多，个人分到的净收入则愈少；反之，情况则相反。因此，净收入分成制具有自动排除冗员的机制。它可以优化劳动组合，消除隐蔽性失业。

（六）竞争力提升机制

一方面，实行净收入分成制的企业一般都行使产品质量否决权。职工生产的产品，如果出现质量不合格，有次品就降低实绩得分，有废品非但不计得分，而且要倒扣原材料费用。这样，使质量与个人利益直接联系起来。产品质量取决于各方面工作质量的保证程度。质量否决权通过经济责任制施行，与个人收入挂钩，奖优罚劣，有力地增强了职工的质量意识，保证了产品等级率不断提高，从而提升了企业的竞争力。另一方面，自动调整机制使得企业按市场导向以需定产，使产品适销对路，减少了无谓的产品积压所造成的生产成本的增加，便可以较低的销售价格出售产品，从而增强企业的竞争力。可见，净收入分成制是一种竞争力自动提升的机制。

中国特色分享经济的这六种内生机制是自发形成的，是内在联系的，是一个严密的整体。一种机制发挥作用并不会影响另一种机制的正常运行，相反还会放大另一种机制的作用效果。它们之间既相互制约又相互促进的。比如：一方面，通过动力提升机制，企业更新了技术装备，提升了职工技术素质，从而提高了产品质量，减低了生产成本，提升了企业的竞争力；另一方面，企业的竞争力提升了，产品的销售量增加了，则会为企业带来更多的净收入。通过二次分配，企业获得更多的自有积累资金，职工获得更多的收入，则可以再次更新技术装备，加强职工技术素质培训，提升职工技术素质，职工的积极性进一步得到增强，又为企业提供了更加大的动力，从而放大了动力机制的效应。

三、社会主义分享经济理论的研究目的

虽然，社会主义分享经济理论可以从根本上解决通胀的问题，但这还只是社会主义分享经济理论的优势之一，然而，李炳炎的中国公有制分享经济理论的目

国外马克思主义研究专题

标是让全体人民更好地分享改革开放的成果,是把自主联合劳动所有制看作是社会主义公有的必然模式,试图说明的是企业净收入分成制是建立自主联合劳动所有制的基本途径。

(一)社会主义分享经济理论是为了实现自主联合劳动,实现人的全面自由发展

联合起来的、拥有劳动力的劳动者,以企业所有者或部分所有者(在以劳动者以国资为本与非国资股东合资的企业)的身份,通过按国资平均雇佣利率和国资雇佣量向国家支付国资平均雇佣利息取得国资的使用权,从而把国有资本同他们自己的劳动力结合起来。以这种工人集体雇佣国有资本的生产方式为基础的市场经济,称为劳动雇佣国资制度或工人雇佣国资经济体系,也叫做自主联合劳动经济制度。

可以从生产关系的基本构成要素来勾勒一下自主联合劳动经济制度的框架。在所有制问题上,以资本为代表的生产资料属于全社会公有,并由国家代表全体社会成员行使所有权。国家是实际上的所有者也可以称为生产资料国有,劳动者是自身劳动能力的所有者。劳动者有权利按照自己的意愿支配自己的劳动力,自主联合劳动企业的整体所有权属于企业的全体劳动者,企业通过支付平均雇佣利率获得所需资本量的使用权。

在劳动关系问题上,企业的劳动者的地位是平等,都是企业的所有者、主人,完全自愿地相互协作从事生产劳动。任何劳动者个人,可以在章程允许范围内随时选择离开某个企业,在获得接受时加入另一个企业。劳动者所从事的具体工作的差异纯粹是社会分工的差异,并在这种分工的前提下进行联合劳动。劳动者都有权参与企业的决策,任何企业所占用的国资皆为企业中全体职工参与企业决策的基础,只是劳动者享有决策投票权的比例按照其对企业资本的所有程度而有所差异,但这并不能否定自主联合劳动经济制度下和谐的劳动关系。

在产品分配问题上,完全体现劳动者主导性,整个分配过程都以劳动者为核心。由于劳动者是企业的所有者,使实现按劳分配的必要条件得以满足,按劳分配成为自主联合劳动经济制度下的基本分配原则。企业典型的收入分配程序是:交纳诸类流转税、调节税等给政府,扣除各种生产资料耗费和劳务耗费,依平均国资雇佣利率和国资占用量向政府交纳雇佣利息,偿付到期贷款与利息。依条约

规定向市场信用资本与内筹信用资本支付红利。经过上述扣除后的企业收入剩余形成企业劳动收入，之后向政府交纳劳动收入累进税，提留适当量的企业福利基金，然后，按有效劳动量在劳动者间分配个人劳动收入。这就是企业净收入分享制。概括说来，自主联合劳动经济制度就是把企业的国家所有变成劳动者所有，使之成为由劳动者自己管理的、按平均利率向国家支付国资雇佣利息的、以劳动收入为目的的"民主企业"，从而形成一个以这种劳动者所有的"民主企业"为基础的资本公有制市场经济。自主联合劳动经济制度用"劳动雇佣资本逻辑"代替了"资本雇佣劳动逻辑"，不仅解决了产权清晰和政企分开问题，而且更好地解决了公有资本与市场经济的有效结合。

自主联合劳动经济制度的核心就是自主联合劳动如何雇佣资本问题，其根本路径在于"劳动者联合起来组成企业"，即建立"劳动企业"。所谓劳动企业就是，"若干劳动者按照公开、自愿、平等、互利等原则联合起来，组成的从事经营的独立法人主体"，，也称为"劳动者联合体"、"劳动者集体企业"、"国资民营企业"。在资本经济制度下，资本雇佣劳动必须遵循等量资本获取等量利润的原则。同样，劳动雇佣资本也必须遵循两大原则，权利原则是"等量利息雇佣等量资本"，配置原则是"等量信用资本雇佣国有资本"。我们相信，以自主联合劳动经济制度为实质与方向的社会主义公有制经济改革必将取得成功。

（二）中国特色社会主义分享经济理论的发展是为了确立了全社会利益分享机制

社会主义分享经济理论可使国家、企业和职工三者结成了利益共同体，在追求共同利益的动力驱使下，做大"蛋糕"，实现国家、企业和个人三者之间真正意义上的利益分享。

社会主义分享经济理论的根本目的是为了使广大人民群众分享改革开放的成果。通过对20多年的经济改革作一番深入的分析，人们会惊异地发现：从农村到城市，从企业到政府，众多的改革措施竟可以用一个"分"字来概括，诸如：利益分享、分成制、分田到户、分工协作、两权分离、分税制、划小核算单位、分类指导等等。然而，"分"字所蕴含和代表的正是"利益分享"这样一种新的经济观，即社会主义分享经济观。

利益分享和利益独占是两种完全不同的经济观。利益独占否认经济个体的差异性，否认经济个体的自主性和特殊经济利益要求，从而否认存在分享的必要性。

第一，在传统的社会主义经济模式下，把公有制的大一统作为整个社会经济活动的基础，并进一步将其绝对化，片面地强调整体利益的必要性，否定个体利益存在的必要性。由于片面地认为整体利益高于一切，个体利益是微不足道的，因而形成了高度集中统一的经济组织方式和单向的个体服从整体的利益结构模式。这种传统的"否定个体，保证整体"的利益追求方式，由于抑制了经济个体的活力和利益冲动，窒息了经济个体的生机和活力，致使整个经济发展动力不足。社会主义计划经济时期的平均主义"大锅饭"是这种传统经济观的典型的表现形式。

第二，在改革的过程中，破除了传统僵化的经济模式，但是由于情况复杂，又缺乏经验，一种新的资本权威建立了起来。这种资本权威无视分享利益所应发挥的作用，实行的是古典的企业产权制度所决定的分配方式。古典的产权制度是所有权至上的制度，其特点是由生产资料的所有权决定其他所有的经济权利，即由生产资料所有权唯一地决定企业的一切重大决策。这种产权制度下的决策机制单一追求利润最大化，因此在劳动力市场上就表现为需求方尽其可能地压低工人的工资。同时，在我国劳动力供给相对过剩的客观条件下，劳动力市场供求的均衡点就被限定在劳动力价值线上，这决定了劳动者的工资被压到低于劳动力价值的水平。此外，由于我国劳动力市场上劳资双方的谈判力量严重不对称，一方面，不仅分散的劳动者个体处于弱势状态，而且劳动者整体也处于弱势地位；另一方面，雇主则处于优势状态，具有垄断者的特点。这种劳动力市场谈判力量不对称的状况，致使工资率甚至低于劳动力价值。

李炳炎的中国特色社会主义分享经济理论体现一种"利益分享"的新经济观，突破了"利益独占"的传统经济思维方式的束缚，公开承认经济个体的主体地位、经济利益和经济权利，承认它们追求自身利益的合理性和合法性。李炳炎的中国特色社会主义分享经济理论倡导一种新的协调的利益分配机制。

第一，这种新经济观极大地调动了经济个体的积极性和创造性，使它们从长久的利益蛰伏中苏醒过来，使长期受到抑制和束缚的经济活力释放出来，从而使我国经济改革不断迈向新的台阶。第二，利益分享的新经济观，不仅强调各经济个体有其特殊的经济利益，还致力于在各个主体的经济利益之间建立起一种新的协调的利益分配关系。解决这个问题的关键在于建立这样一种利益分享制度，使个体利益的实现与整体利益的实现紧紧地联系在一起，在它们之间建立起一种共同消长而不是此消彼长的新关系。这种利益分享制度的主要内容是，在一个特定的时期内，由各种经济主体按照一定的比率去分享经济发展所取得的成果。每一个体所获利益的绝对量将取决于成果总量的增长和分享比率这两个因素。在这个过程中，各经济主体的任务是如何扩大总量，而政府的责任则是事先公平地确定这个分享的比率。由于这种分享不是对总量的一次性分享，而是对每一边际增量的逐次分享，它能够使经济个体在增量上看到自己的利益，从而极大地刺激其增产节约的积极性。第三，中国特色社会主义分享经济理论倡导的这种分享也不只是在整体层次上的分享，它是多层次的。在社会经济活动的每一层次上，各利益主体均可实行利益分享。这种利益分享制度的一个显著特点，就是使每一个经济主体都能与代表国家整体利益的政府和代表局部利益的企业分享利益、共担风险。它使每一经济主体都有了自己的权利、责任和利益。在追求利益的动力和回避风险的压力下，每个主体的活力得到了极大的增强。利益分享机制通过肯定利益的多元性和对利益追求的协同，促进经济决策和经济生活的民主化，给社会主义经济和谐发展注入了新的活力。

第三节　中西方分享经济理论代表性观点产权内容的比较

一、威茨曼的分享经济理论缺乏产权内容

在理论深度方面，威茨曼的分享经济理论没有触及产权的层面，没有触及资本主义生产方式的根本。

在新古典经济学的理论中，一般地说，是把企业看成为既定的前提，因此，研究的重点是在于企业投入——产出的技术性关系，主要涉及的是生产函数理论，而没有重点研究企业的组织结构，以及各种要素所有制之间具有什么样的关系。威茨曼的分享经济理论同样没有对企业的组织结构进行深入研究，在这一点上，可以说威茨曼还是在新古典经济学的范围之内。不过，威茨曼在新古典经济

学的基础上,改变了资本追求最大化,劳动只追求工资最大化的前提,他使劳动者同时追求对于利润的分享。在这里实际上涉及了剩余价值重新分配,涉及了企业内部各要素之间的关系。然而,威茨曼的分享经济理论并没有对制度的层面进行深入的分析,只是分析了这种制度的改变所带来的微观和宏观上的影响。因此,威茨曼的分享经济理论缺乏实际操作的设计,威茨曼的分享经济理论只包含了改变工资制度对经济的影响,并没有涉及到所有制和企业控制权的问题。威茨曼还曾经表示过,分享制关键不在于谁拥有所有权,而在于工人参与利润分享。他认为分享制是重新分配企业收益,而不是重新分配企业资产①。这是对企业制度一种断章取义的解释。没有坚实的产权理论做基础,作保证,分配理论只能是无本之木,空中楼阁。威茨曼从分配的角度寻找解决滞涨的原因是难以解决资本主义经济运行的根本矛盾是不可行的。马克思指出:"那些把生产当作永恒真理来论述,而把历史限制在分配范围内的经济学家是多么荒诞无稽。②"

二、李炳炎的分享经济理论体现马克思主义产权理论

现代企业制度是以现代产权制度为基础的。企业是在一定的财产关系的基础上形成的,企业的产权制度会影响到企业的行为。可以说,没有现代产权制度,就没有现代企业制度。马克思产权理论认为,产权就是指财产权。财产权是生产关系的法律表现。财产权是一组权利的组合体,既包括所有权,还包括占有权、使用权、支配权、索取权、继承权和不可侵犯权。产权这个概念不过是生产关系的法律表现或法律用语。

我国企业建立现代产权制度,必须用马克思主义产权理论作为指导理论,并借鉴、吸收西方现代产权制度中合理的部分。李炳炎认为,可以从两个方面着手建立中国特色的现代产权制度。

(一) 要明晰出资者与企业之间的责任与权利

我国现行的产权制度的一个缺陷就是,出资者不能通过所有权的有效行使形成对企业经营管理者的有效约束。这导致经营者不能有效使用甚至滥用经营管理

---

① 张泽荣主编. 当代资本主义分配关系研究 [M]. 北京:经济科学出版社,1994.
② 马克思恩格斯全集第2卷 [M]. 北京:人民出版社,1972:99.

权,企业业绩难以得到保障,出资者利益不时受到侵害。因此,明确界定出资者与企业之间对称的责任与权利,成为建立现代产权制度的首要任务。

第一,应该界定企业应承担的责任与权利。应该界定企业按照一定的标准(不能出现亏损情况)向出资者承担资产的保值增值责任。一种实施方式是企业以一定的资产收益率向出资者承担资产收益责任。这种资产收益率可按社会平均资产收益率与相关系数相乘而得,一般应介于银行存款利率与贷款利率之间。企业将规定的资产收益分配给出资者后,剩余的净收入全部留归企业自由使用和支配。企业经营效益好就可以多留多得,效益不好就少留少得,这样就可以形成较为有效的激励机制。同时,企业须拥有完整的经营权或者叫法人财产权,这样就可以对经营成果负起责任。这种权利与责任的对称安排,形成对企业有效激励和约束相结合的机制,使其合理有效地行使经营权,力争实现企业净收入的最大化。

第二,应该明确出资者应承担的责任与权利。相对于企业来说,出资者的责任是很少的。出资者的目的是获得资产收益,就必然要赋予企业经营权。出资者拥有资产收益权,以及确保资产收益的实现和资产安全所必须的监督权和最终处置权。归纳起来,出资者必须拥有下列权利:一是法定的资产收益权;二是对企业的资产流向、财务和执行产权规则的监督权;三是对国有资产的最终处置权。这种出资者与企业的责任与权利相对称的安排,使出资者能合理地行使其所有权去监督企业,使企业合理有效地行使经营权;而企业不仅受到有效的监督,而且受一定的资产收益责任约束和全部获取剩余收入的激励,定会力求有效使用经营权,以求企业净收入最大化[1]。

(二)建立劳动产权为主、资本产权为辅的企业内部权力与利益制衡机制

单一的资本产权制度已经不能适应社会主义市场经济发展的新趋势,而单一的劳动产权制度又超越了我国目前的发展阶段,因此,我国的产权制度应当是要素资产联合和不完全的劳动联合的有机融合。随着我国经济增长方式由粗放型向集约型的转变,经济发展将越来越依靠科技进步和劳动者素质的提高。劳动,特

---

[1] 陈国恒.国有产权制度改革研究[M].北京:中国社会科学出版社,2004:297-307.

别是高知识含量的劳动在企业中的作用越来越重要。因此，我国企业理想的产权制度应当是以劳动产权为主、资本产权为辅的联合产权制度。这种联合产权制度的基本特征有如下几方面。

第一，剩余索取权分享，建立以劳动力、知识产权等要素入股为主、资本入股为辅的泛股份制。就劳动力和知识产权入股而言，就是把每个劳动者当年所得的工资总额以及投入生产的知识产权的市场评价的总额折合成股权，同资本一样获得保值增值，实现劳力与科技成果的资本化。这样，企业工人、科技发明者不仅应得到他们的劳动力、科技发明的等量报酬，而且应得到相应的红利。

第二，以按劳分配为主，按资分配为辅。由于联合产权制度以劳动产权为主，资本产权为辅，那么在收入分配上就要贯彻以按劳分配为主、按资分配为辅的原则。在这里，劳动者以劳动力入股后，不仅得到劳动力的价值，而且按股参加分红，分得利润。这样，劳动所得就突破了劳动力价值的范围，而具有按劳分配的性质。资本按股获得股息和红利，这是属于按资分配，但由于资本产权为辅，所得必然有限。

第三，以职工为主体。企业经营权归作为企业法人的企业职工联合体所有，并将其权力与职能委托给职工选举产生的企业管理委员会。企业管理委员会将日常经营决策委托给聘用的经理。

第四，在企业内部治理结构上，要素资产联合体的代表——董事会只有经营权的发包权、对企业的监督权和企业上缴利润的再分配权；重大决策由企业管理委员会经职工大会、代表大会认可后实施；企业日常经营决策权由聘用的经理行使，经理对企业管理委员会负责，并接受后者的监督。这种联合产权制度具有巨大的制度优势。劳动产权为主、资本产权为辅，保证了劳动者的主人翁地位，大大提高了劳动者的主动性和积极性。同时让资本获得利息，也调动了出资者的参与热情。相对于传统的国有制，委托-代理成本大大减少，大大提高了监督的效率，使企业的经营效率大大提高。企业劳动者集体所有股权对企业职工形成了强大的激励与约束，在一定程度上解决了劳动者"偷懒"和人力资本"质押性"难题。

总之，中国特色分享经济理论，在深度方面，从生产领域出发，从生产的客观规律出发，将分配理论建立在马克思主义的产权理论基础上，使劳动者成为企业的所有者、支配者和受益者；在广度方面，既包含理论的分析，又包含具体制度的设计和建议。李炳炎认为，自主联合劳动所有制就是劳动者因拥有公有生产资料所有权与支配权、自身劳动力的支配权以及劳动产品的支配权进而劳动者是作为主体来使用生产资料为自己创造财富的公有制形式。它是一种多层次的公有制形式，可划分为以下三个层次：第一个层次是社会所有制，即社会主义一国范围内的全体劳动者共同占有全社会生产力的总和，属于整体自主联合劳动；第二个层次，是集体所有制，即在一个或大或小的局部实现自主联合劳动，自主联合劳动者以"总体工人"的形式存在；第三个层次，是劳动者个人所有制，自主劳动者个人构成联合体的细胞。这种个人所有制就是马克思在当年要求重建的个人所有制，即实现劳动者个人对生产资料、劳动力和产品的个人所有权。巩固社会主义公有制，就是要其按照自主联合劳动三个要求，改造原有的国家所有制和集体所有制，而只有将传统的以工资制和利润制为核心的企业经营机制改造成企业净收入分成机制才能使国家、集体、个人实现各自的所有权，充分有效地发挥各自的职能，才能真正实现自主联合劳动，促进社会生产力的发展，逐步实现共同富裕。

第四节 中西方分享经济理论代表性观点的的相同点

简要地比较一下李炳炎的公有制分享经济理论[①]与威茨曼的《分享经济》[②]，这两种在完全不同的经济理论体系内，独立完成的理论创造，存在很多重大的理论分歧，但它们还是拥有许多共同之处的。

第一，两种理论研究的直接原因是相似的，都是要为经济发展增添活力和动力。威茨曼认为滞涨使经济失去活力，其原因是固定工资制度使生产成本居高不下；李炳炎认为，建立正确合理的国家集体和个人之间的分配关系，有助于解决我国收入分配不平衡的问题，促进内需的发展，更好、更快地发展经济。

第二，两者的研究出发点是一致的，它们都从微观的企业行为出发，以分配

[①] 李炳炎. 公有制分享经济理论 [M]. 北京：中国社会科学出版社，2004.
[②] 威茨曼，林青松译. 分享经济学 [M]. 北京：中国经济出版社，1986.

领域为切入点，探寻增强经济动力的发动机。这与西方凯恩斯主义的国家调控手段不同，同时有助于我国企业制度的完善。

第三，两种理论都以改善现行的经济刺激结构，建立新的动力刺激机制、新的微观经济基础为目标。

第四，两种理论都将改革的矛头对准僵化的工资制度，视其为经济发展动力不足的主要根源，认为它是一种与企业经营状况无关的制度。实际上，在威茨曼的理论中，将部分工资转化为分享利润的方式，就是把一部分原来划分为工资成本的工人收入，重新划分为公司利润。而李炳炎的理论则是将全部的工人收入都从成本中剔除，全部划分为公司利润。从将工人收入化为公司利润的角度来讲，这两种理论是类似的。

第五，两种理论都对劳动者在企业中的地位给予了相当的重视，并将其视为影响经济活力的最重要的因素。虽然威茨曼的理论缺乏产权安排，但是他从新古典经济分析方法的角度，从数理模型角度论证了劳动者拥有利润分享权的合理性，劳动者拥有利润的分享权可以给宏观经济带来积极的影响。而李炳炎的理论则从马克思主义经济学的角度，对于国家、集体和劳动者三方分享利润的理论根源和意义做了崭新而透彻的诠释，澄清了商品价值公式在社会主义条件下新的形式，赋予了劳动者对利润分享新的意义。两者在证明劳动者分享利润对经济发展有积极影响方面也是一致的。

第六，两种理论都把制定新的有效的财税政策作为新制度运行的保证，都强调了政府在确定分享比率和推行新制度方面所起的重要作用。在以美国次贷危机为导火索的全球金融危机背景下，政府应当在经济中承担什么样的责任，应当处于什么样的地位，世界各国正处于重新讨论的反思过程之中。可以看到的是，以往放任的措施，为经济发展带来的隐患。而在经济重整的过程中，从美国的情况来看，政府在对金融行业和汽车产业等重组计划中承担了至关重要的关键作用。同样，在威茨曼的理论中，固定工资变浮动利润的过程，增加了劳动者的风险，只有在企业持续经营效益良好的时候，才能保证劳动者的收入平稳。只有政府出台税收优惠政策才能保证实施利润分享的企业在竞争中获得优势，才能保证足够多的企业实施利润分享制度，从而使利润分享制度的积极宏观作用得以显现。同样的，在我国要实行净收入分成制、工人股份所有制公司等公有制分享经济，必须在得到政府的财政、政策和法律上的保障和支持。从实施的情况来看，国外在规范和立法方面显然捷足先行了。

小 结

李炳炎的公有制分享经济理论，不论和威茨曼的分享经济理论，还是和德国共同决定制或是劳动管理型企业理论相比，最重要的特点，是明确了劳动者的产权和控制权的结合。威茨曼的分享经济理论既没有涉及产权，也没有涉及控制权；德国共同决定制涉及了控制权的分享，却没有涉及产权；劳动管理型企业则明确表示，职工对于企业财产并不拥有完整的产权。李炳炎的理论这种对产权的明确安排，使得劳动者在控制权和受益权上的分享更加顺理成章。同时，可以看到，德国共同决定制、职工持股制等，西方各种控制权和受益权的分享制度，已经发展了一、二百年。其中，存在很多合理部分。从客观上，威茨曼的理论说明了劳动者分享利润对宏观经济有积极的影响，共同决定制中肯定了职工参与控制权的合理性和可行性。这些，都值得进一步的研究学习，用以创造适合我国的经济制度。

参考文献

[1] Weitzman, Martin L. Some Macroeconomic Implications of Alternative Compensation Systems [J]. The Economic Journal, 1983, (93): 763–783.

[2] Weitzman M. L. Steady State Unemployment under Profit-Sharing [J]. Economic Journal, 1987, 97: 86–105.

[3] Weitzman Martin L. An Uprising in the Theory of Industry Structure: Comment. [J]. The American Economic Review, 1983, 73 (3).

[4] Wadhwani, S. Profit-Sharing as a Cure for Unemployment: Some Doubts [J]. International Journal of Industrial Organization, 1986, 6: 59–68.

[5] Luis M. Granro. Codetermination, R&D, and Employment [J]. Journal of Institutional and Theoretical Economics. 2006, 162: 309–328.

[6] Kornelius Kraft. Codetermination as a strategic advantage? [J]. International Journal of Industrial Organization, 2001, 19: 543–566.

[7] Knight, Frank. Risk. Uncertainty, and Profit [J]. American Economic Review, 1921, 56: 77-89.

[8] Alchian, Armen and Harold Demsetz. Production, Information Cost, and Economic Organization [J]. American Economic Review, 1972, 62: 777-795.

[9] Benjamin Ward, The Firm in Illyria: Market Syndicalism [J]. American Economic Review, 1958, (48): 566-89.

[10] John P. Bonin, Derek C. Jones and Louis Putterman. Theoretical and Empirical Studies of Producer Cooperatives: Will Ever the Twain Meet? [J]. Journal of Economic Literature, 1993, (31): 1290—1320.

[11] Jackman, R. Profit-Sharing in a Unionsed Economy with Imperfect Competition [J]. International Journal of Industrial Organisation, 1987, 6: 49-59.

[12] Oliver Hart and John Moore. The Governance of Exchanges: Members of Cooperatives versus Outsider Ownership [J]. Oxford Review of Economic Policy, 1996, 12 (4): 53-69.

[13] M. Holger and Karl Wrneryd. Inside vs Outside Ownership: A Political Theory of the Firm [J]. RAND Journal of Economics, 200, 32: 527-541.

[14] Derek Matthews. The British Experience of Profit-Sharing [J]. The Economic History Review, New Series, 1989, 42 (4): 439-464.

[15] Samuelson, Paul. Wage and interest: A modern Dissection of Marxian Economic Models [J]. American Economic Review, 1957, 47: 884-912.

[16] Dow Gregory. Why Capital Hires Labour: A Bargaining Perspective [J]. American Economic Review, 1993, 83: 118-134.

[17] B. L. Metzger. Profit Sharing In Perspective [M]. Profit Sharing Research Foundation 1964: 1.

Gregory K. Dow. Governing the Firm: Workers' Control in Theory and Practice [M]. Cambridge: UK: Cambridge University Press, 2003.

[19] John Pencavel. Worker Participation: Lessons from the Worker Co-ops of the Pacific Northwest [M]. New York: Russell Sage, 2001: 87.

[20] Rey Patrick and Jean Tirole. Loyalty and Investment in Cooperatives [M]. Toulouse: University of Social Sciences, 2000.

[21] Hugh Gravelle and Ray Rees. Microeconomics [M]. London: Longman, 1983: 346-355.

[22] Panu Kalmi. The Study of Co-operatives in Modern Economics: A Methodological Essay [R]. Paper presented at t he congress, Mapping Co-operative Studies in the New Millennium, 2003.

[23] Jaroslav Vanek. The General Theory of Labor-Managed Market Economies. [M]. Ithaca: Cornell University Press, 1970.

[24] Fulton Murray. Cooperatives and Member Commitment. Working Paper [EB/OL]. http://www.pellervo.fi/finncoop/material/fulton.pdf, 2000.

[25] 卓炯. 关于"《资本论》生命力"的探讨 [J]. 学术研究, 1983, (2).

[26] 杨瑞龙, 卢周来. 对劳动管理型企业的经济学研究 [J]. 中国社会科学, 2005 (2): 47-55.

[27] 姚海明. 评威茨曼的分享经济制度 [J]. 南京政治学院学报, 1991, 5.

[28] 李炳炎. 工人所有制公司及其在我国的实验 [J]. 南京: 南京理工大学学报（社会科学版）. 2005, 18 (4): 5-9.

[29] 杨瑞龙, 卢周来. 对劳动管理型企业的经济学研究 [J]. 中国社会科学, 2005, (2): 47-55.

[30] 李炳炎, 唐思航. 重新审视我国现行现代企业制度 [J]. 马克思主研究, 2007, (1): 28-35.

[31] 李炳炎, 刘变叶. "滞涨": 中国经济面临的新难题及其破解对策 [J]. 经济学家, 2009 (3).

[32] 唐恒照、朱必祥. 论国有公司职工主人地位制度设计问题 [J]. 南京理工大学学报（社会科学版）1999, 6.

[33] 周茂荣, 聂文星. 德国共同决定制的起源、演化, 及其在战后德国的经济发展中的作用 [J]. 世界经济与政治论坛, 2000 (5).

[34] 詹姆斯·米德. 分享经济的不同形式 [J]. 经济体制改革, 1989, (1).

[35] 翁君奕. 支薪制与分享制: 现代公司组织形式的比较 [J]. 经济社会体制比较, 1996 (5).

[36] 威茨曼, 林青松译. 分享经济学 [M]. 北京: 中国经济出版社, 1986.

[37] 张泽荣主编. 当代资本主义分配关系研究 [M]. 北京: 经济科学出版社, 1994.

[38] 马克思. 资本论 [M]. 北京: 人民出版社, 1974.

[39] 马克思. 政治经济学批判大纲（草稿）第3分册 [M]. 北京: 人民出版社. 1957.

[40] 马克思. 哥达纲领批判 [M]. 北京: 人民出版社, 1965.

[41] 李炳炎. 李炳炎选集 [M]. 山西: 山西经济出版社, 1997.

[42] 李炳炎. 公有制分享经济理论 [M]. 北京: 中国社会科学出版社, 2004.

[43] 李炳炎. 社本论 [M]. 北京: 人民出版社, 2000.

[44] 李炳炎. 中国企改新谭 [M]. 北京: 民主与建设出版社, 2005.

[45] 李炳炎. 中国经济大变革 [M]. 北京: 中国财经出版社, 2000.

[46] 李炳炎. 现代市场经济通论 [M]. 山西: 山西经济出版社, 1997.

[47] 卓炯. 政治经济学新探 [M]. 广东: 广东人民出版社, 1985.

[48] 卓炯. 论社会主义商品经济 [M]. 广州: 广东人民出版社, 1981.

[49] 汉斯曼, 于静译. 企业所有权论 [M]. 北京: 中国政法大学出版社, 2001.

[50] 路易斯·凯尔索, 帕特里希亚·凯尔索. 民主与经济力量——通过双因素经济开展雇员持股计划革命 [M]. 南京: 南京大学出版社, 1986.

[51] B. A. 萨塞. 德国的诱惑 [M]. 德国: 奥尔邦出版社, 1985.

[52] 陈吉元. 中国农村社会经济变迁 [M]. 山西: 山西经济出版社, 1993.

[53] 李光宇, 张泽荣. 社会主义经济理论新探 [M]. 北京: 光明日报出版社, 1987.

[54] 米歇尔·阿尔贝尔, 杨祖功等译. 资本主义反对资本主义 [M]. 北京: 社会科学文献出版社, 1999.

[55] 斯韦托扎尔·平乔维奇著, 蒋琳琦译. 产权经济学——一种关于比较体制的理论 [M]. 京: 经济科学出版社, 1999.

[56] 克劳奈维根. 交易成本经济学及其超越 [M]. 上海: 上海财经大学出版社, 2002.

[57] 乌尔里希·罗尔主编, 顾俊礼等译. 德国经济: 管理与市场 [M]. 北京: 中国社会科学出版社, 1995.

[58] 巫继学. 自主劳动论要 [M]. 上海: 上海人民出版社, 1987: 2.

[59] 陈国恒. 国有产权制度改革研究 [M]. 北京: 中国社会科学出版社, 2004: 297-307.

[60] 叶正茂, 洪远朋. 共享利益的理论渊源与实现机制 [J]. 经济学动态, 2006 (8).

[61] 牛政科. 西方分享经济理论演进 [D]. 北京: 中央财经大学, 2008.

[62] 岳春丽. 美国职工股份所有制经济及其对我国的动态 [D]. 南京: 南京财经大学, 2008.

[63] 陆一. 启动社会良知对资本权力的制约——简评 2004 版《OECD 公司治理准则》

[N]. 证券市场报，2004-11.

[64] 波纳斯. 作为一个企业的合作联合会：一个交易经济学的研究 [C]. 埃瑞克·菲吕博顿等主编. 新制度经济学，孙经纬译. 上海：上海财经大学出版社，1998.

[65] 詹森. 梅克林. 权利与生产函数：对劳动者管理型企业和共同决策的一种应用 [C]. 迈克尔·詹森等. 所有权、控制权与激励. 上海：上海人民出版社，1996.

[66] 杨其静. 从单边治理到共同治理 [C]. 杨瑞龙主编，企业共同治理的经济学分析. 北京：经济科学出版社，2001.

| 国外马克思主义研究专题 |

马克思和恩格斯关于国家相对独立性的思想探究

范春燕

内容摘要： 马克思和恩格斯的唯物史观被后来的西方马克思主义者称为"简单决定论"，他们认为，马克思和恩格斯过于强调经济基础和阶级基础的力量，而忽视国家和上层建筑的作用。实际上，马克思和恩格斯有许多关于国家独立性的论述，这些论述中不仅包含马克思和恩格斯对国家阶级本质的深刻洞察，也包含他们对资本主义国家统治的灵活性和特殊性的探讨。

关键词： 马克思　恩格斯　国家独立性　波拿巴主义

马克思和恩格斯所说的国家相对独立性，实际上包含着三个方面的内容：一是任何国家作为政治上层建筑都具有相对于经济基础的独立性；二是资本主义国家具有相对于经济基础的特殊独立性；三是资本主义国家在"例外"时期具有相对于统治阶级的独立性。马克思和恩格斯关于任何国家作为政治上层建筑具有相对于经济基础的独立性的观点从某种意义上来讲是一种"潜台词"。因为他们更多强调的是经济基础的决定作用，直接对国家相对独立性的论述只反映在恩格斯晚年的几封书信中。但是，这并不是说他们不承认国家具有独立性，而是说在他们看来这种独立性是不言而喻的，对国家独立性的认同是他们和机械决定论的分野。恩格斯晚年专门对这个问题进行了较为深入的理论探讨。此外，在马克思和恩格斯关于国家相对独立性的思想中，还包含资本主义国家相对于经济基础的特殊独立性。马克思在对资本主义生产方式的揭示中，发现了资本主义统治和从属的秘密，揭示出了国家和剥削关系的一种特殊的"疏离"关系，这是资本主义国家具有相对独立性的基础。随着经济矛盾运动的展开，国家的独立性又表现为对经济关系在一定程度上的调节。最后，马克思和恩格斯所说的资本主义国家相对于统治阶级的独立性集中反映在他们对波拿巴主义的论述中。他们认为,波拿巴主义的实质是资产阶级的一种间接统治,即资产阶级出让政治权力以换取经济权力。但是,马克思和恩格斯并没有把这种间接统治形式视为资本主义国家的一般统治形式,而是认为这是资产阶级专政的一种特殊形式,或者说是处于过渡阶段的例外形式。后来的西方马克思主义者把"特殊"变为了"一般",即认为资本主义国家总是具有相对于统治阶级的独立性,从而提出了较为系统的国家相对自主性理论。

一、国家的独立性和经济的决定作用

按照马克思和恩格斯的观点,国家既不是经济的副现象和消极反映,也不是一种绝对独立和不受约束的力量,国家对经济基础而言只是相对独立的。因此,对马克思和恩格斯关于国家相对于经济基础独立性的理解,要从两个方面进行把握:一是这种独立性是一种客观存在,任何时候都不能抹煞掉;二是这种独立性是相对的,也就是说它首先反映的是国家相对于经济因素的从属性,国家的相对独立性要和经济的最终决定作用结合起来进行考察,或者如阿尔都塞所说——在"链条"的两端(即经济的最终决定作用和国家的独立性)之间进行探索而不能越出这两端①。

马克思和恩格斯认为,国家虽然起源于社会经济领域的需要,但是国家一经产生就具备了一定的独立性,并能反作用于社会经济领域。恩格斯曾这样论述道:"一方面是经济运动,另一方面是追求尽可能大的独立性并且一经产生也就有了自己的运动的新的政治权力。总的说来,经济运动会为自己开辟道路,但是它也必定要经受它自己所确立的并具有相对独立性的政治运动的反作用。"② 这里,恩格斯提出"相对独立性"的概念实际上就是要突出"国家形态与经济和社会文化形态的发展和运作的区别之处"③。也就是说,国家只有具备了一定的独立性,它才具有一定的空间来对经济发挥作用,如果国家和经济变化完全一致,

---

① Louis Althusser, *For Marx*, Verso, 1990, pp. 111.
② 《马克思恩格斯选集》,人民出版社1995年版,第4卷第701页。
③ B. B. 拉扎列夫主编:《法与国家的一般理论》,王哲等译,法律出版社,1999年版第85页。

国外马克思主义研究专题

那么它就会成为社会体系中消极、僵化和多余的部分，就会成为完全被决定的、无所作为的领域。独立性是国家和政治权力发挥积极性、反作用于经济的基础；而国家对经济的反作用则是这种独立性存在的明证。马克思和恩格斯关于阶级斗争的理论和无产阶级专政的学说，这些都是以国家的独立性和建立在独立性之上的反作用的客观存在为前提的。

但是，从历史上看，马克思和恩格斯关于国家独立性的观点却一直没有得到足够的重视，他们制定的唯物史观也总是被曲解为一种机械决定论，从而使他们关于国家独立性的观点被忽略和抹煞掉。马克思和恩格斯在世时，一些资产阶级学者就开始对唯物史观进行歪曲，他们把唯物史观归结为一种机械决定论，认为马克思和恩格斯不承认上层建筑的任何独立性。例如，德国唯心主义社会学家保尔·巴尔特就认为，唯物史观只承认经济因素的作用，并把整个社会生活都归结为经济这个唯一因素的决定。他在《作为社会学的历史哲学》一书中写道："马克思和恩格斯的观点可以直接把它理解为经济观点，而为了把他们的观点与同一派的其它分歧加以区别，必须称这些观点为技术经济历史观。"[①] 这些论调也在一些以马克思主义者自居的德国"青年派"中引起回响，他们认为，唯物史观就是只强调经济因素的决定作用、否认历史过程中上层建筑和人的能动作用，从唯物史观出发就会得出一切社会问题都可以"靠生产关系的一般发展自行解决"。德国党内的一些理论家如梅林在批判巴尔特关于"政治决定经济"的观点时也走向了另一个极端。他这样论道："英国工厂立法是贵族、资产阶级和无产阶级极其激烈的长期阶级斗争的结果，因此它具有经济根源，而不具有道德的和政治的根源。至于说到其他文明国家，那么巴尔特先生至少应从他自己的亲爱的祖国知道，'法的观念和政治原则'对于'经济势力'的影响作用是多么微弱啊"[②]，从中可以看出，梅林对经济决定作用的强调和对上层建筑独立性和反作用的轻视。

恩格斯晚年对于这些简化论的倾向进行了反驳和纠正，他在致约·布洛赫的

[①] 转引自方力等：《马克思和恩格斯关于历史唯物主义八封书信讲解》，北京出版社1986年版第14页。

[②] 梅林：《保卫马克思主义》，人民出版社1982年版，第50页。

信中说到："如果有人在这里加以歪曲，说经济因素是唯一决定性的因素的话，那么它就是把这个命题变成毫无内容的、抽象的、荒诞无稽的空话。经济状况是基础，但是对历史斗争的进程发生影响并且在许多情况下主要是决定着这一斗争的形式的，还有上层建筑的各种因素"①。另外，他还在1890年写给施密特的信中专门强调了国家具有相对独立性，他说："这种新的独立的力量总的说来固然应当尾随生产的运动，然而由于它本身具有的、即它一经获得便逐渐向前发展了的相对独立性，它又对生产的条件和进程发生反作用。②"

在马克思和恩格斯看来，国家的独立性（或者说反作用）和经济的决定作用之间并不矛盾，国家具有相对独立性正是在经济决定作用前提下的客观存在。首先，他们认为，经济基础和上层建筑之间绝对不是一种简单的因果对应关系（即经济是因，政治是果），经济的决定作用和上层建筑的反作用之间也没有积极消极、主要次要之分。恩格斯指出："政治、法、哲学、宗教、文学、艺术等等的发展是以经济发展为基础的。但是，它们又都互相作用并对经济基础发生作用。并非只有经济状况才是原因，才是积极的，其余的一切都不过是消极的结果"③，阶级社会中阶级斗争的政治形式及其成果就是上层建筑的主要因素，这些都对社会的发展起到了积极的推动作用。同时，经济的决定作用和上层建筑的反作用对于历史发展而言也没有重要和次要之分，"经济状况是基础，但是对历史斗争的进程发生影响并且在许多情况下主要是决定着这一斗争形式的，还有上层建筑的各种因素"④。正是在这种意义上，马克思才称上层建筑对生产领域发生着"决定性的反作用"。

其次，马克思和恩格斯又认为，经济的决定作用和国家的反作用之间也不是一种平等的关系。马克思所说的上层建筑的"决定性的反作用"并不是一种根本的或者说是原则上的决定作用。经济归根到底的决定作用，体现在它是历史的前提和基础，是无法逾越的限制。上层建筑的作用是在"归根到底总是得到实现的经济必然性的基础上的互相作用……在这些现实关系中，经济关系不管受到其它

---

① 《马克思恩格斯选集》，人民出版社1995年版，第4卷第695-696页。
② 同上，第701页。
③ 《马克思恩格斯选集》，人民出版社1995年版，第4卷第732页。
④ 《马克思恩格斯选集》，人民出版社1995年版，第4卷第696页。

国外马克思主义研究专题

关系——政治的和意识形态的——多大影响,归根到底还是具有决定意义的,它构成一条贯穿始终的、唯一有助于理解的红线"①。因此,经济的决定作用和国家的反作用"是两种不相等的力量的相互作用"②,这也是国家独立性具有"相对性"的体现。

一方面是没有积极和消极、重要和次要之分,上层建筑有时也能起到关键性的作用,另一方面又是两种不相等的力量,经济起着归根到底的决定作用。如何理解这二者之间的统一?如何在保有经济决定作用的前提下来论证上层建筑的积极的、重要的作用?承认经济的最终决定作用是否就意味着不存在国家的特殊的"决定性"反作用?承认国家的独立性是否就意味着经济的最后决定作用不能贯彻到底?独立性的空间究竟在哪里?这些也是后来困扰西方马克思主义者的问题。

恩格斯晚年对此进行了探索,他把上层建筑和经济基础之间的关系归结为一种偶然性和必然性的关系。他说:"这里表现出这一切因素之间的相互作用,而在这种相互作用中归根到底是经济运动作为必然的东西通过无穷无尽的偶然事件(即这样一些事物和事变,它们的内部联系是如此疏远或者是如此难于确定,以致我们可以认为这种联系并不存在,忘掉这种联系)向前发展"③;他又分析了必然性通过偶然性向前发展的具体运作过程:"历史是这样创造的:最终的结果总是从许多单个的意志的相互冲突中产生出来的,而其中每一个意志,又是由于许多特殊的生活条件,才成为它所成为的那样。这样就有无数相互交错的力量,有无数力的平行四边形,而由此就产生出一个总的结果,即历史结果,这个结果又可以看作一个作为整体的、不自觉的和不自主地起着作用的力量的产物。因为任何一个人的愿望都会受到任何另一个人的妨碍,而最后出现的结果就是谁都没有希望过的事物。所以,以往的历史总是像一种自然过程一样进行。各个人的意志——其中的每一个都希望得到他的体质和外部的、终归是经济的情况(或者是个人的,或者是一般社会性的)使他向往的东西——虽然都达不到自己的愿望,

---

① 同上,第 696 页。
② 同上,第 701 页。
③ 同上,第 696 页。

而是融为一个总的平均数，一个总的合力，然而从这一事实中决不应作出结论说，这些意志等于零。相反，每个意志都对合力有所贡献，因而是包含在这个合力里面的"①。在几年后的一封信中，恩格斯又再次强调："人们自己创造自己的历史，但是到现在为止，他们并不是按照共同的意志，根据一个共同的计划，甚至不是在一个有明确界限的既定社会内来创造自己的历史。他们的意向是相互交错的，正因为如此，在所有这样的社会里，都是那种以偶然性为其补充和表现形式的必然性占统治地位。在这里通过各种偶然性而得到实现的必然性，归根到底仍然是经济的必然性"②。

从以上恩格斯的探索可以看出，他并没有直接阐述经济运动的必然性是如何通过上层建筑的偶然事件向前发展的，而只是阐述了这种必然性是如何通过个体偶然性的活动而发生作用的——即必然性是作为偶然性活动的总结果出现的，必然性同时也是建立在偶然性活动的基础之上。③虽然恩格斯并没有直接说明，但它还是给后人留下了一些清晰可辨的思路。一方面，经济的决定作用并不等同于上层建筑的特殊作用④，因为经济的决定作用并不是一种直接的即时的作用力，这种必然的规律是作为无数偶然性的结果体现出来的，或者说是作为无数的偶然事件的内在本质体现出来的，经济的决定作用是"作为整体的、不自觉地和不自主地起着的作用"⑤。因此，经济的决定作用和上层建筑的特殊作用二者不是一个层面上的东西，二者之间不能划等号，上层建筑作为偶然性的领域拥有更为广阔的活动空间。另一方面，可以从人的实践的角度来具体理解国家独立性的来源和空间。人既是历史的"剧作者"又是"剧中人"⑥，这种双重身份的类比也同样适用于国家。国家作为人类社会实践的产物，它的形式和功能既受制于经济基

---

① 《马克思恩格斯选集》，人民出版社 1995 年版，第 4 卷第 670 页。
② 同上，第 732 页。
③ 阿尔都塞认为，恩格斯晚年书信中关于上层建筑的特殊效能和经济的最终决定之间关系的论述，是从分析个人意志和历史规律之间的关系"借用来的"，关于偶然性和必然性、历史合力的分析是不适用于上层建筑和经济基础之间关系，因而他认为这种阐释是失败的。(参见《保卫马克思》"矛盾与多元决定"一章)
④ 特殊作用是为了和经济的决定作用相区分。
⑤ 《马克思恩格斯选集》，人民出版社 1995 年版，第 4 卷第 697 页。
⑥ 《马克思恩格斯选集》，人民出版社 1995 年版，第 1 卷第 147 页。

础又具有历史特殊性，因此，它既是经济客观力量的必然要求，是"剧作者"；又是人的实践力量的体现，是"剧中人"。正是在这个意义上，马克思主义认为，国家不能仅仅理解为客观的制度、设施和被动的执行者（剧作者），也不能仅仅理解为具有自身特殊利益的主体（剧中人），而是二者的统一，即阶级统治的政治形式。国家的自主性归根到底来源于阶级的政治实践活动，是受制于经济关系的人类活动，这种实践活动借以实现的形式就是国家。或者说，正是为了维护一定生产关系下的阶级的统治，国家才会存在。

二、资本主义国家相对于经济基础的"特殊"独立性

马克思和恩格斯认为，国家的相对独立性不仅是国家与生俱来的品质，而且还会随着经济社会的发展而不断向前发展。恩格斯指出："这新的独立的力量总的说来固然应当尾随生产的运动，然而由于它本身具有的、即它一经获得便逐渐向前发展的相对独立性，它又对生产的条件和进程发生反作用"[①]。资本主义国家相对于经济基础的特殊独立性就体现了这种发展，也是这种独立性比较完备的表现形式。这种发展首先体现在资本主义国家作为上层建筑对"生产的条件和进程发生影响"的不同作用方式上。在奴隶制度和封建制度下，奴隶国家和封建国家对于生产关系的维护主要是通过一种直接的统治方式。政治上层建筑的作用表现为通过超经济的强制手段维持生产领域的剥削关系，意识形态上层建筑的作用则表现为宗教对人的精神控制。只有这些强制和控制的存在，经济领域剩余价值的榨取才能顺利进行。由于政治和经济的这种"紧密相连"和"须臾不离"的性质，国家的作用从表面上看似乎是一种"决定性"的作用。而在资本主义制度下，国家的作用和形式则发生了显著变化。首先是政治和经济之间的联系似乎消失了，资本主义国家在一定条件下可以只充当着"守夜人"的角色；其次是国家的作用形式变得更为灵活了，有时是自由放任，有时又是积极干预或是暴力镇压；三是国家的具体政策和资本主义剥削关系并不完全一致，有时还会违背这种剥削关系。而封建国家和奴隶国家既不能违背剥削关系，也不能躲到一边离开剥削关系，因此它和剥削关系之间并不存在一种灵活多变的、可伸缩的空间，而资

---

① 《马克思恩格斯选集》，人民出版社1995年版，第4卷第701页。

本主义国家却能够相对独立于资本主义的剥削关系。①

这种独立性既可以体现在国家和剥削关系的"疏离",也可以体现在国家对剥削关系的调节。

马克思在《资本论》第三卷中指出:"从直接生产者身上榨取无酬剩余劳动的独特的经济形式,决定着统治和从属的关系,这种关系是直接从生产本身产生的,而又对生产发生决定性的反作用。但是,这种由生产关系本身所产生的经济制度的全部结构,以及它的独特的政治结构,都是建立在上述的经济形式上的。任何时候,我们总是要在生产条件的所有者同直接生产者的直接关系——这种关系的任何形式总是自然地同劳动方式和劳动社会生产力的一定的发展阶段相适应——当中,为整个社会结构,从而也为主权和依附关系的政治形式,总之,为任何当时的独特的国家形式,找出最深的秘密,找出隐蔽的基础"②。那么在资本主义生产关系下,生产条件的所有者同直接生产者的关系如何?从直接生产者身上榨取无酬剩余劳动的方式又如何?并能从中发现国家形式的何种秘密呢?

马克思认为,在前资本主义社会中,作为生产基本因素的劳动者和劳动资料是直接结合在一起的,"劳动者本身、活的劳动能力的体现者本身,还直接属于生产的客观条件,而且他们作为这种客观条件被人占有,因而成为奴隶或农奴"③。因此,奴隶只有从属于奴隶主才能得到生产资料和消费资料,农奴只有依附于封建主才能得到份地和劳动工具,也才能生产出自己的生活资料;同样地,奴隶主和封建主也只有通过一种"本质的占有关系",即人身占有关系才能实现对农奴和奴隶剩余劳动的占有。所以,在这种条件下,"财产关系必然同时表现为直接的统治和从属的关系,因而直接生产者是作为不自由的人出现的;这种不自由,可以从实行徭役劳动的农奴制减轻到单纯的代役租。……在这些条件下,要能够为名义上的地主从小农身上榨取剩余劳动,就只有通过超经济的强制"④,

---

① 这种特殊性也就是后来被西方马克思主义者所说的资本主义国家相对于经济基础的自主性。
② 《马克思恩格斯全集》,人民出版社第一版,第25卷(下)第891-892页。
③ 《马克思恩格斯全集》,人民出版社第一版,第46卷(上)第499页。
④ 《马克思恩格斯全集》,人民出版社第一版,第25卷(下)第890-891页。

国外马克思主义研究专题

这种国家形式也就表现为一种暴力强制型的国家。而在资本主义条件下，劳动者获得了人身自由，劳动资料和劳动者之间发生了分离。对于占有劳动资料的资本家而言，只要在市场上买到劳动力并对劳动力进行"超时"使用，就能完成劳动力和劳动资料的结合，从而实现价值和剩余价值的生产；对于工人而言，由于自身不占有任何劳动资料，他就必须以出卖自己劳动力的方式才能找到吸纳他的活劳动的劳动资料，也才能生产出包括自己工资在内的价值，才能够生存下去。因此，对于工人而言，他只有选择出卖给哪一位资本家的自由，而没有不出卖的自由，这就产生了一种事实上的对于资本的从属。而且，这种劳动对资本的从属关系，还可以随着资本主义的生产而再生产出来："资本主义生产过程在本身的进行中，再生产出劳动力和劳动条件的分离。这样，它就再生产出剥削工人的条件，并使之永久化。它不断迫使工人为了生活而出卖自己的劳动力，同时不断使资本家能够为了发财致富而购买劳动力。现在资本家和工人作为买者和卖者在商品市场上相对立，已经不再是偶然的事情了。过程本身必定把工人不断地当作自己劳动力的卖者投回商品市场，同时又把工人自己的产品不断地变成资本家的购买手段"①。因此，对于资本主义的生产而言，"经济关系的无声的强制保证资本家对工人的统治。超经济的直接的暴力固然还在使用，但只是例外的使用。在通常的情况下，可以让工人由'生产的自然规律'去支配，即由它对资本的从属性去支配，这种从属性由生产条件本身产生，得到这些条件的保证并由它们永久维持下去"②。

也就是说，资本主义劳动者和劳动资料之间的特殊关系反映到上层建筑领域，就是国家不需要用政治强制手段直接干预社会经济领域，在劳动对资本自然从属的条件下就能够实现剩余价值生产，而不必再像以前那样时时依靠政治强制才能保证对奴隶或农奴剩余劳动的占有。因此，当劳动对于资本的从属已经稳固、经济关系开始了"无声"的统治时，国家就当起了"守夜人"，只需提供着必要的安全保障就行了。可见，资本主义生产关系的特殊性就在于一种物的统治关系的形成和确立，由于经济关系的"无声"强制，政治国家也就不必插手和干

---

① 《资本论》，人民出版社 1975 年版，第 1 卷第 633 页。
② 《资本论》，人民出版社 1975 年版，第 1 卷第 806 页。

预。

另一方面，从意识形态而言，宗教意识形态被资产阶级革命所打碎，而另一种商品拜物教又悄悄地起到了精神控制的作用，这在一定程度上进一步加强了经济的"无声"统治。资本主义经济关系契约性的外表掩盖了剥削的实质，从而使资本家和工人之间表现为一种平等的关系、一种生产条件对生产者的物的关系。这种关系首先体现在资本家是以工资的形式购买自由劳动力的，而工资的形式又使劳动力的价格转化为劳动的价格，使工人的全部劳动都表现为付过费用的"有酬劳动"；对资本家而言，剩余价值的榨取取得了"赚利润"的形式，对别人无酬劳动的占有表现为自己资本的增殖，利润使资本表现为一种对自身的关系，掩盖了死劳动对于活劳动的统治，也掩盖了资本对于劳动的剥削；随着利润转化为平均利润，利润就更加地远离了剩余价值本身，"在资本——利润，土地——地租，劳动——工资中，在这个表示价值和一般财富的各个组成部分同财富的各种源泉的联系的经济三位一体中，资本主义生产方式的神秘化，社会关系的物化，物质生产关系和它的历史社会规定性直接融合在一起的现象已经完成：这是一个着了魔的、颠倒的、倒立着的世界。在这个世界里，资本先生和土地太太，作为社会的人物，同时又直接作为单纯的物，在兴妖作怪"[①]。资本主义就是以这种种扭曲和迷信的方式来把自身呈现给它的参与者：劳动力的买卖采取等价交换的形式；利润是由资本投资而来；地租是土地的贡献等等。另一方面，如同生产中的剥削一面被交易的平等所掩盖一样，政治民主和公民投票权也隐匿了资本主义社会的阶级结构。

资本主义国家和剥削关系的这种"疏离"既是资本主义国家相对独立性的表现形式，也是其发挥特殊作用的基础。

但是，从另一方面来看，虽然资本主义剩余价值的生产存在着某种自发完成的可能性，即存在着经济"无声"统治的可能性，但是这种可能性由于资本主义内在矛盾的发展而不能转化为现实性。首先，从剩余价值的生产来讲，资本家为了追逐超额利润以及在竞争中取得优势，就需要不断改进技术，用机器来代替手工劳动，这就引起了资本有机构成的不断提高，从而使资本的一般利润率趋于下

[①] 《马克思恩格斯全集》，人民出版社第一版，第25卷（下）第938页。

降。"这种资本主义生产方式的矛盾正好在于它的这种趋势:使生产力绝对发展,而这种发展和资本在其中运动、并且只能在其中运动的特有的生产条件不断发生冲突"①,"劳动生产力的发展使利润率下降成为一个规律,这个规律在某一个点上和劳动生产力本身的发展发生最强烈的对抗,因而必须通过危机来克服"②;其次,从剩余价值的再生产(实现)来讲,其关键就是商品能够顺利卖出,如果说,商品内含的矛盾使商品的生产和消费在时间和空间上产生了阻隔,从而包含着危机的可能性,那么在资本主义条件下,一方面是生产的扩张和商品的膨胀,另一方面是工人的贫困和购买力的匮乏,这就造成了生产和消费的不对称,从而使危机成为现实。生产的产品一旦卖不出去,资本的循环就会停止,剩余价值也就不能实现。

从历史上来看,经济的"无声"统治和"守夜人"国家也只是资本主义历史上一个极为短暂的时期,这主要是由于资本主义矛盾还没有得到充分发展。随着经济"无声"统治的失效,资本主义国家就不得不采取新的形式以适应新的功能,并以独特的方式来积极干预经济领域。针对资本过度剥削引起的生产过剩,国家用立法的形式进行强制干预,使工作日维持在一定的范围之内,例如英国19世纪中期通过了10小时工作日法案,法国通过了12小时法案等。到了19世纪后期,随着垄断的发展,"资本主义社会的正式代表——国家不得不承担起对生产的领导,这种转化为国家财产的必然性首先表现在大规模的交通机构,即邮电、电报和铁路方面"③。后来的历史证明,资本主义国家承担越来越多经济职能,一些利润低、私人企业不愿进入的基础设施领域,国家便直接介入,为资本主义私人生产创造必要条件。另外,针对个别资本家之间竞争所引起的无序状态,国家也开始履行起"总资本家"的职能,在一定程度上实行一些和资本的个别利益和近期利益相冲突的政策,以维护资本的总体利益。也就是说,随着资本主义基本矛盾的发展,资本主义国家只能通过在一定程度上调节生产关系,才能使资本主义的生产和再生产维持下去。

---

① 《马克思恩格斯全集》,人民出版社第一版,第25卷(上)第287页。
② 《马克思恩格斯选集》,人民出版社1995年版,第2卷第465页。
③ 《马克思恩格斯选集》,人民出版社1995年版,第3卷第628页。

资本主义国家的这种调整和干预在马克思和恩格斯看来是具有双重性质的。一方面意味着经济关系上的一种进步,"生产力归国家所有不是冲突的解决,但是它包含着解决冲突的形式上的手段,解决冲突的线索"。①列宁后来进一步指出国有化给社会主义准备了完备的物质条件,并成为社会主义的入口。另一方面,这种调整和干预意味着资本主义国家作为上层建筑对旧的生产关系的一种维护,因此是有一定界限的。"无论是转化为股份公司,还是转化为国家财产,都没有消除生产力的资本属性。在股份公司的场合,这一点是十分明显的。而现代国家也只是资产阶级社会为了维护资本主义生产方式的一般外部条件使之不受工人和个别资本家的侵犯而建立的组织。现代国家,不管它的形式如何,本质上都是资本主义的机器,资本家的国家,理想的总资本家。它越是把更多的生产力据为己有,就越是成为真正的总资本家,越是剥削更多的公民。工人仍然是雇佣劳动者,无产者。资本关系并没有被消灭,反而被推到了顶点。但是,在顶点上是要发生变革的"②。马克思和恩格斯认为,调节和干预并不能真正解决资本主义的基本矛盾。随着矛盾的日益深化,最终将爆发经济危机和政治危机,无产阶级将以暴力革命的形式来推翻资产阶级国家的统治。

三、"例外时期"资本主义国家相对于统治阶级的独立性

马克思和恩格斯认为,资本主义国家的特殊独立性不仅反映在国家和经济基础的关系上,也反映在国家和统治阶级的关系中。恩格斯在《家庭、私有制和国家的起源》中就这样说道:"古希腊罗马时代的国家首先是奴隶主用来镇压奴隶的国家,封建国家是贵族用来镇压农奴和依附农的机关,现代的代议制国家是资本剥削雇佣劳动的工具。但也例外地有这样的时期,那时互相斗争的各阶级达到了这样势均力敌的地步,以致国家权力作为表面上的调停人而暂时得到了对于两个阶级的某种独立性。17世纪和18世纪的专制君主制,就是这样,它使贵族和市民等级彼此保持平衡;法兰西第一帝国特别是第二帝国的波拿巴主义,也是这样,它唆使无产阶级去反对资产阶级,又唆使资产阶级来反对无产阶级。使统治

---

① 《马克思恩格斯选集》,人民出版社1995年版,第3卷第628页。
② 《马克思恩格斯选集》,人民出版社1995年版,第3卷第629页。

国外马克思主义研究专题

者和被统治者都显得同样滑稽可笑的这方面的最新成就，就是俾斯麦国家的新的德意志帝国：在这里，资本家和工人彼此保持平衡，并为了破落的普鲁士土容克的利益而遭受同等的欺骗"①。

按照马克思和恩格斯对国家本质的理解，典型的或纯粹的资产阶级专政应该是资本主义国家的"常态"。但是由于资本主义体系自身的矛盾使这种"常态"难以为继。波拿巴主义只是资产阶级独占统治失败后的替代。马克思在《路易·波拿巴的雾月十八日》中论述了资产阶级独占统治的失败和波拿巴主义的兴起。马克思把资产阶级专政统治失败的原因归结为即资产阶级政治权力和社会权力之间的矛盾。资产阶级是作为封建阶级的对立物产生的，它把自由、平等写在了自己的旗帜上，但这不仅仅是意识形态上的需要，而是有其深刻的社会经济根源，资产阶级的社会权力要求它必须要维持一种平等的交易权。因此资产阶级一旦开始了自己的统治，就会面临着一种"人格的分裂"，一方面是对人民的专政统治（这是它的政治权力），另一方面是"自由、平等"的竞争和交易（这是它的社会权力）。这种矛盾也在资本主义的国家机构中反映出来，即行政权和立法权的分裂。从共和派专政时期的宪法中就能看出这一点，这一宪法"把实际权力授给了总统，而力求为国民议会保持精神上的权力"②。但是即使是这种精神上的权力，也总是被无产阶级抓住话柄，"平等应当不是表面的，不仅在国家的领域中实行，还应当是实际的，应当在社会的、经济的领域中实行"③。资产阶级关于自由和民主的理想给了无产阶级反对自己的理由，但要把自由和平等贯彻到底，就又会威胁到资产阶级的统治。"要恢复国内的安宁，首先必须使它的资产阶级议会安静下来，要完整地保持它的社会权力，就应该摧毁它的政治权力"④。资产阶级不得不承认，"它本身的利益要求它逃避自身统治的危险"⑤，它只能诉诸于其它的国家形式来建立起自己的间接的政治统治，这种形式在法国历史上就是波拿巴主义的国家。波拿巴主义政治化的过程也就是资产阶级不断摧毁自己的政治

---

① 《马克思恩格斯选集》，人民出版社1995年版，第4卷第172页
② 《马克思恩格斯选集》，人民出版社1995年版，第3卷第448页。
③ 《马克思恩格斯选集》，人民出版社1995年版，第3卷第448页。
④ 同上。
⑤ 同上。

权力以换取经济权力的过程。

西方左翼学者埃尔斯特后来把马克思关于波拿巴主义的理论称之为国家的"弃权"理论，也就是为了说明这一点：资产阶级不是被夺权的，而是主动放弃自己的政治权力的。他这样写道，"在马克思 50 年代的著作中，反复出现这样的观点：国家为资本家阶级利益服务，马克思强烈地暗示，国家服务于这种利益并不是偶然的，而是存在一个关联：资产阶级放弃权力（法国）或避开取得权力（英国、德国），是因为他们认为如果他们处于政治之外，反而能够更好的实现他们的利益"①。马克思在《路易·波拿巴的雾月十八日》中也反复强调了这一点。波拿巴"自命为负有保障'资产阶级秩序'的使命"，并颁布了一系列相应的法令来维护这一阶级的利益。资产阶级的政治权力虽然被波拿巴主义所剥夺，但是它的社会经济权力却日渐增强。马克思指出了资产阶级和波拿巴国家之间在经济利益上的一致性："法国资产阶级的物质利益恰恰是和保持这个庞大而分布很广的国家机器最紧密的交织在一起的。它在这里安插自己的多余的人口，并且以国家薪俸形式来补充它用利润、利息、地租和酬金形式所不能获得的东西"②。波拿巴主义的国家为掌握着生产工具的优势阶级的服务，这些优势阶级也很乐意在波拿巴主义国家的政治统治之下来取得它的利润。经济优势阶级和它们所不能直接掌握的国家之间有一种潜在的一致关系。资产阶级虽然失去了国家权力，却在间接地实现着自己的阶级统治。"它把国家政权当作凌驾于统治阶级和被统治阶级之上的一种力量来使用，它强使两个阶级暂时休战，它通过摧毁议会权力亦即摧毁占有者阶级的直接政治权利而剥去了国家政权的直接的阶级专政形式。这样一个帝国是唯一能够使旧的社会秩序苟延残喘意识的国家形式。在它的统治下，开始了工业空前活跃的时期，导致资本的迅速集中，并使资本家阶级和工人阶级之间的鸿沟日益扩大。资本主义制度的内在趋势获得了充分发展的余地"③；"路易·波拿巴以在工人面前保护资产阶级并反过来在资产阶级面前也保护工人为借口，夺去了资本家手中的政权；而他的统治却便利

---

① 朱士群等：《阶级意识、交往行动与社会合理性》，中国科学技术大学出版社 2005 年版，第 321 页。
② 《马克思恩格斯选集》，人民出版社 1995 年版，第 1 卷第 624 页。
③ 同上。

国外马克思主义研究专题

了投机事业与工业活动，简言之，使整个资产阶级的经济繁荣与发财致富达到了前所未有的程度"①。

马克思还指出：波拿巴主义国家之所以能够保持独立性，其奥秘就在于阶级均势的持续存在。由于各阶级已经筋疲力尽，已不足以再支撑一种激烈的革命和斗争，在这种情况下，"这些阶级之间的斗争只能通过和平的和合法的方式进行（至少暂时如此），即通过竞争、工会组织以及其他各种和平斗争的手段进行，……在这种情况下，一切互相斗争的阶级都希望有一个所谓的强有力的政府，它能够镇压和制止一切小规模的、地方性的、零散爆发起来的公开战争"②。在波拿巴政权的统治之下，阶级斗争并没有取消，而是被限制到了一定的范围之内。"波拿巴主义对工人和资本家之间阶级斗争的态度是：阻止他们之间的暴力攻击，但又鼓励他们之间的微小冲突。马克思认为，"路易·拿破仑胜利的全部秘密就在于，他是依靠同他的名字相联系的传统才得以在一个短时期内保持住法国社会中相互斗争的阶级之间的均势"③，他的武器就是使"互相敌对的党派彼此弄得精疲力尽"④。因此说，"路易·拿破仑的统治并没有结束阶级之间的战争。他的统治只是使那种有时表明了这个或那个阶级夺取或保住政权的企图的流血冲突暂时停止。这些阶级当中没有一个阶级有足够的力量去发动一次可望胜利的新的战斗"⑤。这实际上是波拿巴主义国家对资产阶级利益维护的另一种方式，即通过压制阶级斗争为资产阶级创造一种和平的经济发展条件。由于"一切阶级都同样软弱无力的和同样沉默的跪倒在枪托之前了"⑥，资产阶级和无产阶级的矛盾也被暂时压制了下来。这种压制也反映出了波拿巴主义国家所具有的一种特殊的阶级"调和"能力。⑦

但是，马克思和恩格斯并不认为波拿巴主义的"半专政"和国家独立性是资

---

① 《马克思恩格斯选集》，人民出版社 1995 年版，第 3 卷第 4 页。
② 同上，第 252 页。
③ 《马克思恩格斯全集》，人民出版社第一版，第 8 卷第 249 页。
④ 同上，第 12 卷第 417 页。
⑤ 同上，第 8 卷第 251 页。
⑥ 同上，第 8 卷第 251 页。
⑦ 《马克思恩格斯选集》，人民出版社 1995 年版，第 3 卷第 94 页。

本主义国家的一般特征和资本主义政治统治的基础。①马克思在《路易·波拿巴的雾月十八日》中就曾指出这种专政形式仅仅是资产阶级社会的政治变革形式，而不能作为资产阶级社会存在的保守形式。恩格斯虽然从俾斯麦主义那里看到了波拿巴主义的普遍性，但是这种普遍性指的是资本主义一定历史阶段中一种超越地域性的政治现象或形式，并不是资本主义国家的本质特性。事实上，恩格斯在1866年提出波拿巴主义是"现代资产阶级的真正的宗教"之后，就再也没有使用过这种说法，在后来关于国家问题的成熟著述中，他反而更为强调波拿巴主义的"例外"性质。②

另外，他们的这一倾向又因为对无产阶级革命的过高估计而得到了加强。他们认为，波拿巴主义很快就会被无产阶级革命和无产阶级统治所取代，因此，他们更多地是在"过渡性"上来理解波拿巴主义这种国家形式的。正如 Hal Draper 后来这样评论的那样：国家独立性所带来紧张使马克思嗅到了革命的味道。因为完全独立的国家意味着不稳定，马克思认为革命很快就能爆发，这种例外的不寻常一定要得到解决，不正常一定要正常化。③帕特里克·邓利维后来也评论道："马克思和恩格斯希望这种国家类型（即波拿马主义）成为资本主义制度下的一种并不典型的政权形式，然后很快成为历史演进的突破口，使决定性力量转移到无产阶级这边来"④。波拿巴主义只是在资产阶级已经丧失统治国家的能力而工人阶级又尚未获得这种能力时唯一可能的统治形式，这种统治形式必将随着无产阶级的成长壮大而走向灭亡。建立在这一国家废墟之上的，将是另一种不同的国家，即无产阶级专政的国家。

因此，马克思和恩格斯虽然对于资本主义国家独立性的本质和根源进行了较为深入的探索，但是他们并不认为这种独立性是一种典型的资本主义统

---

① 一些西方马克思主义者持不同的看法，如普朗查斯指出："马克思和恩格斯一贯认为，波拿巴主义不仅仅是资本主义国家的一种具体形式，而且是资本主义国家这一类型的一种制度上的理论特征"（《政治权力与社会阶级》，叶林等译，中国社会科学出版社，1982年版第288－289页）。
② 《马克思恩格斯选集》，人民出版社1995年版，第4卷第172页。
③ Hal Draper, *Karl Marx's Theory of Revolution*, Monthly Review Press, 1999, pp. 460.
④ 帕特里克·邓利维、布伦登·奥利里：《国家理论：自由民主的政治学》，欧阳景根等译，浙江人民出版社2007年版，第145页。

治形式。后来的西方马克思主义者在马克思和恩格斯国家独立性思想的基础上提出了国家相对自主性理论，才把这种独立性上升为资本主义统治的一般性特征。